Sept. 01. Kd Fröhlich

DIE CHRISTLICHE KUNST DES ORIENTS

Mahmoud Zibawi

Die christliche Kunst des Orients

Mit einem Vorwort von Olivier Clément

BENZIGER

Die Originalausgabe dieses Buches erscheint 1995
unter dem Titel «Orienti Cristiani»
im Verlag Jaca Book SpA, Milano.

Die Übersetzung aus dem Französischen besorgte Reiner Pfleiderer.

Die Deutsche Bibliothek – CIP-Einheitsaufnahme
Zibawi, Mahmoud:
Die christliche Kunst des Orients/
Mahmoud Zibawi. Mit einem Vorwort von Olivier Clément.
[Die Übersetzung aus dem Franz. besorgte Reiner Pfleiderer]. –
1. Aufl. – Solothurn; Düsseldorf: Benziger, 1995
Einheitssacht.: Orienti Cristiani <dt.>
ISBN 3-545-33146-6

1. Auflage 1995
ISBN 3-545-33146-6

Inhalt

Man fühlt den Wind von einem großen Blatt,
das Gott und ich und du beschrieben hat,
und das sich hoch in fremden Händen dreht.

Rainer Maria Rilke
Das Stundenbuch (Vom Mönchischen Leben)
Gesammelte Werke 2, Gedichte, S. 178

Vorwort

Das erstaunliche Buch Mahmoud Zibawis führt uns in spirituelle Welten, die allzusehr vernachlässigt worden sind, in christliche Welten, die hartnäckig an ihrem Vermächtnis und ihren Ursprüngen festhalten. Hat sich Äthiopien, um ein Beispiel zu nennen, nicht in einem ganz realen Sinn als das neue Israel verstanden, da die Bundeslade in der Zionskirche in Aksum aufbewahrt wurde und das Taufwasser stets einige Tropfen aus dem Jordan enthielt? Die orientalischen Kirchen führten (sieht man einmal von Äthiopien und, mit Einschränkungen, von Armenien ab) eine bescheidene, kärgliche Existenz. Zu Zeiten, als das erste, das zweite und das dritte Rom ihre Pracht entfalteten und die Machthaber Irrwege einschlugen, konnten sie allein auf die Kräfte des Geistes bauen. Gerade jene Kirchen, die kaum über weltliche Macht verfügten, allen voran die «nestorianische» Ostkirche, entwickelten, stets mit Respekt vor den Kulturen, mit denen sie in Berührung kamen, eine unglaubliche Missionstätigkeit, die sie tief ins Innere Asiens führte, nach Indien, Tibet, in die Mongolei und nach China. Dieses abenteuerliche Unternehmen hätte das Gesicht der Welt verändert, wäre die Botschaft von der Gott-Menschlichkeit Christi in diesen Völkern aufgrund der Verfolgungen nicht in ein Spannungsfeld geraten: zwischen einem Buddhismus, in dem alles in einem unbenannten Göttlichen aufgeht, und einem Islam, der (außer in der Esoterik) das Menschliche radikal von der Transzendenz trennt.

Der Missionierung Asiens entsprach die Missionierung Afrikas, wo ein riesiges «monophysitisches Dreieck» entstand, das von Ägypten über Nubien bis nach Äthiopien reichte und dessen Achse der Nil bildete, an dessen äußersten Enden bis heute christliche Gemeinschaften existieren.

Waren die «Nestorianer» und die «Monophysiten» Häretiker? Ein Vorwurf, den beide Seiten gegeneinander erhoben, als sie um Definitionen stritten und darüber die Gemeinsamkeiten vergaßen. Gleichwohl hat das Werk des «nestorianischen» Mystikers Isaak von Ninive das «orthodoxe» Gebet bis hin zu Dostojewski unablässig befruchtet. Und die Äußerungen, die Geistesblitze eines im zehnten Jahrhundert wirkenden «monophysitischen» Dichters wie Gregor von Narek erschüttern uns noch heute durch ihre Modernität, ohne daß uns irgend etwas an ihnen fremd erschiene. Für die Nestorianer ist die menschliche Individualität Jesu bereits im Schoß Marias der Tempel der Göttlichkeit. Und die «Monophysiten» verstehen unter der einen Natur des fleischgewordenen Wortes die Einheit nicht bloß der Person, sondern des ganzen Lebens Christi. Die Schärfe der christologischen Debatte erzeugte einen blinden Haß und führte dazu, daß eine Kontroverstheologie entstand. Heute brauchen wir keine Feinde mehr, um uns zu definieren, und die Mauern des Hasses fallen von selbst in sich zusammen.

Gerade hier liegt die Aktualität und die emanzipatorische Kraft dieses Buches: Es zeigt, daß selbst in Zeiten der großen Kirchenspaltungen die Schönheit niemals «gespalten» wurde, und rückt das in den Mittelpunkt, was man als *Ökumenismus des Schönen* bezeichnen könnte.

Die eigentliche Kunst der Ikone enstand, wie Mahmoud Zibawi in seinem letzten Buch *Die Ikone, Bedeutung und Geschichte* gezeigt hat, in Syro-Palästina und in Ägypten, wo der Hellenismus sich orientalisierte. In den verklärenden Bildern geht der Körper im Gesicht, das Gesicht im Blick auf, und das Auge vermittelt uns zuweilen eine Ahnung von der lichtvollen Körperlichkeit des Paradieses.

Byzanz hat diesen Osten, der nicht griechisch, sondern im eigentlichen Sinn orientalisch war, tief geprägt. Gleichwohl haben zunächst die persische Grenze, dann der Schutz durch den Islam dazu beigetragen, daß eine großartige eigenständige Kunst erblühen konnte, die auch anderen Einflüssen unterlag, iranischen, indischen oder chinesischen. In der Geschichte von Barlaam und Joasaph wird das Leben Buddhas christianisiert. Die Hunde-Löwen und Drachen-Schlangen in den armenischen Evangeliaren kommen aus China, und die Jungfrau von Adama in Äthiopien ähnelt einer Hindu-Göttin. Gar nicht zu reden von dem archaischen Bestiarium, das bereits im zweiten Jahrtausend vor Christus in Mesopotamien Verwendung fand und später auch in unserer romanischen Kunst wieder auftaucht.

Dieses Buch macht auf eine Symbiose aufmerksam, die noch weiter zurückliegt und noch bemerkenswerter ist, nämlich die zwischen Christentum und Islam. Eine Symbiose im geistigen und künstlerischen Schaffen, die frei ist von Relativismus oder Synkretismus. Die Verhärtung im Denken des Islam setzt erst ein, als er sich bedroht fühlt, so etwa im dreizehnten Jahrhundert, als er von den Kreuzrittern im Westen und den Mongolen im Osten in die Zange genommen wird. Zuvor hat das Reich der Omaijaden und ihrer Nachfolger, der Abbasiden, die Voraussetzungen geschaffen für die Entstehung einer multireligiösen Kultur und eines arabischen Vielvölkerstaats. Während die Christen sich nach und nach arabisierten, pflegten «Nestorianer», «Monophysiten» und «Melchiten» auf den Feldern der Wissenschaft und der spekulativen Philosophie einen regen Austausch mit den Muslimen. Orientalische Christen, «Nestorianer» vor allem, waren es, die die Werke der griechischen Wissenschaftler und Philosophen ins Syrische und später ins Arabische übersetzten. Doch nichts ist so verblüffend wie die tiefe Übereinstimmung in der Ästhetik. So findet man in den Kirchen des mittelalterlichen Ägyptens fast die gleichen Stuckdekors wie in den Moscheen. Und vielerorts werden die Evangeliare ähnlich kalligraphisch gestaltet wie der Koran. Hier wie dort entschlüsselt sich das Sichtbare durch das Unsichtbare. Das Sichtbare ist, um mit Roman Jakobson zu sprechen, «nur die faßbare Seite des Zeichens». So ignoriert diese Kunst die Erschütterungen der Epoche und treibt auf ihrem Weg durch das All in das Schwarze Loch der abendländischen Moderne. Für die einen erfüllt sich die apophatische Theologie in der Menschwerdung Jesu Christi und wächst in ihr über sich hinaus. Für die anderen erfolgt die Vermittlung durch den semantischen «Körper» des Korans, der unablässig kalligraphiert wird. Dort, wo die christliche Kunst den Kreis schließt, um das nun endlich präsente Zentrum zu feiern, öffnet ihn die islamische Kunst, um ein unfaßbares Zentrum zu bestimmen und schließlich zu verlieren. Dennoch ist sie nicht völlig anikonisch: Die Miniaturen des Nahen Ostens wimmeln von Gärten und Gesichtern. Diese paradiesischen Gärten, Szenen einer unerfüllbaren Liebe, kennen genau wie die Ikonen weder die dritte Dimension noch den Schatten. Im verklärten Neuplatonismus, sei er nun christlich oder muslimisch, wird die Welt der Ideen zu einer Welt der Engel. Der Mundus imaginalis, so sagt Henry Corbin über die iranische Mystik, ist gleichzeitig ein innerer und ein vermittelnder Raum, in dem der Simurgh wirkt, jene vogelartige Gestalt des Heiligen Geistes. Doch für die orientalischen Christen wird die paradiesische Arabeske vom Kreuz durchbohrt, das aus dem Mundus imaginalis einen Innenraum macht, der auf geheimnisvolle Weise Lebewesen und Dinge umschließt und mithin ihre Wirklichkeit selbst. Mahmoud Zibawi stellt fest, daß das nackte Kreuz ohne den Gekreuzigten, das Irenäus von Lyon bereits im zweiten Jahrhundert beschrieb, überall in den Kirchen, Miniaturen und auf den Friedhöfen zu finden ist. Das österliche Kreuz ist die Achse der Welt, ein neuer Lebensbaum, und seine Frucht wird das Himmelreich sein.

Die orientalischen Kirchen, die eine eigene Kultur und eine eigene Welt darstellen, sind heute in ihrer Existenz bedroht. Bevor die gegenwärtigen Erneuerungsbemühungen einsetzten, degenerierte ihre Kunst unter dem Einfluß importierter Abfallprodukte abendländischer Frömmelei. Zum Zeitpunkt, als die spirituelle Wüste sich ausdehnte, breitete eine einzigartige und mannigfaltige Schönheit ihren Mantel des Friedens und Lichtes über die orientalischen Christen und Muslime bis tief nach Asien hinein, und sie wird es noch einmal tun können, wenn wir es, gerade auch in Anbetracht der «großen Suche» im Westen, verstehen, zu ihren Ursprüngen zurückzufinden.

Olivier Clément

Die Christen des Orients

Die Propheten des Alten Testaments kündigen das Kommen des Messias an. «Sein Name ist Orient».[1] Im Buch Daniel heißt es: «Ihm wurden Herrschaft, Würde und Königtum gegeben. Alle Völker, Nationen und Sprachen müssen ihm dienen. Seine Herrschaft ist eine ewige, unvergängliche Herrschaft. Sein Reich geht niemals unter» (7,14). Auch das Evangelium berichtet über Leben und Wirken des Messias. Mit Christus, so lautet die einhellige Überzeugung im Neuen Testament, gehen die alttestamentlichen Prophezeiungen in Erfüllung. Bethlehem muß nach dieser Tradition der Geburtsort des Messias Jesus sein. Die Heiligen Drei Könige kommen aus dem Morgenland nach Jerusalem und huldigen ihm. Von Nazareth bis ins heidnische Galiläa – «das Land Sebulon und das Land Naftali, die Straße am Meer, das Gebiet jenseits des Jordan» (Mt 4,15) – predigt Jesus das nahe Himmelreich. Die letzte Begegnung findet auf einem Berg in Galiläa statt, wo der Auferstandene seine Jünger auffordert: «Geht hinaus in die ganze Welt und verkündet das Evangelium allen Geschöpfen!» (Mk 16,15).

Pfingsten ist die Geburtsstunde der Kirche. Die Gemeinde Jerusalems, der Mikrokosmos der damaligen Ökumene, lauscht den vom Heiligen Geist inspirierten Jüngern: «Parther, Meder und Elamiter, Bewohner von Mesopotamien, Judäa und Kappadozien, von Pontus und der Provinz Asien, von Phrygien und Pamphylien, von Ägypten und dem Gebiet Libyens nach Zyrene hin, auch die Römer, die sich hier aufhalten, Juden und Proselyten, Kreter und Araber, wir hören sie in unseren Sprachen Gottes große Taten verkünden» (Apg 11,9–11). Immer mehr Menschen lassen sich bekehren. Das Christentum entwickelt sich zunächst als Gruppe innerhalb des Judentums, bevor es in die griechisch-hellenistische Welt des Westens und die aramäisch-hellenistische Welt des Ostens vordringt. Die Missionstätigkeit erstreckt sich im Osten bis nach Persien. Nach altkirchlicher Tradition wirken die Jünger daran mit glühendem Eifer mit: In Antiochien nennt man sie zum ersten Mal Christen (Apg 11,26). Petrus überquert das Mittelmeer: Nach seiner wunderbaren Befreiung aus dem Gefängnis verläßt er Jerusalem und zieht «an einen andern Ort» (Apg 12,17). Von Rom aus schreibt er den Christen in Asien seine Briefe, bis er schließlich gekreuzigt wird. Paulus bereist die römische Welt, wendet sich nach Westen, erreicht die Küste des Adriatischen Meeres und Illyriens, kehrt nach Osten zurück und erleidet in der Hauptstadt des Reiches das Märtyrium. Johannes erleuchtet Kleinasien und leitet seine sieben Kirchen. Matthäus stößt nach Persien vor, gelangt bis nach Äthiopien und kehrt nach Babylonien zurück. Bartholomäus verkündet das Matthäus-Evangelium bis nach Indien. Matthias, Judas Thaddäus und Simon tragen das Wort über den Taurus. Markus bekehrt die Ägypter, Andreas die Skythen, Philippus die Phrygier, Thomas die Parther. Die «Athleten der Gerechtigkeit», die «himmlischen Irdischen» streuen «wie eine Saat» «den Namen des einen Gottes» aus, versammeln die «geteilten Völker jedes Reiches» und offenbaren ihnen die einzige Macht, «auf daß alle Sprachen danach streben, seinen Namen kennenzulernen».[2] Laut Überlieferung sind am Ende des ersten Jahrhunderts über einhundert Kirchen auf der Welt entstanden, und drei Viertel davon sind über den Orient verteilt.

Neue Erleuchter nehmen die Fackel auf. «Nachdem sie auf fremdem Boden nur erst den Grund des Glaubens gelegt hatten», so Eusebius von Caesarea «stellten sie andere Männer als Hirten auf, um diesen die Pflege der Neubekehrten anzuvertrauen. Sodann zogen sie wieder in andere Länder zu anderen Völkern, von Gottes Gnade und Kraft unterstützt.»[3] Um 106 tritt Abgar VIII. zum Christentum über: Der erste christliche Herrscher ist König von Osrhoëne, einem kleinen, zwischen dem Imperium Romanum und dem Partherreich gelegenen Reich in Obermesopotamien. Um 280 empfängt König Tiridates, vom heiligen Gregor dem Erleuchter bekehrt, die Taufe. Im Unterschied zu Abgar bekehrt er sein Volk. Die Königsfamilie, die Staatslenker und die Armee folgen seinem Beispiel. Der heidnische Kult wird verboten: Armenien wird das erste christliche Königreich.

Das christliche Reich

Der Neuplatonismus spielt im Geistesleben der Spätantike eine dominierende Rolle. Gnostiker, Philosophen und Mystagogen konkurrieren miteinander. Die Politik des Reiches gegenüber der Urkirche schwankt zwischen Feindseligkeit, herablassender Toleranz und Verfolgung. Konstantin konvertiert im Jahr 313 und verlegt seine Kaiserresidenz und den Sitz der Verwaltung von Rom nach Konstantinopel. Das Toleranzedikt von Mailand räumt «den Christen und allen Menschen freie Wahl» ein, «der Religion zu folgen, welcher immer sie wollten». Das Reich wird multikonfessionell: Die Christen genießen «ungehinderte und uneingeschränkte Freiheit» und können sich «frei und ohne weiteres ohne irgendwelche Belästigung» zu ihrer Religion bekennen. Ebenso haben die Anhänger anderer Religionen das «volle und uneingeschränkte Recht», «die religiösen Gebräuche ihrer Wahl» zu befolgen und gemäß ihrem «Willen eine Gottheit zu wählen und zu verehren».[4] Die Grenzen zwischen christlicher und außerchristlicher Gnosis sind fließend. Die Zahl der jüdisch-heidnisch-christlichen Sekten steigt sprunghaft. Eingeweihte und Leute aus dem Volk ereifern sich in theologischen Disputen. Manchmal enden die öffentlichen Debatten in Volksaufständen. «Wenn du bei einem Mann ein Silberstück wechseln willst», schreibt Gregor von Nyssa, «so setzt er dir auseinander, worin sich der Sohn vom Vater unterscheide. Fragst du nach dem Preise eines Brotlaibes ..., dann bekommst du zu hören, daß der Sohn weniger sei als der Vater, und wenn du dich erkundigst, ob dein Bad bereit sei, erhältst du zur Antwort, der Sohn sei aus dem Nichts erschaffen.»[5] Die Kirche beginnt, ihren Glauben in Dogmen zu fixieren. Auf dem 325 abgehaltenen Konzil von Nicäa wird Arius verurteilt und der Sohn als «wesenseins» mit dem Vater definiert. Im Jahr 381 bestätigt das Konzil von Konstantinopel die Göttlichkeit des Heiligen Geistes. Gott ist dreifaltig-einer. Seine absolute Einheit ist von der Verschiedenheit seiner drei Personen nicht zu trennen: Das Credo von Nicäa und Konstantinopel definiert diesen Glauben und bekennt sich zu ihm.

Im Jahr 392 erklärt Theodosius das Christentum zur Staatsreligion. Die Olympischen Spiele und der Mysterienkult von Eleusis werden verboten. Heidentum und Judentum gelten fortan als «Aberglaube». Das Christentum wird zur Religion aller. Als Kosmokrator, «Weltbeherrscher», ist der Kaiser der Stellvertreter Gottes. Der Patriarch von Konstantinopel wird, ohne den Primat Roms in Frage zu stellen, Kaplan des Palastes. Staat und Kirche bilden die Säulen des Reiches. Die Beschlüsse der Konzilien erlangen Gesetzeskraft, und «Häresie» wird mit einem Verbrechen gleichgesetzt. Johannes Chrysostomos betont zwar ausdrücklich die Unabhängigkeit der Priesterschaft und ihre Vorrangstellung vor der weltlichen Macht. Doch gleichzeitig spricht er dem Reich, das dem Glauben Unterstützung zusagt, seine Anerkennung aus und begrüßt seine Ausdehnung: «Nun leben diese weiten Gebiete, auf welche die Sonne scheint, vom Tigris bis zu den britannischen Inseln, ganz Afrika, Ägypten und Palästina und alles, was dem Römischen Reich untertan ist, in Frieden. Ihr wißt, daß die ganze Welt frei von Unruhe ist und daß wir Kriege nur noch vom Hörensagen kennen.»[6] Parallel zu diesem historischen Wandel erlebt das Mönchtum in Ägypten und Syrien einen Aufschwung. Fern der «pax Romana» dringen die Wüstenväter «furchtlos in die riesigen Refugien der Einsamkeit»[7] vor, um für Christus die Mauern der Kirche zu bewachen, das Paradies wiederzufinden und jenseits der Geschichte das Himmelreich vorwegzunehmen. Theodoret von Cyrus beschreibt das Wirken «der Männer, die wie Gestirne im Osten geleuchtet und mit ihren Strahlen die Grenzen des Universums erreicht haben»,[8] und Palladius berichtet über «das bewundernswerte Leben, das unsere heiligen Väter, die Mönche und die Einsiedler der Wüste, in Tugend und Askese geführt haben».[9] Man findet sie in Ägypten und Libyen, in der Thebais und in Syene, in Mesopotamien, Palästina und Syrien, aber auch «im Westen: in Rom, in Kampanien und Umgebung».[10]

Nestorianer und Monophysiten

Im fünften Jahrhundert zerfällt das Kaiserreich im Westen nach den Einfällen der West- und Ostgoten, der Hunnen und Vandalen, doch im Osten hält es stand. Die christologischen Streitigkeiten drohen die Ostkirchen zu spalten. Antiochia und Alexandria rivalisieren miteinander. Die unterschiedlichen terminologischen Definitionen konzentrieren sich auf Christus, seine Person und seine zwei Naturen, die göttliche und die menschliche. An den Begriffen «Physis», «Hypostase» und «Ousia» scheiden sich die Geister. Nestorius neigt dazu, die menschliche Natur des Erlösers hervorzuheben: Sie ist der Tempel seiner Göttlichkeit. Im Gegensatz dazu vertritt Eutyches die Auffassung, daß die menschliche Natur Christi in seiner göttlichen Natur aufgeht. Im Jahr 431 verurteilt das Konzil von Ephesus die Lehre des Nestorius und bestätigt die hypostatische Einheit Christi, des fleischgewordenen Wortes: Maria, die Mutter Jesu, ist folglich auch «Gottesgebärerin», Mutter Gottes. Die Gegner des Konzils fliehen nach Persien. Nach dem Verfasser der *Darstellung der Kirchenämter* «blieben sie mit ihrem orthodoxen Bekenntnis allein und hüteten die Wahrheit der heiligen Apostel».[11] Die Schule von Edessa wandert in das von den Persern beherrschte Nisibis aus. Narses, einer ihre großen Lehrer, wirft den «hoffärtigen Doctores» vor, «die Liebe, die Hoffnung und den Glauben» aufzugeben und «leere und törichte Träume zu verkünden».[12] Satan, so sagt er, habe die Kirche gespalten: «Draußen verursachte er Schismen, drinnen säte er Streit.»[13] «Der eine und reine Körper der Kirche, der sich aus mehreren zusammensetzt, wird durch ihre unterschiedlichen Lehren in Stücke zerrissen.»[14]

Das Mysterium der Kenosis spaltet die Anhänger von Ephesus. Wer hat die Leiden am Kreuz überlebt? Das Wort oder das Fleisch des Christusmenschen? Diejenigen, die man später «Monophysiten» nennen wird, halten an Kyrills Formel von «der einen fleischgewordenen Natur des Gott-Logos» fest. Danach hat «Gott-Logos im Fleisch gelitten.» In Abgrenzung zur monophysitischen Auslegung der kyrillischen Formel bestätigt das Konzil von Chalkedon 451 Christus als «wahrhaften Gott und wahrhaften Menschen», dessen zwei Naturen geeint seien, «unvermischt, unwandelbar, ungeteilt und unzertrennbar». Die Gegner des Konzils sehen darin eine Rückkehr zum Nestorianismus. Der Kaiser unterstützt die Beschlüsse von Chalkedon und stempelt ihre Gegner zu Häretikern. Dioskorus, der Bischof von Alexandria, wird abgesetzt und vertrieben. Proterius, ein chalkedonensischer Erzbischof, nimmt mit Hilfe der weltlichen Macht seinen Platz ein. Unter dem Anspruch, allein im Besitz des rechten Glaubens zu sein, teilen sich die kirchlichen Hierarchien, exkommunizieren sich gegenseitig und schleudern Bannflüche gegeneinander. In Ägypten erhalten die Gegner von Chalkedon großen Zulauf. Am Gründonnerstag des Jahres 457 wird Proterius während der Abendmahlsfeier ermordet. Der Kaiser antwortet mit blutigen Verfolgungen. Seine Truppen unterdrücken gewaltsam die widerspenstige Opposition in Ägypten, Tausende kommen dabei ums Leben. Syrien spaltet sich: Das nicht-chalkedonensische Antiochia verbündet sich mit Alexandria, stößt mit seinen Truppen bis nach Mesopotamien vor und erschüttert die persische Hochburg der «Nestorianer». Der Bekehrungseifer der Kirchen bleibt ungebrochen. Unter dem großen Metropoliten von Seleukia-Ktesiphon setzen die «nestorianischen» Christen ihre Missionstätigkeit fort und dehnen ihren Einflußbereich bis nach Südindien aus, wo die Gläubigen von Malabar in syrischer Sprache die Messe zelebrieren. Auf der Flucht vor den Verfolgungen durch die Zentralmacht gelangen neun «monophysitische» Heilige aus Syrien nach einem Zwischenaufenthalt in einem oberägyptischen Kloster nach Äthiopien. Sie verteilen sich auf das Land, bekehren die Bewohner und stärken die junge äthiopische Kirche, die der Gerichtsbarkeit des Patriarchen von Alexandria untersteht.

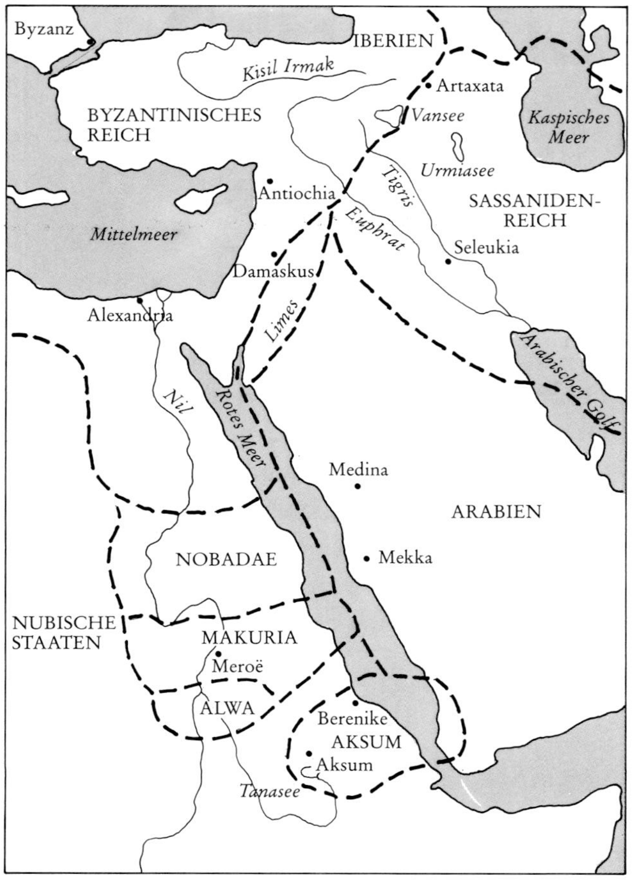
Byzanz
IBERIEN
Kisil Irmak
Artaxata
BYZANTINISCHES
REICH
Vansee
Kaspisches
Meer
Urmiasee
Antiochia
Tigris
SASSANIDEN-
REICH
Mittelmeer
Euphrat
Seleukia
Damaskus
Alexandria
Limes
Arabischer Golf
Nil
Rotes Meer
Medina
ARABIEN
NOBADAE
Mekka
NUBISCHE
STAATEN
MAKURIA
Meroë
ALWA
Berenike
AKSUM
Aksum
Tanasee

1

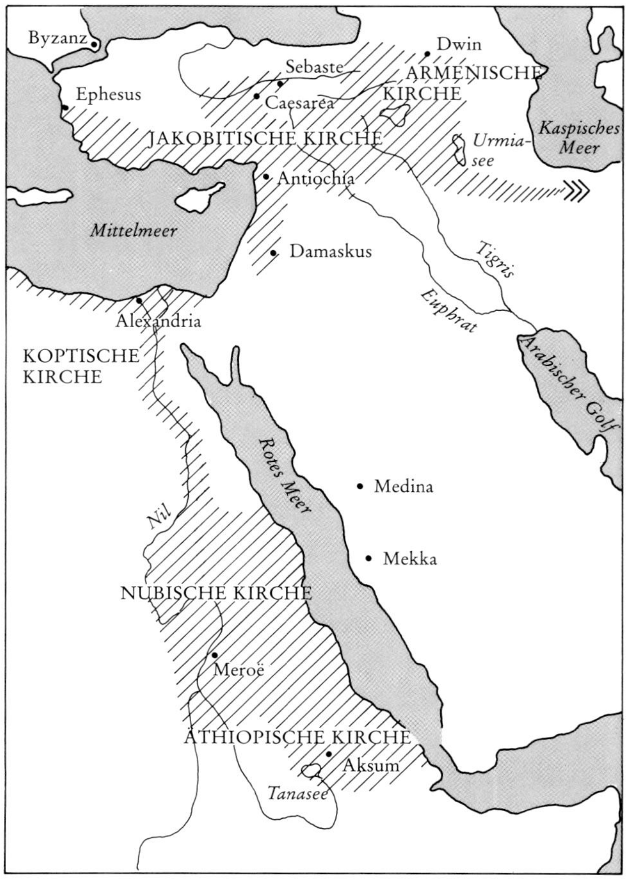
Byzanz
Dwin
Sebaste
ARMENISCHE
KIRCHE
Ephesus
Caesarea
JAKOBITISCHE KIRCHE
Urmia-
see
Kaspisches
Meer
Antiochia
Mittelmeer
Damaskus
Tigris
Euphrat
Alexandria
KOPTISCHE
KIRCHE
Arabischer Golf
Rotes Meer
Medina
Nil
Mekka
NUBISCHE KIRCHE
Meroë
ÄTHIOPISCHE KIRCHE
Aksum
Tanasee

2

GEORGIEN (IBERIEN)
Byzanz
Sebaste
Tiflis
BYZANTINISCHES
REICH
ARMENIEN
Vansee
Kaspisches
Meer
Aleppo
Urmia-
see
Tigris
Antiochia
Mossul
Bagdad
Mittelmeer
Damaskus
IRAK
Euphrat
Basra
Alexandria
KALIFAT DER
OMAIJADEN
Fustat
Arabischer Golf
Nil
Rotes Meer
Medina
ARABIEN
MAKURIA
Mekka
ALWA
Soba
Sana
JEMEN
ÄTHIOPIEN
Tanasee

3

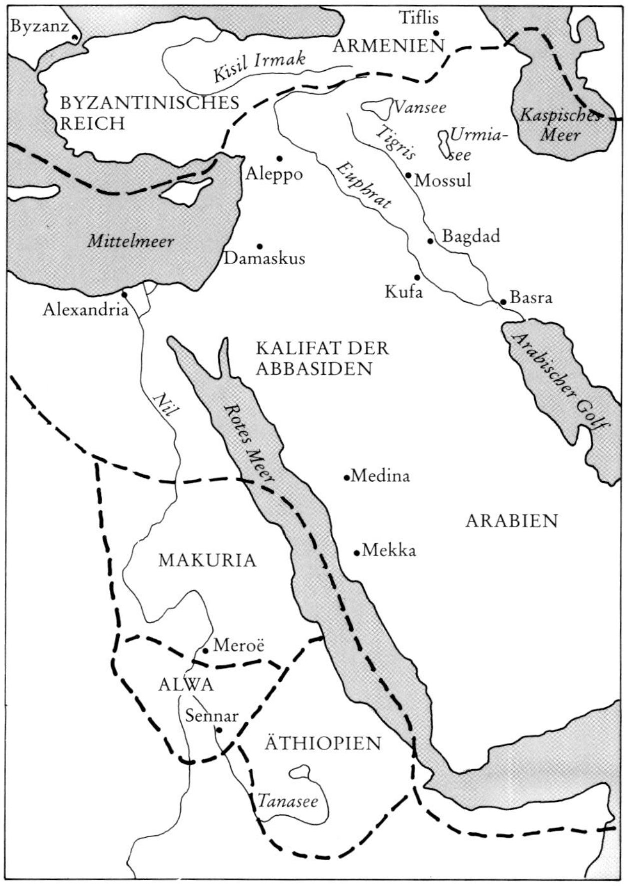
Tiflis
Byzanz
ARMENIEN
Kisil Irmak
BYZANTINISCHES
REICH
Vansee
Kaspisches
Meer
Tigris
Urmia-
see
Aleppo
Euphrat
Mossul
Bagdad
Mittelmeer
Damaskus
Kufa
Basra
Alexandria
KALIFAT DER
ABBASIDEN
Arabischer Golf
Nil
Rotes Meer
Medina
ARABIEN
MAKURIA
Mekka
Meroë
ALWA
Sennar
ÄTHIOPIEN
Tanasee

4

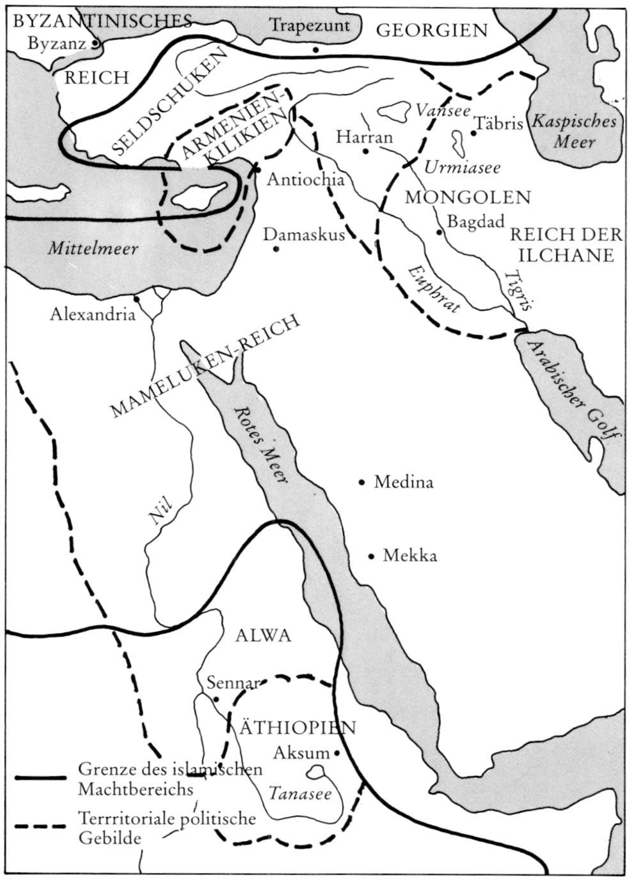

5

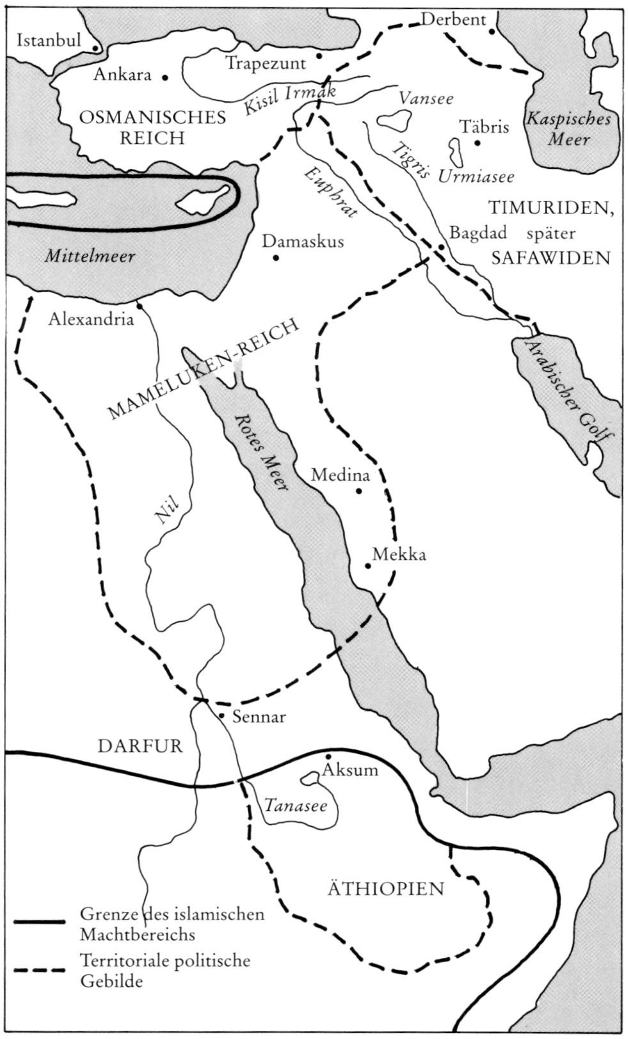

6

7

1. Byzantinisches Reich, Sassanidenreich, Nubische Staaten, Aksum: Anfang des 7. Jahrhunderts.

2. Das monophysitische Christentum (nach H. Littell).

3. Byzantinisches Reich, Kalifat der Omaijaden, Nubische Staaten, Äthiopien: Anfang des 8. Jahrhunderts.

4. Kalifat der Abbasiden, Byzantinisches Reich, Armenien, Nubische Staaten, Äthiopien: 10. Jahrhundert.

5. Byzantinisches Reich, Georgien, Armenien-Kilikien, Seldschuken, Mameluken-Reich, Mongolen-Reich der Ilchane: 1250–1300.

6. Osmanisches Reich, Mameluken-Reich, Reich der Timuriden, Äthiopien: um 1500.

7. Staaten der Gegenwart.

Die inneren Kämpfe gehen das ganze sechste Jahrhundert hindurch weiter. Wie Anastasios I. schützt auch Kaiserin Theodora die Gegner von Chalkedon, um auf diese Weise die byzantinische Herrschaft über Ägypten und Syrien zu festigen. Justinian I. erobert Nordafrika, Italien und Südspanien zurück. Nun ist das Mittelmeer wieder ein römisches Gewässer, aber die Grenzen bleiben unsicher. Die theologischen Debatten halten an. Severos von Antiochia und Julian von Halikarnassos führen einen Disput über die Beschaffenheit des Leibes Christi während seines irdischen Lebens. Severos glaubt, daß der Leib Christi bis zur Auferstehung leidensfähig gewesen sei. Demgegenüber insistiert Julian darauf, daß der göttliche Leib von der Empfängnis an leidensunfähig, unsterblich und unvergänglich gewesen sei. Der Monophysitismus kennt verschiedene Spielarten. Auf dem 506 abgehaltenen Konzil von Dwin verwirft die armenische Kirche «den Nestorianismus der Perser sowie die chalkedonensische Orthodoxie der Griechen und bekennt sich im übrigen zum julianischen Aphthartodoketismus, der ihr auch erlaubt, mit der syrischen Kirche zu brechen».[15] Severos von Antiochia wird 518 aus dem Amt gejagt. Durch seine «Flucht nach Ägypten» untermauert er das Bündnis zwischen Alexandria und Antiochia. «Die Liebe zwischen der Gemeinschaft der Kopten und der Gemeinschaft der Syrer wächst»,[16] notiert ein Chronist aus dem sechsten Jahrhundert. Die blutigen Verfolgungen zwischen Gegnern und Befürwortern Chalkedons, aber auch zwischen den Anhängern und Gegnern des Severus häufen sich. Jakobos Baradai, der Bischof von Edessa, vollendet die Errichtung einer «parallelen» Hierarchie. Nach ihm nennen die Chalkedontreuen die Anhänger der nicht-chalkedonensischen Kirche in Syrien «Jakobiten». Unermüdlich bereist der «ökumenische Metropolit» heimlich die westlichen Regionen des Reiches, ohne daß man seiner habhaft werden kann, und weiht Bischöfe und «Tausende» von Priestern.

Justinian, «der Kaiser, der niemals schläft», versucht, dem Bekenntnis von Chalkedon gewaltsam Geltung zu verschaffen. Tausende von Chalkedon-Gegnern sterben bei einem schrecklichen Gemetzel in Alexandria. Die Teilnehmer des zweiten Konzils von Konstantinopel (553) bemühen sich um Aussöhnung mit den Jakobiten: Sie verurteilen verdächtige nestorianische Tendenzen sowie bestimmte Schriften des Theodor von Mopsuestia, des Ibas von Edessa und des Theodoret von Cyrus und interpretieren das Dogma von Chalkedon im Lichte der alexandrinischen Theologie, die auf der Vergöttlichung des Menschen in Christus besteht. Spekulationen, Debatten, Kriege und Verfolgungen gehen weiter. Zwischen den nicht-chalkedonensischen Kirchen werden engere Bande geknüpft: «Das Land Ägypten und das Land Syrien wurden eines Glaubens», heißt es im äthiopischen Synaxarion, «die Stadt Alexandria und die Stadt Antiochia eine einzige Kirche, eine einzige Jungfrau für den einen reinen Menschen, den Herrn Jesus Christus.»[17]

Auf persischem Boden koexistieren Nestorianer und Monophysiten in rivalisierenden Gruppen und ringen um die Vorherrschaft in der offiziellen persischen Kirche. Chosroes ersucht den Herrscher von Byzanz, seinen Rivalen zu vertreiben und den Thron zu erobern. Der chalkedonensische Kaiser versucht, die armenische Kirche unter seinem Banner zu einigen. Nach der Überlieferung reagiert Bischof Moses auf sein Ansinnen mit den Worten: «Ich werde weder den Fluß Azat überqueren, noch werde ich im Ofen gebackenes Brot essen oder heißes Wasser trinken.»[18] Der Fluß Azat markiert die Grenzlinie zwischen dem byzantinischen und dem persischen Teil Armeniens, gebackenes Brot und heißes Wasser stehen für die byzantinische Eucharistie. Der Friede, den beide Reiche schließen, wird durch den Sturz des Kaisers Maurikios und die Thronbesteigung des Usurpators Phokas unterbrochen. Im Jahr 614 besetzen die sassanidischen Heere Ägypten, Syrien und Palästina. Der jakobitische Bischof von Antiochia, Athanasios Gamala, schreibt seinem Kollegen in Alexandria: «Die Welt erfreut sich des Friedens und der Liebe, denn die chalkedonensische Nacht ist vorüber.»[19] Demgegenüber prophezeit der Koran in Arabien die Niederlage der ungläubigen, siegreichen Sassaniden und den baldigen Sieg der unterlegenen byzantinischen Christen: «Besiegt die Römer im nahen Lande. Doch nach der Niederlage werden sie Sieger sein in einigen Jahren. Denn Allah bestimmt Vergangenheit und Zukunft. An jenem Tage werden sich auch die Gläubigen der Hilfe Allahs zu erfreuen haben» (Sure 30, 3–5). Im Jahr 628 setzt Heraklios, der neue byzantinische Kaiser, der persischen Herrschaft ein Ende. «In Edessa, Harran und im gesamten Westen bis nach Jerusalem»[20] nehmen seine Soldaten wieder die Kirchen in Besitz, die die

«Monophysiten» nach dem Vorstoß der Sassaniden erobert haben. Das von den Eindringlingen geraubte heilige Kreuz wird aus Seleukia-Ktesiphon zurückgeholt und am 14. September 629 in Jerusalem geweiht.

Die islamische Flut

Der Wunsch nach Versöhnung bringt neue Lehren hervor. In dem vergeblichen Bemühen, die Monophysiten zurückzugewinnen, fördern die Kaiser neue christologische Lehren, den Monenergismus und den Monotheletismus: Danach existieren in Christus zwar *zwei* Naturen, doch haben sie nur durch *eine* gottmenschliche Energie und *einen* gottmenschlichen Willen gewirkt. Nichts kann die islamische Flut aufhalten, die den Orient überschwemmt. Syrien, Ägypten und Palästina kapitulieren. Die von ihnen unterzeichneten «Friedensverträge» garantieren den Religionsgemeinschaften Kultfreiheit, die Nutzung des Privateigentums und physische Sicherheit. Als Gegenleistung wird eine Kopfsteuer, die «Djizia», erhoben. Mansur ibn-Sarjun, ein Anhänger Chalkedons, liefert Damaskus an Chalid ibn al-Walid aus und öffnet ihm die Stadttore. Homs und Mittelsyrien erleiden dasselbe Schicksal. Im Jahr 636 wird das byzantinische Heer von den Arabern am Jarmuk vernichtend geschlagen. «Ein vom Herrn eingeflößtes Grauen bemächtigte sich des griechischen Heeres», kommentiert der armenische Bischof Sebeos. «Sie wandten sich zur Flucht, aber sie konnten nicht fliehen, denn der Sand war so tief, daß sie bis zu den Knien darin versanken.»[21] Auch Jerusalem, das dem chalkedonensischen Patriarchen Sophronios untersteht, unterwirft sich. Kalif Omar wird dort «von der Säbel und Myrtenzweige tragenden Einwohnerschaft mit Sängern und Tamburinspielern empfangen».[22] Die von Heraklios erhobenen drückenden Steuern haben die Syrer bereits ausgezehrt, die Anhänger ebenso wie die Gegner Chalkedons. Die blutigen religiösen Verfolgungen besiegeln den Bruch zwischen Byzantinern und Jakobiten endgültig. Christliche und muslimische Chroniken berichten einhellig über den halbherzigen Widerstand, den Defätismus und die Gleichgültigkeit der Beamten und Feldherrn: Großsyrien, sagt Chalid ibn al-Walid, «erinnert an ein Kamel, das sich friedlich schlafen gelegt hat».[23] Das arabische Heer zieht über den Sinai nach Ägypten.

Heraklios hält verbissen an dem «häretischen» Ägypten fest. Sein wichtigster Vertreter im Land ist Cyrus der Kaukasier, der von ihm ernannte, nicht aber gewählte Patriarch, der «zum Zeichen, daß er über staatliche und kirchliche Macht verfügt, an einem Fuß den roten Schuh der Kaiser und an dem anderen eine Mönchssandale trägt»[24]: Die Armee interveniert, um die Kopten wieder in den Schoß des Reiches und seiner Kirche zurückzuführen. Der von Gegnern wie Befürwortern Chalkedons gleichermaßen abgelehnte Monotheletismus wird als verbindliche Lehre vorgeschrieben. Die Grausamkeiten und Verfolgungen nehmen schreckliche Ausmaße an. In dieses zerrissene Ägypten dringen die islamischen Truppen ein. Im Jahr 640 wird ein erster Kapitulationsvertrag unterzeichnet. Den Ägyptern wird darin «die Sicherheit ihrer Person, ihrer Gemeinden, ihres Besitzes, ihrer Kirchen, ihrer Kreuze, ihres Landes und ihres Meeres» angeboten.[25] Heraklios stirbt zu dem Zeitpunkt, als die Araber sich Alt-Kairo nähern. Im April 641, am Ostermontag, übergeben die Byzantiner die Stadt. Der Bischof von Nikiu sieht darin eine Strafe des Himmels: «Auf die Weise straft Gott die Griechen, weil sie die lebenspendende Passion unseres Herrn und Erlösers Jesus Christus nicht geachtet haben.»[26] Unterägypten zerfällt in einen probyzantinischen und einen proarabischen Teil. Die arabischen Eroberer rücken gegen Alexandria vor. Die große Hauptstadt unterzeichnet eine vollständige Kapitulation. Die «Griechen» fliehen übers Meer nach Konstantinopel und auf die ägäischen Inseln. «Der Herr verließ das Heer der Römer», schreibt Severus von Aschmunein, «zur Strafe für ihren verderbten Glauben und aufgrund der von den alten Kirchenvätern wegen des Konzils von Chalkedon über sie ausgesprochenen Anathemata.»[27] Nach dreizehnjährigem Exil kehrt der «jakobitische» Patriarch Benjamin auf seinen Stuhl zurück. Die ihm entgegeneilenden Menschen «freuten sich wie Kälber, die, losgebunden von ihren Stricken, zu den Zitzen ihrer Mütter stürzen».[28]

Persien fällt am Tag der Schlacht von Nihawend wie eine reife Frucht. Das persische Armenien verpflichtet sich, «bei jedem Einfall seine Truppen zu mobilisieren und jede Unternehmung durchzuführen, die der Statthalter für gut und nützlich erachtet. Als Gegenleistung wird denjenigen, die diese Bedingungen einhalten, keine ‹Djizia› abverlangt.»[29] Auch das byzantinische Armenien beugt sich. Teodoros Restuni verrät Byzanz und verbündet sich mit den Arabern. «Ermutigt durch die Erfolge der Ismailiten», zeigt sein Sohn Vard den Eroberern, wie sie in die Stadt Dwin gelangen können, kappt «die Seile, welche die Schiffsbrücke hielten»,[30] und läßt das angegriffene griechische Heer in den Fluten umkommen. Nach der Chronik des Sebeos schließt Teodoros mit dem Kalifen Othman ein Militärbündnis verbunden mit einem Protektorat. Der Kalif stellt klar: «Ich werde keine Emire, keine arabischen Beamten und keinen einzigen Reiter in die armenischen Festungen entsenden. Kein Feind darf nach Armenien kommen, und wenn die Griechen gegen Euch ins Feld ziehen, werde ich Euch, sobald Ihr es wünscht, Truppen zu Hilfe schicken.»[31]

Das VI. Ökumenische Konzil, das 680 in Konstantinopel tagt, definiert endgültig die byzantinische Christologie und verurteilt den Monotheletismus als eine Folgeerscheinung des Monophysitismus. Das Konzil bestätigt den freien Willen des Menschen, den Christus annimmt und freiwillig dem göttlichen Willen unterwirft. Christus hat zwei Naturen, folglich hat er auch zwei Willen: einen göttlichen und einen menschlichen. Die Monophysiten bekennen sich weiterhin zu der «einen Natur» des fleischgewordenen Wortes, während die Nestorianer die «Verschmelzung» der beiden Naturen ablehnen und die «Ruchlosen» verdammen, die «das Wort und das Fleisch vermischen».[32] Dogmatische Spaltungen zeichnen sich ab. Drei Kirchen beanspruchen für sich den Titel der Rechtgläubigkeit und rufen unversöhnlich das Anathema über ihre Gegner aus. Byzanz gehört aus Sicht des Westens zum Orient, aus der Sicht des Orients zum Westen. Die Griechen sind Römer. Ostchristen, die an dem Dogma von Chalkedon festhalten, werden «Melkiten», Kaiserliche, genannt. Das christliche Reich des Ostens schrumpft auf Kleinasien und den Balkan zusammen. Das junge muslimische Reich wächst über die Grenzen des ehemaligen Reichs Alexanders des Großen hinaus und bildet eine neue Koine, in der die ansässigen Christen eine wichtige Kraft darstellen. Die Hüter des Dogmas setzen ihren Kampf gegen die Irrlehren fort und wachen eifersüchtig über die Reinheit ihres «wahren Glaubens». Im Namen der «Erlösten», die «trockenen Fußes das salzige Meer der Gottlosigkeit überquert haben»,[33] bekämpft der Chalkedonenser Johannes von Damaskus den «Wahn der Akephalen» (ägyptische Monophysiten) und «den Jähzorn der Nestorianer»[34], der «dreimal Schändlichen»[35]. Der Kopte Severus von Aschmunein verurteilt «das blinde Herz» der Melkiten.[36] Die rivalisierenden Patriarchen und Kirchen koexistieren und überleben auf islamischem Boden. «Als die Araber herrschten», schreibt Michael der Syrer, «beseitigten sie alle heidnischen Perser; in ähnlicher Weise vernichteten sie die Griechen, die die Christen verfolgten, und ihr Reich erstrahlte im Glanz, solange dort Herrscher regierten, die gerecht waren und die Gläubigen nicht verfolgten.»[37]

Lateiner und Mongolen

Später entbrennt zwischen Rom und Konstantinopel ein neuer theologischer Streit. Das Credo von Nicäa und Konstantinopel besagt, daß der Heilige Geist «vom Vater ausgeht». Der Westen fügt hinzu: «... vom Vater und vom Sohn.» Photios, Patriarch von Konstantinopel, weist diese lateinische Formel zurück und betont die alleinige Herkunft des Heiligen Geistes vom Vater. Das «Schisma des Photios» kündigt den Bruch mit dem Papsttum an, wird aber 880 überwunden. Der religiöse Konflikt vermischt sich mit politischen Zielen. Das «griechische» Kaiserreich ist die erste Weltmacht, Konstantinopel sein wichtigster Handelsplatz. Der Westen versinkt im Elend. Georges Duby bemerkt dazu: «Der bäuerliche Westen wirkt im Vergleich zu Byzanz und Córdoba sehr arm und mittellos. Eine primitive Welt. Eine Welt, die den Hunger kennt.»[38] Die Grenzen des Reiches bleiben unsicher. Die Zentralmacht des Abbasidischen Reiches zerfällt. Der türkische Islam betritt die Bühne. Im neunten und zehnten Jahrhundert löst ihn Byzanz ab und geht zum Gegenangriff über. Ein Feldzug folgt dem anderen. Auf beiden Seiten kommt es zu Greueltaten. Die Rückeroberung weckt unter den Muslimen nicht selten Haßgefühle gegen die einheimischen Christen, die sie beschuldigen oder zumindest verdächtigen, mit dem griechischen Feind zu kollaborieren. Die Christenheit selbst bleibt gespalten. Matthäus von Edessa weist erbittert darauf hin, daß die Byzantiner mit ihren Gewalttaten «Trauer über die Christenheit brachten, mehr sogar als die Muselmanen zuvor».[39] Die «Türken und ihre Brüder, die Römer,» werden auf die gleiche Stufe gestellt. Der jakobitische Patriarch kehrt Antiochia den Rücken und läßt sich in Amida, dem heutigen Diyarbakir, nieder. Von «unversöhnlichem Haß» gepackt, verbrennen die Byzantiner die Bücher der syrischen Monophysiten und zwingen ihre Würdenträger, sich noch einmal taufen zu lassen.[40] Die Nestorianer und die Jakobiten von Nisibis werden als Feinde behandelt, ihre Kirchen geschändet und geplündert. Die Zwietracht unter den Machthabern wächst. Könige, Fürsten, Atabegs, Wesire und Lehnsherren bekriegen einander. Die Geschichtsschreibung hinterläßt uns ein höchst kompliziertes, unübersichtliches Bild. Während sich in Mittelasien ein türkisches Teilreich formiert, fallen die Kreuzfahrer und die Mongolen in den Orient ein.

Jerusalem wird geplündert. Die Lateiner waten «bis zu den Knöcheln im Blut», massakrieren die «Sarazenen bis zu dem Tempel Salomons», «stehlen Gold und Silber, Pferde und Maultiere und plündern Häuser, die Reichtümer bergen».[41] Im Orient werden lateinische Staaten gegründet. Weitere Offensiven und Gegenoffensiven folgen. Die in interne Streitigkeiten verstrickten Wesire und kleinen Fürsten schrekken nicht davor zurück, die Franken zu Hilfe zu rufen, um ihre muslimischen Rivalen auszuschalten, und verfolgen einen politischen Zickzackkurs. Der christliche Osten und der christliche Westen trennen sich: Ihre Konflikte sind politischer, kultureller und religiöser Art. Im Jahr 1054 wird die Trennung von Rom und Konstantinopel besiegelt: Der Patriarch und der päpstliche Legat exkommunizieren sich gegenseitig. 1171 werden die Venetianer aus Konstantinopel vertrieben, 1182 die lateinischen Kaufleute in der Stadt niedergemetzelt. Die Lateiner verfolgen die zypriotischen Orthodoxen. Bohemund predigt einen Kreuzzug gegen die widerspenstigen und schismatischen Griechen, denen er die Schuld an allen Mißerfolgen der Lateiner im Orient gibt. Die Eroberungsgelüste der Kreuzfahrer beschleunigen den Bruch. Im Verlauf des 3. Kreuzzuges bietet Byzanz den Aijubiden seine Hilfe an. Im Jahr 1204 bricht der 4. Kreuzzug über Konstantinopel herein. Die königliche Stadt wird geplündert, ihre Kirchen werden geschändet. Niketas Choniates zieht in seiner Chronik einen Vergleich zwischen den Kreuzfahrern und den Muslimen und kommt zu dem Schluß, daß letztere «wenigstens unsere Frauen nicht schändeten ... die Bewohner nicht ins Elend brachten, sie nicht entkleideten, um sie nackt durch die Straßen laufen zu lassen, sie nicht Hungers sterben ließen oder verbrannten ... So aber haben uns diese christlichen Völker behandelt, die sich im Namen des Herrn bekreuzigen und unsere Religion teilen.»[42] Papst Innozenz III. bestätigt die Berufung eines venezianischen Patriarchen in Konstantinopel. Fränkischer Adel taucht in Griechenland auf. Mitten in diesem Chaos lernen die Ostchristen die «Franken» kennen, «Häretiker», die von weit her kommen. In Nordsyrien werden die ersten Kreuzfahrer von Armeniern geführt, beraten und mit Nachschub versorgt. Während Armenien in rivalisierende Kleinfürstentümer zerfällt, wird in der Kilikischen Ebene zwischen Syrien und Anatolien ein fränkisch-armenisches Baronat im Königreich errichtet. Doch dieses Bündnis besiegelt keineswegs die Rückkehr in die große «Mutter Kirche». Der König von Armenien vertreibt die lateinischen Bischöfe aus Kilikien, wofür ihn Innozenz III. exkommuniziert. Ein armenischer Unierter stellte für Benedikt XII. eine Liste mit den «einhundertsiebzehn Irrtümern» der armenischen Kirche auf. Wiederholte Einigungsappelle verpuffen wirkungslos. Die Syrer kapseln sich ab. Nach der Einnahme von Damietta verfolgen die Kreuzfahrer die Kopten. Die Ägypter, Muslime wie Christen, bekämpfen die Ritter des 5. Kreuzzugs. In seiner *Historia Orientalis* bezeichnet Bischof Jakob von Vitry die Kopten als «seit langem durch einen schändlichen und beklagenswerten Irrtum verblendete Ketzer».[43] In seinem *Buch des Sonnenuntergangs* zählt Bischof Peter von Malîg die von den Franken eingeführten «Neuerungen» auf: «Der Priester ist bei ihnen Ritter, zieht in den Krieg und vergießt Blut ... Sie töten jeden, der ihnen widerspricht oder ihr Verhalten mißbilligt ... Sie haben die Texte der Heiligen Schrift entstellt und verfälscht.»[44]

Die beiden Großreiche des zehnten Jahrhunderts liegen im dreizehnten Jahrhundert in den letzten Zügen. Michael der Paläologe befreit zwar Konstantinopel, doch das auf Nicäa, Thrakien und einen Teil Mazedoniens zusammengeschrumpfte Reich der Paläologen bleibt wesentlich kleiner als das der Komnenen. Türken, Serben und Bulgaren teilen das moribunde Byzanz unter sich auf. Saladin befreit Jerusalem, doch die Rivalität zwischen Aijubiden und Mameluken hält an, die Konflikte zwischen den kriegführenden Muslimen gehen weiter, und das Kalifat ist von einer Einigung weit entfernt. Das Mongolenreich formiert sich 1227. Papst Honorius III. sieht in dieser «Streitmacht aus dem Osten» einen möglichen Verbündeten gegen den Islam, eine Streitmacht «ohne Religion», bestehend aus Vasallenvölkern, darunter auch assimilierte asiatische Christen. Die Geschichte nimmt eine entscheidende Wende. Der christenfreundliche Agnostiker Hülägü eint Armenier und Syrer unter seiner Herrschaft. «Er schätzte die Christen sehr», erläutert der Dominikaner und Missionar Ricoldo von Monte Croce, «und war auch ohne Gesetz und Glauben ein überaus gerechter Mann.»[45] Eine herausragende Rolle an seiner Seite spielt die «gläubige» Königin Doquz Khatun, die von den Christen im syrischen Mesopotamien verehrt wird. Sie «war in der Tat Christin», schreibt der Armenier Vartan, «und gehörte der Glaubensgemeinschaft der syrischen Nestorianer an, ohne freilich zu ahnen, daß sie eine Ketzerin war. Sie hegte eine aufrichtige Zuneigung und eine besondere Wertschätzung für alle Christen, welchem Volk sie auch angehören mochten, und wurde von ihnen in ihre Gebete eingeschlossen».[46] «Die gute Christin, die von drei Herrschern abstammte, die die Geburt unseres Herrn in Ehren hielten», läßt die Moscheen niederreißen und zahlreiche Kirchen errichten und stürzt die Muslime in «eine so tiefe Knechtschaft, daß sie sich nicht zu zeigen wagten».[47] Im Jahr 1258 brennen Hülägüs Truppen Bagdad nieder. Der Kalif wird getötet, die Bevölkerung niedergemetzelt. Auf Befehl von Doquz Khatun werden die Christen systematisch verschont. Der Geschichtsschreiber Stephan Orbelian feiert das Herrscherpaar als «neuen Konstantin und neue Helena», als «Werkzeuge der Rache an den Feinden Christi».[48] Die Mongolen sind die neuen Herren, und der Papst nimmt Verhandlungen mit dem Khan auf. Kriege, Streitigkeiten und Kämpfe gehen weiter. Im Jahr 1280 wird ein Mönch von türkisch-chinesischer Herkunft unter dem Namen Yaballaha III. zum Patriarchen der nestorianischen Kirche gewählt: Seine Amtszeit wird mit dem Untergang seiner Gemeinde enden. Die Mameluken sind auf dem Vormarsch. Die Kreuzfahrer ziehen sich zurück. Die Mongolen wanken in ihrer Entschlossenheit, und die Rache trifft ihre «Knechte», die nun fast ganz auf sich allein gestellt sind. «In der damaligen Zeit», so schreibt Gregorius Barhebraeus, «wurzelten die Gründe für die Verfolgung der verhaßten Christen und für den Groll gegen sie und, obgleich ich es nicht sagen sollte, für ihre Gottverlassenheit.»[49] Die katholischen Missionare scheiterten an ihrer Aufgabe, und «diejenigen, die nicht wissen, ob es Gott gibt, und sich weder Beten noch Fasten angelegen sein lassen»,[50] entscheiden sich schließlich für den Glauben Mohammeds. Die Eroberer wenden sich von ihren ersten Verbündeten ab. «Gewiß», fügt Barhebraeus hinzu, «zu Beginn ihrer Herrschaft waren die Mongolen den Christen für sehr kurze Zeit in hohem Maße zugetan ..., aber ihre Liebe hat sich in einen so tiefen Haß verwandelt, daß sie nicht einmal mehr ein beifälliges Auge auf sie werfen können, denn alle sind Muselmanen geworden, eine Unzahl von Menschen und Völkern.»[51]

Die Neuzeit

Im vierzehnten Jahrhundert begründet Osman die osmanische Dynastie. Johannes Kantakuzenos verheiratet seine Tochter mit Sultan Urchan und räumt den Türken in Thrakien eine starke Stellung ein. Die Osmanen mischen sich direkt in die Angelegenheiten des Kaiserreichs ein. In weniger als fünfzig Jahren bemächtigen sie sich des Balkans: Sultan Murad unterwirft Bulgarien und zwingt Johannes V. 1370 seine Oberherrschaft auf. Die Serben werden 1389 in Kosovo geschlagen. Bulgarien wird 1392 erobert. Konstantinopel wird 1397 belagert, aber Tamerlans Sieg in Ankara rettet das kleine Fürstentum Byzanz. In der Zeit des großen abendländischen Schismas bemüht sich das Papsttum um eine Einigung mit dem «griechischen Osten». Dem Kaiser gehorchend, reist Johannes VIII., der Patriarch von Konstantinopel, 1439 zum Konzil nach Florenz und fügt sich den Bedingungen des Papstes. Die Orthodoxen mißbilligen die Einigung von Florenz. Die Gegensätze zwischen Ost- und Westkirche erreichen ihren Höhepunkt. Petrarca meint: «Die Türken sind Feinde, aber die schismatischen Griechen sind schlimmer als die Feinde.» Und Lukas Notaras: «Lieber sehe ich in unserer Stadt den Turban der Türken regieren als die lateinische Mitra.» Das seinem Schicksal überlassene Byzanz geht unter. Sultan Mohammed II. nimmt Konstantinopel ein. Der Führer der Anti-Unionisten, Gennadios II. (Georgios Scholarios), wird 1453 zum ökumenischen Patriarchen gewählt. Ein neues Reich beerbt das «große» Byzanz. Die chalkedonensischen Christen werden, ohne Rücksicht auf nationale und sprachliche Unterschiede, als ein einziges «Millet», eine einzige Nation, angesehen, ebenso die «monophysitischen» Kirchen, die dem armenischen Patriarchat von Konstantinopel unterstehen. Die religiöse Macht wird um eine weltliche ergänzt. Der Patriarch von Konstantinopel wird «Ethnarch», Oberhaupt der christlichen Nation.

Der Westen, der sich schrittweise aus dem Orient zurückzieht, entdeckt die grenzenlosen Weiten des christlichen Äthiopiens das von einem legendären Priester-König namens Johannes regiert wird. Katholische Missionare sind die ersten Europäer, die nach Abessinien vorstoßen. Im Jahr 1490 wird dort eine portugiesische «Gesandtschaft» eingerichtet. Im sechzehnten Jahrhundert ist die christliche Hochburg verheerenden Angriffen durch Ahmed Ibn-Ibrahim al-Ghasi ausgesetzt. Der Kaiser ruft die Portugiesen zu Hilfe. Immer größere Gebiete werden verwüstet. Schließlich enden die Kämpfe mit der Flucht der muslimischen Truppen. Das gerettete christliche Äthiopien lehnt es ab, den Primat Roms anzuerkennen und sich mit der katholischen Kirche zu vereinigen. In dem Bemühen, die kaiserliche Macht zu «bekehren», verwickeln die Jesuiten das Volk in einen Bürgerkrieg. Der alexandrinische Glaube triumphiert, die Jesuiten werden vertrieben. Äthiopien verehrt weiter den heiligen Petrus den Walker, der durch seinen leidenschaftlichen Kampf gegen die Vertreter Roms bekannt geworden ist.

Im siebzehnten Jahrhundert, als die Ostkirchen untereinander zu einem Modus vivendi finden, erleben katholische Orden im Orient eine Blütezeit. Kapuziner, Jesuiten, Dominikaner, Augustiner und Karmeliter sorgen für die Ausbreitung des Glaubens. Ihre «Konvertiten» sind die «Unierten», die zwar ihren ursprünglichen Ritus behalten, jedoch den Primat Roms und seinen «Glauben ohne jede Abweichung» anerkennen. Der Sultan erkennt ein katholisches «Millet» an, an dessen Spitze ein einzelner Patriarch steht: Er ist der einzige offizielle Vermittler zwischen der Hohen Pforte und den Katholiken im Reich, gleich welcher Abstammung. Mit dem Erwachen der Nationen und dem Niedergang der Zentralmacht verliert die Kirche von Konstantinopel an Autorität, und aus den Tochterkirchen werden Schwesterkirchen. Die Unierten Kirchen festigen sich, neue Hierarchien entstehen neben den alten. Die ohnehin schon geteilte Kirche spaltet sich noch weiter. Der christliche Osten, die Wiege des Christentums, kümmert sich nur noch um seine orientalischen Gläubigen. Doch die Geschichte seiner Kirchen ist nur eine Seite seiner Geschichte. Über die «trennenden Gräben» hinweg hat das Leben die verfeindeten Brüder wieder zusammengeführt. Der christliche Orient ist zwar der Schauplatz vieler Schismen, doch er ist auch die Welt der Mitte, Ort des Austauschs und Herz der Glaubensgemeinschaften. Wissenschaft und Philosophie einen die Geister, die durch Dogmen getrennt sind. Spiritualität und Ästhetik bieten ihnen genügend Berührungspunkte. Eine gemeinsame pluralistische Kunst bildet sich heraus: Ob syrisch, ägyptisch, armenisch oder äthiopisch, in ihren Bildern verschmelzen alle Horizonte. Als sakrale Werke preisen sie den «Namen, der auf allen Lippen brennt», den «Orient, den nichts verdunkelt», den «Ort, der allen offensteht».[52]

Anmerkungen

1. Sacharja 6, 12. Text der Septuaginta.
2. Narses Syrus (Narsaï), *Homélie sur la Parabole des Vignerons (Homilie über das Gleichnis von den Winzern,* in: *Cinq Homélies sur les Paraboles Évangéliques,* Paris o.J., S. 68–72.

3. Eusebius von Caesarea, *Kirchengeschichte,* München 1967, S. 187.
4. Ibid., S. 431.
5. Zitiert nach Will Durant, *Das Zeitalter des Glaubens,* Bern 1952, S. 81.
6. Johannes Chrysostomos (Jean Chrysostome), S. C. Nr. 304, Paris o. J., S. 123–125.
7. Johannes Cassianus (Jean Cassien), *Conférence* XVIII, 6, S. C. Nr. 64, Paris o. J., S. 17.
8. Theodoret von Cyrus (Thédoret de Cyr), *Histoire Philotée,* Prol. 9, S. C. Nr. ?, Paris o. J., S. ?.
9. Palladius, *Histoire Lausiaque (Historia Lausiaca),* Vorrede, Paris 1981, S. 29.
10. Ibid., S. 35.
11. Zitiert nach J.-M. Fiey, *Jalons pour une Histoire de l'Église en Irak,* Louvain, Corpus SCO, Bd. 310.
12. Narses Syrus (Narsaï), *Homélie sur la Parabole du Bon Grain et de l'Ivraie (Homilie über das Gleichnis vom guten Korn und vom Unkraut),* in: *Cinq Homélies sur les Paraboles Évangéliques,* op. cit., S. 99.
13. Ibid., S. 100.
14. Ibid.
15. Dom Poulet, *Histoire du Christianisme (Geschichte des Christentums),* Bd. I, S. 595.
16. Zitiert nach J.-M. Fiey, *Coptes et Syriaques, Contacts et Échanges,* Studia Orientalia Christiana Syriaca, Nr. 15, 1972, S. 312.
17. Ibid., S. 319.
18. Zitiert nach J. Mécérian, *Histoire et Institutions de l'Église Arménienne (Geschichte und Institutionen der armenischen Kirche),* Beirut 1963, S. 73.
19. Severus von Aschmunein (Sévère d'Ashmouneïn), *History of the Patriarchs (Geschichte der Patriarchen),* Paris 1907, S. 481. Zitiert nach J. Meyendorff, *Unité de l'Empire et des Divisions des Chrétiens (Die Einheit des Reiches und Spaltungen der Christenheit),* Paris 1993, S. 361.
20. Zitiert nach J.-M. Fiey, *Jalons pour une Histoire de l'Église en Irak,* op. cit., S. 139.
21. *Histoire d'Héraclius (Geschichte des Heraklios),* franz. Übersetzung, Paris 1904, S. 97–98.
22. Baladuri, *The Origins of the Islamic State (Die Ursprünge des islamischen Staates),* Beirut 1963. Zitiert nach A. Ducellier, *Le Miroir de l'Islam (Der Spiegel des Islam),* 1971, S. 54.
23. Zitiert nach E. Rabbath, *La Conquête Arabe sous les Quatres Premiers Califs (Die arabische Eroberung unter den ersten vier Kalifen),* Bd. I, Beirut 1985, S. 253.
24. Michael der Syrer (Michel le Syrien), *Chronique,* Bd. II, franz. Übersetzung, Paris 1899, S. 432.
25. Zitiert nach E. Rabbath, *La Conquête Arabe,* op. cit., Bd. I, S. 381.
26. *La Chronique de Jean, Évêque de Nikiou (Die Chronik des Johannes, Bischof von Nikiu),* Bibliothèque Nationale, Paris o. J., S. 242. Zitiert nach E. Rabbath, *La Conquête Arabe,* op. cit., Bd. I, S. 442.
27. Severus von Aschmunein, *History of the Patriarchs,* op. cit., S. 492–493. Zitiert nach J. Meyendorff, *Unité de l'Empire,* op. cit., S. 381.
28. B. Severius *Al-Moqaffa,* Louvain 1954, S. 111. Zitiert nach E. Rabbath, *La Conquête Arabe,* op. cit., S. 442.
29. Zitiert nach E. Rabbath, *La Conquête Arabe,* op. cit., S. 350.
30. Lewond, *Histoire des Invasions Arabes en Arménie (Geschichte der arabischen Einfälle in Armenien),* franz. Übersetzung, Paris 1956, S. 12–13.
31. Sebeos, franz. Übersetzung, Paris 1905, S. 133.
32. Narses Syrus (Narsaï), *Homélie sur la Parabole des Vignerons,* op. cit., S. 73.
33. Johannes von Damaskus, *Homélie sur la Dormition (Homilie über den Tod),* III, 3, S. C., Nr. 80, Paris o. J., S. 185.
34. Ders., *Homélie sur la Nativité (Homilie über die Geburt Christi),* III, S. C., Nr. 80, Paris o. J., S. 50.
35. Ders., *Homélie sur la Dormition,* op. cit., S. 185.
36. Severus von Aschmunein, *Livre de l'Exposition (Buch der Darlegung),* franz. Übersetzung, OLA 18, 1985, S. 375.
37. Michael der Syrer (Michel le Syrien), *Chronique,* Bd. II, franz. Übersetzung, Paris 1899, S. 424.
38. G. Duby, *Le Temps des Cathédrales,* Paris 1976, S. 12 (dt. Ausgabe: *Das Europa der Kathedralen,* Frankfurt/M. 1992.
39. Matthäus von Edessa, franz. Übersetzung, Paris 1858, S. 52.
40. Ibid., S. 95–96.
41. *Histoire Anonyme de la Première Croisade (Anonyme Geschichte des ersten Kreuzzugs).* Zitiert nach C. Morrisson, *Les Croisades (Die Kreuzzüge),* 1984, S. 32.
42. Niketas Choniates (Nicétas Choniatès), *Histoire,* Leipzig 1888, S. 761–762.
43. Zitiert nach C. Cannuyer, *Les Coptes,* Turnhout, 1990, S. 42.
44. Franz. Übersetzung, DTC 10, 1929, 2268–2269. Zitiert nach C. Cannuyer, *Les Coptes,* op. cit., S. 42.
45. L. De Backer, *Itinéraire.* Zitiert nach J.-M. Fiey, *Chrétiens Syriaques sous les Mongols (Die syrischen Christen unter den Mongolen),* CSCO, Louvain 1960, S. 19.
46. Zitiert nach J.-M. Fiey, ibid.
47. Zitiert nach J.-M. Fiey, ibid., S. 20.
48. Zitiert nach J.-M. Fiey, ibid., S. 23.
49. *Chronographie* des Barhebraeus. Zitiert nach J. M. Fiey, ibid., S. 51
50. *Chronographie* 1234. Zitiert nach J.-M. Fiey, ibid., S. 4.
51. *Chronographie.* Zitiert nach J.-M. Fiey, ibid., S. 106.
52. Gregor von Narek (Grégoire de Narek), *Prières (Gebete),* Paris 1990. S. 29–30.

Austausch und Gleichklang

Mohammed, der Prophet des Islam, begründet die islamische Gemeinschaft und dehnt ihre Vormachtstellung über die gesamte arabische Halbinsel aus. Seine Nachfolger setzen die Eroberungen fort. Innerhalb von fünfzehn Jahren fallen der Fruchtbare Halbmond, Ägypten und Persien unter islamische Herrschaft. Moawija I., der fünfte Kalif, gründet die Dynastie der Omaijaden. Ein neues Reich entsteht. Damaskus ist seine Hauptstadt. Arabisierung und Islamisierung werden keineswegs systematisch vorangetrieben. Das «Haus des Islam» bietet seinen Völkern und seinen mannigfaltigen Glaubensgemeinschaften zahlreiche Wohnungen. Auch die Christen, die ihm unterworfen sind, finden darin einen Platz. Die Muslime betrachten sie als «Volk des Buches» und ihre «Schutzbefohlenen», ohne sie freilich wie ihresgleichen zu behandeln. Die Christen genießen Kultfreiheit, müssen aber ihrem Bekehrungseifer entsagen, sich der Steuerpflicht unterwerfen und der Obrigkeit des Kalifats Treue geloben.

In der Entstehungszeit des Islam gleicht das «christliche» Arabien einer Brutstätte der Ketzerei, in der Sekten aller Glaubensrichtungen anzutreffen sind: Nazaräer, Ebioniten, Arianer, Sabäer, Doketen ... Der muslimische Monotheismus stößt bei seiner rasanten Ausbreitung auf eine zerrissene Christenheit. Der Koran, der Trinität und Inkarnation ablehnt, sieht in der Uneinigkeit der Christen ein Zeichen ihrer «Geistesverirrung»: Das offenbarte Wort des Evangeliums sei entstellt worden, und seine Gläubigen «haben einen Teil dessen vergessen, wozu sie ermahnt worden waren». Aufgrund dieser Verirrung hat Allah «unter ihnen Feindschaft und Haß bis zum Auferstehungstag entstehen lassen» (Sure 5,15). Umgekehrt sieht das Christentum im Islam eine neue christliche Häresie und gesteht ihm nur einen Schein von Wahrheit zu. Die aufgeschlossensten Chronisten vergleichen die Muslime mit einem «Abend, der die Mitte zwischen Tag und Nacht einnimmt, der weder hell noch dunkel»[1] sei: «Sie sind der Finsternis entronnen, denn sie haben die Götzenanbetung verworfen, um zu Gott, dem einzigen Gott, zu beten; aber ihre Erleuchtung ist unzureichend, denn sie sind sehr weit von dem Licht unseres christlichen Glaubens entfernt und hängen keineswegs der wahren Religion an.»[2]

Der Hinweis auf die dogmatischen Gräben ist allerdings einseitig. Im Gegensatz zu den doktrinären Differenzen und Aversionen, von denen die Geschichte zeugt, zeigt sich der Islam in der Praxis häufig tolerant, aufgeschlossen und versöhnlich. Die Verehrung Christi, des «durch den heiligen Geist ausgerüsteten» Propheten (Sure 5,111), und seiner Mutter Maria, die Gott «erkoren, gereinigt und bevorzugt [hat] vor allen Frauen der ganzen Welt» (Sure 3,43), kann sich dabei ebenso auf den Koran stützen wie das von Bewunderung erfüllte Wohlwollen gegenüber Priestern und Mönchen, die «nicht hochmütig sind» (Sure 5,82). Muslimische Kalifen, Fürsten und Würdenträger verkehren in den christlichen Klöstern und lassen sich dabei von den Bischöfen begleiten. In Jerusalem besteigt Moawija den Hügel Golgatha, verharrt andächtig im Garten Gethsemane und betet vor dem Grab Mariens. Al-Mamun feiert den Palmsonntag und genest auf wundersame Weise von einer Krankheit, als er Wasser mit Staub vom Heiligen Grab trinkt. Mohammad ibn Tughj, Statthalter von Ägypten, nimmt am Fest der Erscheinung des Herrn teil. Die Fatimidenkalifen Hafis und Zafer suchen in den Klöstern innere Sammlung und wohnen koptischen Gottesdiensten bei. Der ägyptische Herrscher Ahmad ibn Tulun sucht im

Kloster Al-Kosseir Besinnung und schließt Freundschaft mit einem Mönch namens Antonius; in seiner Krankheit bittet er die Kopten, für ihn zu beten, und weint, als er von fern ihre Stimmen hört. Kilidsch Arslan, der seldschukische Sultan von Kappadozien, Syrien und Armenien, verehrt den syrischen Patriarchen Michael und schreibt ihm Unheil abwehrende Kräfte zu.

Trotz aller Vorbehalte versäumen es die christlichen Chronisten nicht, den Muslimen Achtung vor der Religion Christi zu bescheinigen. So berichtet Johannes von Nikiu, daß Amr ibn al-As «das Eigentum der Kirchen nicht antastete, vor jeder Plünderung bewahrte und während der gesamten Dauer seiner Regierung schützte».[3] Nach der «Geschichte des Patriarchen Isaak» baute König Abd al-Asis «in der Umgebung seiner Stadt Kirchen und Mönchsklöster, denn er liebte die Christen».[4] In der Chronik von Edessa wird «die Güte und Barmherzigkeit von König al-Mamun» gerühmt, der «befahl, daß man Christen von der Pflicht, Soldaten bei sich zu beherbergen, befreite und daß kein Araber oder Perser sie knechten durfte».[5] Matthäus von Edessa schildert die Untaten der Türken, «dieser wilden, blutdürstigen Tiere», stimmt aber ein Loblied auf Malik Schah an, «den gütigen und gnädigen Herrscher der Perser und aller Christgläubigen, der die Kirchen, Klöster und Priester von allen Abgaben ausnahm» und den Patriarchen Basilius mit allen Ehren überhäufte. In ähnlicher Weise wird Ismail, einer seiner Nachfolger und Herrscher über Armenien, als «barmherzig, gütig, freigebig, mildtätig» und «friedliebend» beschrieben, als großer Beschützer der Gläubigen und der Mönche.[6]

Christen auf islamischem Boden

Von den Omaijaden bis zu den Osmanen hinterlassen die Ostchristen in den islamischen Gebieten ihre Spuren. Gewiß, die Konversionen, die stets nur in eine Richtung verlaufen, zehren im Lauf der Jahrhunderte an ihren Gemeinschaften. Dennoch behaupten sie ihre Rolle und ihr Gewicht. Bereits im siebten Jahrhundert sind die Übertritte zum Islam offenbar von dem Wunsch geleitet, der Kopfsteuer zu entgehen. «Der schweren Steuerlast wegen leugnen viele Reiche und Arme den Glauben an Christus», teilt der Kopte Severus bin Muqaffa mit.[7] Auch der nestorianische Bischof Ichoab III. klagt und vergleicht die Toleranz und das Wohlwollen der Muslime, die «unsere Priester und Heiligen ehren und sich gegenüber unseren Kirchen und Klöstern großzügig zeigen», mit dem Glaubensabfall der Christen in Maru, die sich abwenden «von der Religion, die ihnen das ewige Heil einbringt, um einen Teil der Erscheinungen dieser vergänglichen Erde für sich zu behalten».[8] Unter den Abbasiden porträtiert der Dichter Abu l-Ala al-Maarri sarkastisch den Christen, der «des Vorteils wegen» Muslim wird, «und nicht aus Liebe zum Islam».[9]

Abgesehen von diesen ständigen Konversionen bewahren die Kirchen ihre Macht. Die in ihrer Heimat verwurzelten Christen finden sich mit ihrem «begrenzten Status» ab. Sie bleiben rührig und betätigen sich in Verwaltung, Handel und Landwirtschaft. Ihre Mitarbeit kommt den öffentlichen Einrichtungen zugute, und so zögern die muslimischen Führer nicht, ihnen auch Schlüsselstellungen anzuvertrauen. Prominente Christen steigen zu hohen Beamten auf, Schreiber und Ärzte arbeiten am Hof des Kalifen, und einflußreiche Sekretäre sitzen in den Staatsräten und gehören der Oberschicht an. Die Kluft zwischen Jakobiten, Nestorianern und Melkiten besteht nach wie vor. Die rivalisierenden und verfeindeten Kirchen buhlen um die Gunst der Muslime, und die «orthodoxen» Gläubigen zögern nicht, ihre Hilfe anzurufen, um die Stellung anderer Gläubigen, die sie als Ketzer betrachten, zu schwächen und sie zu übertrumpfen.

Manchmal sind die Zeiten schwer. Die politischen Unruhen und die ständigen Kriege wirken sich auf die Lage im Innern aus. Die einheimischen Christen werden zwar selten verfolgt, sind aber schikanösen und diskriminierenden Maßnahmen ausgesetzt, die häufig im Zusammenhang mit den Eroberungen des christlichen Feindes, zunächst der Griechen, dann der Lateiner, stehen. Die Maßnahmen, die nur vorübergehend gelten und mitunter äußerst demütigend sind, reichen von sozialen Zwängen über Bekleidungsvorschriften bis hin zum Reitverbot. Sie bewegen immer mehr Christen, zum Islam überzutreten. Doch die dem «Volk des Buches» zugestandene Religionsfreiheit bleibt unangetastet, wie der Patriarch Michael der Syrer im Herrschaftsbereich des Emirs von Mossul, Saif al-Dyne, betont: «Seit Gott das Reich den Muselmanen überantwortet hat, hat keiner der gerechten Herrscher, die dort regiert haben, das Gesetz Gottes mit Füßen getreten, sondern sich daran gehalten. Mit Gottes Erlaubnis haben sie den Christen Steuern und physische Zwänge aller Art auferlegt, doch sie haben sich niemals Macht über den Glauben angemaßt.»[10]

Zwei Reiche, zwei Lichter

Trotz der Kriege, die Konstantinopel und Bagdad im Mittelalter gegeneinander führen, unterhalten sie auch friedliche Beziehungen. Der Handel, den Römer und Sassaniden in der Antike miteinander getrieben haben, geht weiter. Der künstlerische und kulturelle Austausch ist alles andere als unbedeutend. Die Muslime rühmen mit Ehrfurcht «die Wissenschaften der Griechen». Byzanz schwankt zwischen Verachtung und Faszination, Ablehnung und dem Wunsch nach Verständigung. In Chroniken und religiösen Polemiken werden Araber, Agarener und Sarazenen als «Menschen aus niederem Geschlecht», als «Barbaren» und «Fremdlinge» attackiert. Der Koran wird als ein «jämmerliches Büchlein»[11] abgetan, der islamische Glaube als ein Glaube der Finsternis, seine Anhänger als heidnische Anbeter des «nach dem Bild der Aphrodite gefertigten Götzen» Chabar.[12] Im Gegensatz zu solchen Schriften bescheinigen andere Zeugnisse dem Feind die Qualitäten eines humanen und zivilisierten Volkes. So begrüßt Nikephoros Gregoras die gute Verwaltung und die Glaubensfreiheit im mamelukischen Syrien. Klosterschreiber loben die Toleranz bestimmter Muslime und den Schutz, den sie den Christen gewähren. Nikolaos Mystikos korrespondiert mit dem Emir von Kreta und erinnert ihn an das Vorbild des Photios, den er einen «sehr großen und sehr berühmten unter den Bischöfen Gottes» nennt: «Als Mann Gottes, der er war, und als profunder Kenner der göttlichen und menschlichen Angelegenheiten wußte er, daß selbst zu einer Zeit, da uns der Glaubensunterschied wie eine Mauer trennte, die Festigkeit des Denkens, des Geistes, des Verhaltens, die gesunde Menschlichkeit, kurz alle die menschliche Natur zierenden und auszeichnenden Eigenschaften bei denen, die das Gute lieben, die Liebe zu jenen erwecken, die ebenfalls mit diesen Eigenschaften ausgestattet sind. Und dies ist auch der Grund, warum dieser große Mann Deinen Vater, der über die von mir erwähnten Eigenschaften verfügte, liebte, obgleich sie der unterschiedliche Glaube trennte.»[13] Obwohl durch «Lebensart, Sitten und Religion getrennt», werden die Reiche der Sarazenen und der Römer, «die über das gesamte irdische Reich herrschen und es mit ihrem Licht überfluten, wie es die beiden großen Himmelskörper am Firmament tun», aufgefordert, «in brüderlicher Gemeinschaft zusammenzuleben».[14]

Im fünfzehnten Jahrhundert zerfällt Byzanz. In der islamischen Welt lösen Türken und Perser die arabischen Machthaber ab. Die Beziehungen sind nicht immer gespannt. Manuel II. stimmt ein Loblied auf einen muslimischen Gelehrten ein und führt in Ankara häufig Gespräche mit ihm. Als Gefangener der Türken diskutiert Gregorios Palamas in herzlicher Atmosphäre mit den Imamen, äußert sich anerkennend über ihren Respekt und ihre Toleranz und «entdeckt» ihre Religion: «Für ihn hat der Islam seinen Platz im göttlichen Plan, denn er bringt unzähligen Heiden die Offenbarung des einzigen und persönlichen Gottes, und darin, so sagt er, sei er den Philosophen der griechischen Antike weit überlegen.»[15] Nach drei bewegten, von Kriegen und Unruhen geprägten Jahrhunderten erhält die politische Landkarte im sechzehnten Jahrhundert ein neues Gesicht. Byzanz geht unter. Das zweite Rom verliert die christliche Krone. Der Moskauer Staat wächst und erweitert seinen Machtbereich. Iwan III. setzt der Besetzung durch die Tataren ein Ende und dehnt seine Herrschaft auf Nowgorod aus. Der Mönch Philotheos schreibt ihm: «Sieh und hör Dir an, gesegneter Zar, daß alle christlichen Königreiche in Deinem einzigen Königreich aufgegangen sind, daß Rom zweimal untergangen ist, daß ein drittes Rom existiert und daß es niemals ein viertes geben wird.»[16] Das Osmanische Reich gebietet über mehr als vierzig Völker, erstreckt sich über drei Kontinente und reicht von der Donau bis zum Indischen Ozean, vom Kaukasus bis zum Maghreb. Doch es unternimmt keinen Versuch der Vereinheitlichung. Unterschiedliche Glaubensbekenntnisse und religiöse Vielfalt werden respektiert, ja sogar institutionalisiert. Die Christen, unter denen Griechen und Armenier dominieren, bilden eine Minderheit, die am Leben im Reich Anteil nimmt und zu seiner Entfaltung und Ausstrahlung beiträgt. Maurice Aymard bemerkt dazu: «Istanbul gelang das Paradox, zur Zeit Süleymans des Prächtigen die erste unter den türkischen Städten zu werden, aber auch die erste unter griechischen, armenischen und jüdischen Städten.»[17] Auf die Kriege zwischen Römern und Sassaniden folgen die Kriege zwischen Osmanen und Safawiden. Einmal mehr ist Armenien der Zankapfel. Schah Abbas ergreift von Ostarmenien Besitz und geht daran, einen großen Teil der Einwohner in die Gegend um Isfahan umzusiedeln. Am Südufer des Zayandeh wird eine armenische Stadt, «Neu-Dschulfa», errichtet. Ziel dabei ist, die seit der Antike im Herzen des Perserreiches lebenden Armenier auf das Land zu verteilen. Am Roten Meer behält Äthiopien seinen Glauben und seinen christlichen König, der treu zum Patriarchen von Alexandria steht und dem Monophysitismus die einzige und letzte Krone rettet. Abgeschnitten und isoliert von der übrigen christlichen Welt, bleibt es offen für jeden Austausch und unterhält zu den Arabern, Türken, Indern und Persern ebenso Beziehungen wie zu den Portugiesen, Spaniern, Italienern und den englischen Gouverneuren der Handelskompanien, die in Ostindien Niederlassungen errichtet haben.

Die Kulturen vermischen sich

Besonders fruchtbar ist der Austausch auf den Feldern der Wissenschaft, Kunst und Kultur. Im neunten Jahrhundert bilden das «griechische» und das «arabische» Reich die Säulen der zivilisierten Welt. An der Nahtstelle zwischen Abendland und Orient mit ihren unterschiedlichen Völkern, Nationen und Ethnien bringen Byzantiner und Abbasiden zwei kosmopolitische Zivilisationen hervor, zwei imperiale Kulturen, die ständigen Kontakt pflegen und sich untereinander austauschen. Das abbasidische Kalifat bildet eine Zone des freien Austauschs, die von Chorasan bis nach Spanien reicht und offen ist für die Errungenschaften der antiken griechischen, persischen und indischen Kulturen. Philosophie, Metaphysik, Medizin, Astronomie, Astrologie, Chemie und Alchimie erleben eine Blüte. Eine städtische Kultur übernimmt die arabische Sprache, ein Instrument, dessen sich Muslime wie Christen, Araber, Iraner und Türken, semitische Aramäer und Syrer bedienen. Wie die byzantinische «Gräzität» ist auch diese «Arabität» mit ethnischen, nationalen oder politischen Begriffen nicht zu fassen. Die antike griechische Kultur gelangt über das Syrische ins Arabische, und die Christen spielen dabei eine maßgebliche Rolle. «Sobald die Araber eine seßhafte Lebensweise annahmen», schreibt der Gelehrte Ibn Chaldun, «wollten sie die philosophischen Wissenschaften studieren, von denen sie durch die Bischöfe und Priester ihrer christlichen Untertanen gehört hatten. Deshalb bat al-Mansur den Kaiser in Byzanz, ihm Mathematikbücher zu schicken. Der Kaiser ließ ihm die *Elemente* des Euklid und einige Werke zur Physik zukommen. Die Muslime lasen und studierten alles, und es weckte in ihnen die Lust, mehr zu erfahren.»[18]

Am Hof ergeht man sich in metaphysischen und naturwissenschaftlichen Spekulationen. Kalifen und Würdenträger begeistern sich für die Wissenschaften der Antike, fördern die Forscher und Übersetzer und gewähren ihnen materielle Unterstützung. Nach Auskunft des Patriarchen Timotheus I. «entbrennt» der Kalif al-Mahdi in Liebe zur Weisheit: «Er ist», schreibt er, «wirklich sehr freundlich und lernt gern von der Weisheit, die er bei anderen antrifft.»[19] Das im neunten Jahrhundert von al-Mamun gegründete «Haus der Weisheit» markiert den Beginn dieser überbordenden Kreativität. Große christliche Gelehrte finden dort einen Ehrenplatz, Nestorianer zumeist, aber auch Jakobiten und Melchiten. Die mannigfaltigen Arbeiten beeinflussen sich gegenseitig und stellen eine neuartige Synthese des kulturellen Erbes der Antike dar. Gedankenfreiheit, Meinungsfreiheit und geistige Unabhängigkeit sind erstaunlich modern. Ein Schüler des großen muslimischen Denkers al-Farabi, der Jakobit Yahia ibn-Adi, korrespondiert mit dem jüdischen Philosophen Ibn-Abi-Said von Mossul über philosophische Fragen. Abu Suleiman Mohammad Sejestani, ein Schüler des Yahia ibn-Adi, gründet in Bagdad philosophische

Zirkel. Abu Hayyan Tawhîdî beschreibt in *Das Buch der Gespräche* seine literarischen Kreise, in denen muslimische, christliche und jüdische Eingeweihte zusammenkommen und sich über Fragen der Wissenschaft und Kunst unterhalten und austauschen.[20] Diese Tradition lebt fort. Mitte des dreizehnten Jahrhunderts schart Ezz al-dîn ibn Nadja in Damaskus Gelehrte aller Glaubensrichtungen um sich, die sich für die unerschöpfliche «Wissenschaft der Griechen» begeistern. Die arabische Kultur wird hellenisiert. Im vierzehnten Jahrhundert rühmt Nikephoros Gregoras die Einwohner von Damaskus und versichert, daß «ihre Kultur in jeder Hinsicht der Kultur der Griechen» gleichkomme.[21]

Auch der Glaube unterliegt dem Einfluß des Hellenismus. Die Theosophie findet Eingang in die Philosophie. Auf der Suche nach dem verborgenen Sinn des «Buches Gottes» gehen die Theosophen über das Exoterische hinaus und entdecken die Esoterik. Die Philosophie ist das «Grab», aus dem die Theologie in göttlicher Weisheit aufersteht. Die Männer des Gebets und der Erleuchtung bilden «die Familie des Wissens, der Gnosis und der Weisheit». Der mystische Islam entwickelt eine spirituelle Hermeneutik, die Gelehrte und Propheten im Geiste vereint. «Alle waren sich einig in der Bejahung des Einen», versichert Suhrawardi. Als Hüter des Logos verkündeten die «griechischen Propheten» den «Ewigen Nous» und bezogen ihr Wissen aus derselben Lichtfülle. Als göttliche Theosophen sind sie die Zeugen der Offenbarung.

Im Gegensatz zu dieser Hermeneutik erregt eine dogmatische Streitfrage die Gemüter und stürzt den Islam in ermüdende Auseinandersetzungen: Die Frage nach der Natur des Bösen, nach Freiheit und Prädestination löst heftige Kontroversen aus. Die Natur des fleischgewordenen Wortes hat die Christenheit gespalten. Die Natur des Wortes im Buch Allahs spaltet die Muslime. Ist der offenbarte Koran ungeschaffen und in seinem Wortlaut für die Ewigkeit formuliert, oder ist er eingegeben und geschaffen? Die Mutasiliten vertreten die Auffassung, daß der Koran geschaffen sei, und behaupten, daß ihre Lehre «als ein Widerspruch zum christlichen Dogma der Fleischwerdung betrachtet werden kann. In der Tat ist nach ihnen die Behauptung, daß der Koran das ungeschaffene Wort Gottes sei, das sich in der Geschichte und in Gestalt einer auf arabisch gehaltenen Verkündigung manifestiere, gleichbedeutend mit der Behauptung der Christen bezüglich der Inkarnation, daß nämlich Christus das ungeschaffene Wort Gottes sei, das sich in der Zeit und in Gestalt eines menschlichen Wesens manifestiere. Und dies insofern, als der Unterschied zwischen dem Dogma des ungeschaffenen Korans und dem Dogma der Inkarnation weniger in der Natur des Gotteswortes selbst besteht als vielmehr in der Form der Manifestation: Während das Wort für das Christentum in Christus Fleisch geworden ist, hat sich hier das gleiche Wort im Koran Ausdruck verliehen.»[22]

Die in Ägypten und im syrischen Mesopotamien lebenden Christen unterliegen einer schrittweisen Arabisierung. Das Syrische und das Koptische werden vom Arabischen verdrängt und zu ausschließlich liturgischen Sprachen. In der Koine des Islam übernimmt das Arabische eine ökumenische Rolle, die nicht vorherzusehen war. Der Dominikaner J. M. Fiey bemerkt dazu, daß «die Kontakte, die durch die Vermittlung des Griechischen, der Sprache einer anderen Philosophie, zustande gekommen sind», sich «dank dem Arabischen, der Sprache einer anderen Religion», festigen und vertiefen.[23] Die ständige wechselseitige Beeinflussung unter den Christen verdankt sich der hagiographischen Literatur, der Liturgie und der Kunst, aber auch dem kanonischen Recht, der Exegese und der Apologetik. Ausgehend vom Arabischen übersetzen und adaptieren die Äthiopier die «ägyptischen» Werke, Originalfassungen oder aus dem Syrischen, Koptischen, Griechischen und Lateinischen stammende Werke: so etwa die Homilien von Johannes Chrysostomos, Schenute und Jakob von Saruje, zusammengefaßt im *Lektionar der heiligen Woche, Das Paradies der Mönche,* eine arabisierte syrische Fassung der *Historia Lausiaca* des Palladius, oder das apokalyptische syrische Werk mit dem Titel *Das Buch des Bundes.* Armenien, das stark an seiner Sprache hängt, läßt sich durch das Arabische zwar verlocken, übernimmt es jedoch nicht. Ebenso wie die Syrer beginnen aber die armenischen Christen bereits im neunten Jahrhundert, arabisch-muslimische Namen zu tragen: Der berühmteste unter ihnen ist Badr al-Jamali, Heerführer, Oberhaupt der Missionare und fatimidischer Wesir. Die Forscher weisen den Einfluß der arabischen Dichtung auf Gregor von Narek nach und führen seine Verwendung einer «mit Zäsurreimen versehenen, rhythmisierten Prosa» als Beleg an.[24] Gregor Magistros nimmt in Konstantinopel die Herausforderung eines arabischen Fürsten an und faßt den Vorsatz, «in vier Tagen das zu schaffen, was Mohammed in vierzig Jahren nicht hatte vollbringen können».[25] So umfaßt seine Dichtung in Nachahmung der arabischen Tradition auch den Reim und das einreimige Gedicht. Sein Enkel, der große Nerses der Anmutige, übernimmt und lehrt dieses Verfahren, und seine «Neuerung führt dazu, daß in der armenischen Prosodie das auf dem rhythmischen Wert basierende Versmaß nach und nach durch die Anzahl der Silben ersetzt wird».[26]

Der kulturelle Austausch zwischen Arabern und Griechen wird intensiver. Jede Seite macht bei der anderen Anleihen. Die Kenntnisse in den Bereichen Kunst und Wissenschaft durchdringen sich gegenseitig und verschmelzen zuweilen zu einer gemeinsamen Kultur. Kaiser Theophil läßt den Palast in Bryas «in Übereinstimmung mit der sarazenischen Baukunst» errichten.[27] Der durch eine hellenistisch-islamische Erziehung geprägte Antiochier und Assyrer Peter Libellio bringt es sogar bis zum Hofrat. Im vierzehnten Jahrhundert macht sich das Oströmische Reich auf dem Umweg über Trapezunt mit der arabischen und persischen Medizin vertraut und führt sie im lateinischen Westen ein.

Während der islamisch-christliche Orient sein Goldenes Zeitalter erlebt, brechen für Europa finstere Jahrhunderte an. Der Orient wird zum Inbegriff für unermeßlichen Reichtum. Offa, der König von Mercia, läßt arabische Inschriften in seine Goldmünzen prägen, um ihren Wert zu bestätigen. Bohemund ruft seine Anhänger zur Eroberung des Orients auf: «Nehmt das Kreuz, rettet das Königreich von Edessa im Namen Christi, und ihr werdet Schlösser, prachtvolle Städte und reiche Ländereien erringen.»[28] Der von Ungläubigen, Schismatikern und Häretikern wimmelnde Orient befruchtet das Abendland des Mittelalters mit seiner Zivilisation und Kultur. Das christliche Europa schließt über Spanien und Sizilien Bekanntschaft mit dem Islam. Im Jahr 1198, als Innozenz III. versucht, jeden Handel mit den Sarazenen zu unterbinden, folgen die Übersetzer den Kreuzfahrern, um sich die belebenden Wissenschaften der Antike anzueignen. Dank der arabischen Übersetzungen finden «der neue Aristoteles», die Astronomie des Ptolemäus, die Mathematik Euklids und die Medizin Galens Eingang in die lateinische Kultur. Zwei große «arabische» Vermittler werden dafür gerühmt: Avicenna, ein Perser aus Chorasan, und Averroes, ein Spanier aus Córdoba. Christliche Schriften aus Syrien werden ins Lateinische übersetzt. Die römische Kirche entdeckt den heiligen Ephräm und die Lehrer der persischen Schule, und der heilige Thomas von Aquin studiert die Exegese des Theodoros von Mopsuestia. Das Sakrale vermischt sich mit dem Profanen. Gelegentlich sind sogar die Kreuzfahrer von ihren Feinden fasziniert. Saladin wird zum barmherzigen Ritter und verteilt seine Reichtümer unter bedürftigen Muslimen, Christen und Juden. Der normannische Hof auf Sizilien macht sich die Denkart und Lebensweise der Muslime zu eigen. Kaiser Friedrich II. arabisiert seinen Hof und fördert arabische und jüdische Gelehrte: Daß er, der «getaufte Sultan von Sizilien», deswegen von Rom exkommuniziert und als Gottloser und Sarazene bezeichnet wird, bekümmert ihn wenig.

Kunst im Einklang

Die stärkste Übereinstimmung stellt sich in der Kunst ein. Im Rückgriff auf das gesamte Erbe des Mittelmeerraumes begründen «Griechen» und «Araber» dauerhaft zwei verfeinerte imperiale Traditionen, die, in ihrem Wesen von Grund auf religiös, der Verherrlichung des Einzigen gewidmet sind. Beide haben eine gemeinsame Entstehungsgeschichte. Ungeachtet ihrer vielfältigen Ausdrucksformen wurzelt die entschieden monotheistische Kunst im Mittleren Orient. In den ersten Jahrhunderten unserer Zeitrechnung hat der Hellenismus von Ägypten bis zu den Städten der syrisch-mesopotamischen Wüste einen zunehmend orientalischen und zunehmend sakralen Charakter angenommen. Getreu seiner Bestimmung macht er Anleihen bei den verschiedenen Völkern, vermischt und gestaltet um, führt Neuerungen ein und wandelt sich, wobei er ängstlich darauf bedacht ist, seine tiefe Einheit zu wahren. Das Religiöse wird sakral. Das Zivile und das Weltliche werden vergeistigt.

Byzanz verbannt den Naturalismus, verzichtet auf die von den Römern verehrte Bildhauerei, wertet die Ikone auf und macht sie zum Zeichen der «göttlichen» Sichtweise . Die verklärende Ikone bedient sich des Figürlichen ebenso wie des Abstrakten, das in der Beibehaltung des Ornamentalen und Geometrischen zum Ausdruck kommt. Sich von der Geschichte des Kaiserreichs und der Kirche abwendend, erstrahlt sie im Licht des fleischgewordenen Wortes, «der niemals untergehenden Sonne», und bringt die Heiligkeit zum Ausdruck, in der die höchste Verklärung vorweggenommen wird. Indem sie dogmatische Vorstellungen hinter sich läßt, überschreitet sie die Grenzen ihrer eigenen Kirche und sendet ihre Botschaft in die anderen Kirchen in Ost und West. Die islamische Kunst erlebt eine erstaunliche Blüte. Schon frühzeitig schlägt sie den Weg zum Anikonischen ein und entwirft eine «Vision des Unsichtbaren», die sie auf ihrem gesamten Weg unentwegt befruchten wird. Diese Dominanz des Abstrakten schließt das Figürliche nicht aus. Die Ornamentik läßt breiten Raum für das figürliche Element, das sich, stilisiert und nüchtern, in die Arabeske einfügt und die kultische Umgebung durchdringt. Das Ikonische scheint bei vielen «Dekors» durch und nimmt gerade in der Miniatur Gestalt an. Die in der islamischen Welt lebenden Christen wirken an der Entwicklung dieser Formen mit und zögern nicht, sie in ihre eigenen weltlichen oder kultischen Werke zu übernehmen. Die zumeist anonymen Künstler stellen sich, gleich ob Christen oder Muslime, in den Dienst des Ewigen. «Gottesfurcht», so heißt es im Buch der Sprichwörter, «erzieht zur Weisheit, und Demut geht der Ehre voran» (15,33). Auf dieser inneren Pilgerfahrt wird das bedauernswerte «irdische Ich» zum «himmlischen Ich», zum «Ich in der

1. Innendekor, 12. Jh., Cappella Palatina, Palermo.

ἩΒΑΗΦΟΡΟϹ

2. *Einzug in Jerusalem,* 12. Jh., Cappella Palatina, Palermo.

3. *Höfische Szene,* 12. Jh., Cappella Palatina, Palermo.

4. *Speisender König,* 12. Jh., Cappella Palatina, Palermo.

5. *Einzug in Jerusalem,* syrisch-jakobitisches Evangeliar, 1219–1220, Vatikanische Bibliothek, Rom.

6. *Einzug in Jerusalem,* Haghbat-Evangeliar, 1211, Matenadaran, Erewan.

zweiten Person», das «im Geist des Ewigen» lebt und die «kleine Auferstehung» buchstabiert, Vorbotin der kommenden höchsten Auferstehung, der «Auferstehung der Auferstehungen».

Im Verlauf einer tausendjährigen Geschichte stellen die beiden universalen Traditionen ihre Kraft und Kreativität unter Beweis. Anachronistisch ignorieren sie die sozialen und politischen Veränderungen und bringen, während die «vergängliche Welt» von Kriegen und Unruhen erschüttert wird, einige ihrer schönsten Werke hervor. In Palermo begegnen sie sich und sind nebeneinander zu sehen: byzantinische Ikonographie an den Wänden, islamische im Gewölbe. Die glückliche Verbindung kommt im Herzen des christlichen Orients zustande, wo die gegenseitige Durchdringung der Stile bisweilen eine homogene und integrierte islamisch-christliche Kunst hervorbringt. Andere subtile, komplexe und dynamische Einflüsse kommen hinzu. Auf ihre Art errichtet diese bunt gemischte und pluralistische Kunst einen räumlich unbegrenzten ikonischen und anikonischen Tempel: Der «Weltenherr» (Sure 1,2) erleuchtet ihn, die «Weltenbewohner» kommen huldigend an seine Pforten und preisen ihn auf dem Vorplatz. «Denn der Herr ist gütig, ewig währt seine Huld, von Geschlecht zu Geschlecht seine Treue» (Ps 100).

Anmerkungen

1. *Chronique de Séert,* P. O., XIII, S. 626. Zitiert nach A. Ducellier, *Le Miroir de l'Islam (Der Spiegel des Islam),* 1971, S. 36.
2. Barhebraeus, *La Conquête Arabe sous les Quatres Premiers Califes (Die arabische Eroberung unter den ersten vier Kalifen),* Bd. II, Beirut 1985, S. 978.
3. *Chronik* des Johannes von Nikiu, in: *La Conquête Arabe,* op. cit., Bd. II, S. 988.
4. Histoire du patriarche Isaac (Geschichte des Patriarchen Isaak), franz. Übersetzung, *Bulletin de l'Institut Égyptien,* 2. Reihe, VI, 1985, S. 62. Zitiert nach A. Ducellier, op. cit., S. 77.
5. *Chronique d'Edesse 1234 (Chronik von Edessa),* Zitiert nach J.-M. Fiey, *Chrétiens Syriaques sous les Abbasides,* Louvain 1980, S. 68.
6. Matthäus von Edessa (Matthieu d'Edesse), *Chronique,* franz. Übersetzung, Paris 1858, S. 203, 207.
7. *History of the Patriarchs of the Coptic Church of Alexandria (Geschichte der Patriarchen der koptischen Kirche von Alexandria).* Zitiert nach J.-M. Fiey, op. cit., S. 75.
8. Zitiert nach Joseph Hajjar, *Zwischen Rom und Byzanz. Die Unierten Christen des Nahen Ostens,* Mainz 1972, S. 60.
9. Abu Ala al-Maarri, *Luzumiyat,* arabischer Text, Beirut 1961, II, S. 457. Franz. Übersetzung in *Chrétiens Syriaques sous les Abbasides,* op. cit., S. 203.
10. Michael der Syrer (Michel le Syrien), *Chronique,* Bd. III, franz. Übersetzung, Paris 1899, S. 351–352.
11. Migne CV, col. 808. Zitiert nach A. Ducellier, op. cit., S. 198.
12. Migne CV, col. 776–707. Zitiert nach A. Ducellier, op. cit., S. 210.
13. Nikolaos Mystikos (Nicolas le Mystique), *Lettre II à l'emir de Crète (Zweiter Brief an den Emir von Kreta),* Migne CXI, col. 36–37. Zitiert nach A. Ducellier, op. cit., S. 249.
14. Ders., *Lettre I à l'emir de Crète (Erster Brief an den Emir von Kreta),* Migne CXI, col. 28. Zitiert nach A. Ducellier, ibid.
15. O. Clément, *Un respect têtu,* Paris 1989, S. 263.
16. Zitiert nach N. Berdjajew, *Les sources du communisme russe (Die Quellen des russischen Kommunismus),* franz. Übersetzung, Paris 1951, S. 12.
17. *La Méditerranée, les hommes et l'héritage (Das Mittelmeer, die Menschen und das Erbe),* Nr. 167, Paris 1986, S. 142.
18. Ibn Chaldun (Ibn Khaldoun), *Le discours sur l'histoire universelle (Diskurs über die Weltgeschichte),* franz. Übersetzung, Beirut 1967, S. 1046.
19. *Les versions arabes des dialogues entre le catholicos Timothée I et le Calif al-Mahdi (Die arabischen Darstellungen der Gespräche zwischen Katholikos Timotheus I. und Kalif al-Mahdi,* in: *Islamochristina,* III, 1977, S. 115.
20. H. Corbin, *Histoire de la philosophie islamique (Geschichte der islamischen Philosophie),* Paris 1986, S. 235.
21. Zitiert nach *Le Proche-orient médiéval (Der Nahe Osten im Mittelalter),* Paris 1978, S. 257.
22. H. Corbin, op. cit., S. 160.
23. Zitiert nach J.-M.Fiey, *Coptes et Syriaques, Contacts et Échanges (Kopten und Syrer, Kontakte und Austausch),* Studia Orientalia Christiana Syriaca, Nr. 15, 1972, S. 365.
24. V. Godel, Nachwort zu Gregor von Narek (Grégoire de Narek), *Prières (Gebete),* 1990, S. 117.
25. H. Thorossian, *Grigor Magistros et ses rapports avec deux émirs musulmans (Gregor Magistros und seine Beziehungen zu zwei muslimischen Emiren),* Auszug aus *Revue des Études islamiques,* Paris 1946.
26. J. Mécérian, Vorwort zum *Livre de Prières (Gebetbuch)* des Gregor von Narek, S. C., Nr. 78, S. 15.
27. Kedrenos-Skylitzes, Migne CXXI, col. 992. Zitiert nach A. Ducellier, op. cit., S. 257.
28. Zitiert nach H. Trevor-Roper, *L'essor du monde chrétien (Der Aufstieg der christlichen Welt),* Paris 1968, S. 129.

Ikonisch und Anikonisch

Die Gotteswohnung

König David läßt in Jerusalem die Bundeslade aufstellen. Um ihr einen festen Platz zu geben, der Jahwes würdig ist, plant er den Bau eines Tempels. Dieser Bau wird das Werk seines Erben sein: Unter Mithilfe von Baumeistern und Künstlern aus Tyrus wird Salomo den berühmten Tempel errichten. Die Vorhalle, das Heiligtum und das Allerheiligste bilden seine drei Elemente. Die Innenwände des Heiligtums und des Allerheiligsten werden mit Zedernholz vertäfelt, in das Rosetten und Blütenranken geschnitzt sind. Die Wände werden bis zur Decke mit Gold überzogen. Die Bundeslade wird im Allerheiligsten, in der Gotteswohnung, aufbewahrt. Dort finden zwei goldüberzogene Kerubim aus unbehandeltem Olivenholz ihren Platz. Sie erinnern an das Bild der zwei Engel, die Mose, wie von Gott befohlen, an den beiden äußeren Enden der Deckplatte angebracht hat: «Dort werde ich mich dir zu erkennen geben und dir über der Deckplatte zwischen den beiden Kerubim, die auf der Lade der Bundesurkunde sind, alles sagen, was ich dir für die Israeliten auftragen werde.» (Ex 25,22) Die beiden Engel, die einander ihre Gesichter zuwenden, begrenzen einen leeren Raum: apophatischer Ausdruck einer noch unsichtbaren Präsenz. Diese Präsenz ist die des unauslöschlichen Antlitzes Gottes.

Im christlichen Orient findet man die beiden Engel zu beiden Seiten der Tür des Tabernakels, die das Bildnis Christi beherrscht: «Und das Wort ist Fleisch geworden und hat unter uns gewohnt, und wir haben seine Herrlichkeit gesehen, die Herrlichkeit des einzigen Sohnes vom Vater ...» (Joh 1,14). Der salomonische Tempel bestätigt den Sieg Jahwes. Die Hagia Sophia, die «Große Kirche», ist Ausdruck des Sieges des dreieinigen Gottes. Am 25. Dezember 537, dem Tag ihrer feierlichen Einweihung, ruft Kaiser Justinian beim Betreten der Basilika: «Salomo, ich habe dich übertroffen!» Jahrhunderte später sieht der mystische Islam in der Kirche eine Art Garten Eden:

> Wenn du das Paradies suchst, o Sufi,
> die Ayasofya kommt ihm am nächsten.[1]

Als Antwort auf die Herausforderung des byzantinischen Reiches will der eroberungslustige Islam seinerseits der Herrlichkeit Allahs sichtbaren Ausdruck verleihen. So beschließt der Kalif Abd-el Malik, in Damaskus eine Moschee von beispielloser Pracht zu errichten. «Es ist mein Wille», verkündet er, «ein Gotteshaus zu bauen, wie es keiner vor mir erbaut hat und keiner nach mir erbauen wird.» Als Prunkstück der Omaijaden verherrlicht die Moschee von Damaskus den Ewigen, denn «es gibt keinen Sieger außer Gott».

In ihrem Dienst am Ewigen wird die Kunst eins. Die kultischen Bauwerke wollen Häuser Gottes sein, Ausdruck seines Sieges und seiner Herrschaft. Kunst und Religion schließen einen heiligen Bund. Ob prunkvoll und imperial oder ärmlich und auf Felsen gemalt, die Kunst bleibt zutiefst spirituell. Ihre Welt kündet von einer anderen Welt, einer Welt, die niemals vergeht. Gereinigt von «den schwachen und armseligen Elementarmächten» (Gal 4,9), feiert sie «das höchste Unveränderliche», den «fernen Gott», den «nahen Gott», dessen Antlitz für immer verborgen bleibt. «Throne und Herrschaften, Mächte und Gewalten» (Kol 1,16) vergehen mit der «Gestalt dieser Welt» (1 Kor 7, 31). Baumeister, Maler, Handwerker und Schreiber wirken an der Schöpfung mit, preisen den einen Schöpfer und beten zu ihm.

Im monotheistischen Orient nimmt das Bild bekanntlich einen besonderen Platz ein. Im Alten Testament wird jede bildliche Darstellung kategorisch verboten. «Lauft nicht in euer Verderben», heißt es dort, «und macht euch kein Gottesbildnis, das irgend etwas darstellt, keine Statue, kein Abbild eines männlichen oder weiblichen Wesens, kein Abbild irgendeines Tieres, das auf der Erde lebt, kein Abbild irgendeines gefiederten Vogels, der am Himmel fliegt, kein Abbild irgendeines Tieres, das am Boden kriecht, kein Abbild irgendeines Meerestieres im Wasser unter der Erde.» (Dtn 4,16–18) Zu der Furcht vor der Götzenverehrung gesellt sich später der Wunsch, eine himmlische Kunst zu schaffen, die frei von allem Eitlen und Vergänglichen ist. Die Kirchenväter erkennen die erzieherische Funktion des Bildes und verweisen auf die Notwendigkeit einer Ausdrucksform, die der Thematik der Botschaft angemessen und würdig ist. Der nach dem Bild Gottes erschaffene und ihm ähnliche Mensch herrschte einst über das Paradies. Sein Sündenfall hatte kosmische Ausmaße: «... die ganze Welt steht unter der Macht des Bösen.» (1 Joh 5,19) Der Gläubige wird in eine erlöste Welt gerufen, in einen «neuen Himmel» und auf eine «neue Erde», auf der Gott unter seinen Geschöpfen wohnt. Jenseits von jedem Manichäismus sind Erde und Mensch zur Vergöttlichung bestimmt: «Denn alles, was Gott geschaffen hat, ist gut, und nichts ist verwerflich, wenn es mit Dank genossen wird ...» (1 Tim 4,4).

Der Beitrag des Hellenismus untermauert dieses biblische Gebot. Die platonische Spiritualität drückt dem monotheistischen Orient ihren Stempel auf. Mögen die Kirchenväter die «profane» Kultur auch überwinden wollen, so erkennen sie doch ihren Wert und ihr Wissen. Gregor von Nyssa lehrt, daß diese «unfruchtbare» Kultur, die «ständig gebären will, ohne jemals einem Kind das Leben schenken zu können»,[2] «manches» enthalte, das «für unser Streben nach Tugend nicht zu verwerfen ist».[3] So leben die Christen von der geistlichen Verkündigung der Kirche und beschäftigen sich dennoch gleichzeitig mit der profanen Kultur. Stoizismus, Aristotelismus, Platonismus und Neuplatonismus finden Eingang in die Kirche und werden christianisiert. Es gibt nur einen Schöpfer, er ist der Quell des Guten und Schönen, und alles, was diese Attribute verdient, kommt von ihm. Wir leben in der Zeit, im Werden und im Vergehen. Unser Leben ist Unzulänglichkeit und Leere, Vergänglichkeit und Tod. Die Sinnenwelt ist nur ein provisorischer Bühnenhimmel, weit entfernt von göttlicher Vollkommenheit, ein falscher, trügerischer Schein, Abglanz einer höheren Welt, die realer ist als diese irdische Wirklichkeit. Wir leben wie in der Tiefe des Meeres, halten seinen Grund für die Erde und sein Wasser für den Himmel. Wir sind in einer Höhle gefangen, gefesselt, mit dem Rücken zum Eingang, der zum Licht führt, betrachten das Schattenspiel auf der hinteren Wand und halten es für die Realität. Die materiellen Augen sind nicht schöpferisch. Nur das geistige Auge kann zum absoluten Prinzip aufblicken und die Beziehung zum Sein, zum Geistigen und zum Unveränderlichen wieder aufnehmen.

«Das Gute ist das Eine», versichert Plato. «Und Gott wird uns wohl am ehesten als das rechte Maß erscheinen von allem, was da ist, weit mehr als so ein Mensch, wie sie behaupten.»[4] Nachahmung der Natur ist Verrat an der Welt des Intelligiblen: «Einen Gegenstand der wahrnehmbaren Welt zu malen bedeutet nicht nur, eine Fälschung für echt ausgeben zu wollen, sondern die Kopie einer Fälschung.»[5] Der Maler ist nur ein Fälscher. Seine Schöpfung ist Imitation im doppelten Sinn, die trügerische Vision eines vergänglichen und sterblichen Realen, das einer vergänglichen und sterblichen Welt entstammt. Das Auge der Seele öffnet sich dem Ewigen. Gorgias ruft Maler, Baumeister und Handwerker dazu auf, Arbeiter des Göttlichen zu werden. «So weit nun der Urheber dabei auf dasjenige hinblickt, welches immer dasselbe bleibt, und sich einer Wesenheit aus diesem Gebiete als seines Urbildes bedient, um danach die Gestalt eines Dinges und den Inbegriff seiner Kräfte hervorzubringen, wird es notwendigerweise sodann in allen Stücken vortrefflich geraten; soweit er aber auf das Gewordene hinblickt und sich eines Urbildes bedient, welches selber dem Entstandenen angehört, in so weit nicht vortrefflich.»[6]

Zwischen Unsichtbarem und Sichtbarem, Unbeschreibbarem und Beschreibbarem, zwischen Sein und Schein, Präsentation und Repräsentation entsteht eine dialektische Beziehung. Als «Niederschlag» des Äthers wird die finstere Sinnenwelt wiederbelebt, umgestaltet und von den Emanationen des Unvergänglichen durchdrungen. Im «reinen Licht» werden die reinen geometrischen Formen Träger und Zeugnisse des Ewigen, «untadelige, unverfälschte, unwandelbare, selige Gesichte».[7] Der Beweger folgt diesem Gebot: «Da nämlich Gott wollte, daß, soweit es möglich, alles gut und nichts schlecht sei, da er aber alles, was sichtbar war, nicht in Ruhe, sondern in regelloser und ungeordneter Bewegung vorfand, so führte er es denn aus der Unordnung in die Ruhe hinüber, weil er der Ansicht war, daß dieser Zustand schlechthin besser als jener sei.»[8] In dieser Ruhe lebt der Weise. Er bändigt sein widerspenstiges Pferd, das der Leidenschaft, des Chaos und der Unordnung, besteigt sein frommes Pferd, das der Harmonie, der Mäßigung und der Wahrheit, und reitet mit ungestümer Kraft dem Guten entgegen, erfüllt von einem tiefen inneren Frieden und sich schweigend in eine unaussprechliche, unbeschreibbare Vision versenkend.

Ob reine Semiten, christianisierte Griechen oder hellenisierte Judenchristen, die Kirchenväter des Orients schaffen eine philokalische Vision, bei der das Schöne vom Guten nicht zu trennen ist. Die Welt der Ideen tritt vor dem «Leben in Christus» zurück. Der Monarchianismus vertieft diese verklärte Vision und drückt ihr seinen Stempel auf. «Zeno», berichtet Theodoret von Cyrus, «lebte für sich allein, beschäftigt mit der Reinigung der Seele und der Läuterung ihrer Sehschärfe. Seine Gedanken waren nur auf Gott gerichtet. In seinem Herzen bereitete er die Aufstiege zu Gott, er verlangte Flügel der Taube und sehnte sich, zur Ruhe in Gott emporzufliegen.»[9] Der Gottesmann unterzieht sich dem «Fasten der Augen», um zu sehen und sich selbst zu sehen. «Ebenso», kommentiert Gregor von Nyssa, «wie es in der Natur des Auges liegt, alles zu sehen, was es umgibt, und für sich selber unsichtbar zu bleiben, so kommt es vor, daß die Seele sich mit allem übrigen befaßt, sich mit dem beschäftigt, was außen ist und was sie von Grund auf kennt, und dabei unfähig ist, sich selbst zu sehen.»[10] Bei ihrer Suche nach Gott wendet sich die Seele «ihrem eigenen Bild» zu und betrachtet «nur das als ihr eigentümlich, was sie in dem Modell sieht, dem sie nachgebildet wurde».[11] Geschmückt mit «Unverderbtheit, Unveränderlichkeit und Reinheit von allem Übel»[12] gerät sie in Ekstase, aber in eine innere, denn tatsächlich tritt sie nicht aus ihren Grenzen heraus, sondern taucht in ihr tiefstes Inneres ein.

Gott ist der höchste Künstler. In Christus wird er vollkommener Mensch und bringt das Bild und die Gottähnlichkeit wieder zu Ehren. «Durch seine Nähe», sagt Narses, «lernen die Menschen, das Jenseits zu suchen, und durch seine Manifestation sehen sie die Schönheit der unsichtbaren Dinge.»[13] Der Blick wendet sich vom Unsichtbaren ab und dem verklärten Sichtbaren zu. «Der Lehrmeister der Maler»[14] öffnet ihm den Weg, «Er, der in seiner Herrlichkeit denen ähnlich ist, die ihn preisen. Denn Er kann ihnen gleichen, sie aber können ihm nicht ähnlich sein»:

> Die irdischen Wesen können mit dem Himmelreich nicht verglichen werden; doch das Himmelreich wird ihnen dadurch vergleichbar, daß es sie zur Glückseligkeit einlädt.
> Durch dieses Zeichen wurde es mit uns irdischen Wesen verglichen, damit wir durch den Vergleich mit ihm seiner Herrlichkeit ähnlich würden.
> Sehr ähnlich ist das Bild, das der wahre Meister zeichnete, und kein Künstler kann sein genaues Bild malen.
> Genau ist das Bild, das sein Zeichen malte und in der Frohen Botschaft darbot; wir müssen die Pracht seiner Schönheit mit Sorgfalt betrachten.[15]

Der irdische Mensch führt ein totes Leben, «seine Gliedmaßen existieren, ohne zu existieren», und seine Seele «bewegt sie durch ein Leben ohne Leben».[16] Von ihrem Schöpfer getrennt ist unsere Welt die des Sündenfalls, und «alles, was in der Welt ist», «ist nicht vom Vater, sondern von der Welt» (1 Joh 2,16). Die Heiligen, die Christi Gestalt annehmen und in Christus leben, bilden in ihrem Einssein einen Menschen und einen Geist. Eine neue Schöpfung entsteht: «Das Alte ist vergangen, Neues ist geworden.

7. *Thronender Christus,* Ausschnitt, 5. Jh., Kirche S. Pudenziana, Rom.

8. *Christus Pantokrator,* 6.–7. Jh., Katharinenkloster, Sinai.

9. *Thronender Christus,* Ausschnitt, 7. Jh., Koptisches Museum, Alt-Kairo.

Aber das alles kommt von Gott, der uns durch Christus mit sich versöhnt und uns den Dienst der Versöhnung aufgetragen hat» (2 Kor 5,17–18). Heiligkeit ist «der Reichtum, der nicht verarmt», sie wächst wie ein Rebstock und trägt «unablässig unverderbliche Früchte».[17] Das höchste Tun ist stumme Kontemplation wie im künftigen Leben, «wo dann keine Tätigkeit, die wir jetzt verrichten, ausgeübt wird, kein Ackerbau, kein Handel, kein Kriegszug und nichts anderes von den Dingen, die wir hier betreiben», erinnert Gregor von Nyssa, «sondern wir leben dann in völliger Freiheit von solchem Tun und ernten die Früchte des Samens, den wir in diesem Leben ausgeworfen haben, unverderbliche Früchte, wenn der Same unseres Lebens gut war, vergängliche und schlechte, wenn uns unsere Vorbereitung in diesem Leben solche hervorgebracht hat.»[18] Im sechsten Jahrhundert teilen sich Konstantinopel, Rom, Alexandria, Antiochia und Jerusalem eine einzige Kunst. Es gibt zwar lokale Besonderheiten, aber sie sind nicht grundsätzlicher Natur. Trotz ethnischer, politischer und dogmatischer Unterschiede entsteht und verfeinert sich eine internationale christliche Ästhetik, die die in der gesamten römischen Koine noch präsente Spätantike verändert. Die Malerei, in der Zeit der Katakomben noch griechisch-römisch geprägt, nimmt orientalische Züge an, wird vergeistigt und christianisiert. Die Monumentalskulptur verschwindet und überläßt ihren Platz den in Marmortafeln umgesetzten Reliefikonen. «Die Provinzen marschieren auf Rom», wird Rodenwalt sagen. Betonte Stilisierung führt das römische Porträt an die Schwelle der Ikonenkunst. Die schmalen, geschlossenen Lippen, die spitze Nase und die großen, weit geöffneten Augen zeigen ein idealisiertes Gesicht. Das Ursprüngliche neigt zum Einzigartigen, das Zeitliche zum Überzeitlichen. Die Landschaft tritt zurück und wird ornamentaler Schmuck, ein paradiesischer Ort, Spiegelbild der kommenden Welt. Dem Aufruf des heiligen Ephräm folgend, nehmen die Künstler den Schleier von ihren Augen[19], um den Garten des Lebens zu sehen und sichtbar zu machen. Alles wendet sich Gott zu, «Denn die Seele ist kostbar/ Kostbarer noch als der Körper/ Und kostbar ist der Geist, Mehr noch als die Seele./ Und die Göttlichkeit/ Verborgener als der Geist».[20] Statt in dieser Welt zu verharren, in diesem «Hafen der Mißerfolge»[21], macht sich das Auge auf zum «Hafen der Heiligen». Die sterbliche Hand des anonymen Künstlers erfleht die Hand Gottes, die «vom Universum bis zum Ersten Adam reicht/ Und vom Zweiten bis zum Universum».[22] Bäume, Früchte, Blumen, Vögel und Tiere schmiegen sich an die Linien der Ornamente. «So wird der prachtvolle Kranz des Paradieses geflochten/ Um alles Erschaffene».[23] «Sein Wall, sein Bollwerk/ ist die Eintracht selbst, die alles wieder versöhnt». Alles ist dort «rein und heilig», «subtil und spirituell».[24] Die Kirche gleicht einem geschlossenen Garten, dessen Tor geöffnet bleibt. Sie hat sich schön gemacht wie eine junge Braut für ihren Gemahl (Offb 21,2):

Ordentlich, strahlend,
Ganz und gar begehrenswert,
Erhaben und schön,
Wohlriechend und schillernd:
Der Hort aller Schätze,
Die dargestellte Kirche.[25]

Alles lebt dort aus dem Geist. Alles ist gut, vollkommen und wohlgefällig (Röm 12,2). Gott wohnt dort als ein unerreichbares Licht, «gänzlich versteckt», «gänzlich verborgen».[26] Christus ist der «Orient des Vaters der Herrlichkeit»[27], die Säule, der Weinstock, der Wein und das sprudelnde Wasser. Das üppige Dekor stellt die Krone der Gnade dar, die hängende Traube der letzen Tage, das Festmahl und die Wohnung neben dem Vater. In den Friesen, Verzierungen und ornamentalen Kompositionen kündigen sich die künftigen islamischen Arabesken an. «Wahrnehmbare Existenz. Nicht greifbare Essenz»[28], «fruchtbare Ruhe, unauslöschliches Zeichen», «allgegenwärtiger Wille, befruchtende Stärke»[29], so könnte man diese Bildsprache interpretieren.

Mit den islamischen Eroberungen bricht die Entwicklung keineswegs ab. Im Gegenteil, die Muslime machen den Vorderen Orient zu ihrem Zentrum und Kernland und übernehmen sein kulturelles Erbe und seine Traditionen. Koranverse sanktionieren diesen Übergang. Allah vermacht den Besitz seinem Volk: «Wie viele Gärten und Quellen und Saatfelder und wie manch herrliche Paläste und wieviel sonstige Annehmlichkeit, deren sie sich erfreut hatten, mußten sie nicht zurücklassen! So ließen wir es geschehen und gaben dies alles einem anderen Volke zum Erbteil.» (Sure 44,26–29) Der Kuppelbau des Felsendoms erhebt sich über Jerusalem. Byzantinische Künstler wirken an der Ausschmückung der Omaijaden-Moschee mit. Blumen, Bäume, Kränze, Diademe, Vasen und Hörner. Olivenbäume, Mandelbäume und Palmen. Hippodrom, Pavillon, Portal und Haus: Die Mauern des Hofes zeigen eine grüne Oase auf Goldgrund, eine stilisierte römisch-byzantinische Flußlandschaft, die weder die Gesetze der Perspektive noch der Verkürzung kennt. Das Bild des Menschen fehlt. Der Gläubige ist der Protagonist dieses Bildraums. Bekanntlich verfügt der Islam weder über kirchliche Hierarchien noch über Sakramente. Die Heilsökonomie beschränkt sich auf das Gebet, das den Gläubigen mit seinem Schöpfer verbindet. Ohne Altar ist Gott hier alles in allem. «Jeder Betende ist ein Imam», wird Ibn Arabi im achten Jahrhundert versichern, «denn die Engel beten hinter dem Gläubigen, während er alleine betet. Dann wird seine Person beim Beten in den Rang der himmlischen Boten erhoben.»[30]

Der Muslim betet vor einem Teppich in Richtung der Kaaba, eines kleinen, von Abraham errichteten würfelförmigen Tempels, in dessen südöstlicher Ecke der vom Erzengel Gabriel überbrachte schwarze Stein eingemauert ist. Kaaba bedeutet Würfel. Geometrisch ist der Würfel ein regelmäßiger Körper, der sich nicht verändert, von welcher Seite man ihn auch betrachtet. «Allah ist Herr über Ost und West; wohin ihr euch wendet, da ist Allahs Auge.» (Sure 2,116) Auf dem Gebetsteppich bezeichnet eine leere Nische die Kibla, die Richtung, nach der man sich beim Gebet wendet. Die Leere symbolisiert die Unergründlichkeit Gottes. Oben in der Nische befindet sich eine Laterne, ein ikonisches Abbild der

10. Idyllische Landschaft, 715, Omaijaden-Moschee, Damaskus.

Verse «des Lichtes»: «Allah ist das Licht der Himmel und der Erde. Sein Licht gleicht dem in einer Nische einer Mauer, in welcher eine Lampe und die Lampe in einem Glas ist. Das Glas scheint dann wie ein leuchtender Stern. Es wird erhellt vom Öl eines gesegneten Baumes, eines Olivenbaumes, der weder im Osten noch im Westen wächst, dessen Öl fast ohne Berührung des Feuers Licht gibt und dessen Licht über allem Lichte steht ...» (Sure 24,36) Auf ihre eindimensionalen Merkmale reduzierte Bäume und Pflanzenarrangements überwuchern diese apophatische Leere. Keine anthropomorphe Figur findet sich hier. Der Betende ist allein vor dem Herrn, und seine «Reise erfolgt nicht mehr zu Gott, sondern in Gott».

Menschlichen Figuren begegnen wir außerhalb der Kultstätten. Mit Jagd-, Bade- und Arenenszenen führt die omaijadische Malkunst den orientalischen Hellenismus fort. Eine mythologische Ikonographie, bei der griechische Inschriften auf das Denken, die Geschichte und die Poesie verweisen. Stilisierte Reliefs, in denen die römisch-sassanidisch geprägte Kunst Palmyras fortlebt. Das Bild übertrifft die empirische Wahrnehmung, stilisiert und idealisiert die verschiedenen gegenständlichen Elemente.

Die ikonoklastische Krise

Der 726 ausbrechende Bilderstreit spaltet Byzanz über ein Jahrhundert lang. Die Ikone wird mit Blut und Feuer getauft. Nur das verklärte Bild wird geduldet. Das Sichtbare ist untrennbar mit dem Unsichtbaren verbunden, das Menschliche ohne das Göttliche undenkbar. Die Ikonodulen erheben sich gegen die Ikonoklasten. «Da wir befreit von der Angst vor den Götzen sind», schreibt Johannes von Damaskus, «ist es uns gegeben, mit Gott in der Reinheit und Kenntnis der Wahrheit zu leben ... Da wir über Urteilsvermögen verfügen, wissen wir, was man mit der Ikone tun kann und was nicht ... Wenn jemand vorgibt, das immaterielle und unstoffliche Göttliche darzustellen, so verstoßen wir ihn als Lügner.»[31] Die Ikone der Ikonen ist die Christusikone. Heiligkeit ist ein Leben in Christus, daher vereinigt sich die Ikone eines Heiligen mit der Christusikone. Ob christozentrisch oder nicht, die bildliche Darstellung beschränkt sich auf die Welt der Verklärung. Unter bewußtem Verzicht auf jeden Naturalismus gehorcht das Bild dem Symbolismus der Ostkirche. Es gibt viele Bilder, aber nur eine Thematik, und diese wird durch die Kanones der Kirche festgeschrieben oder modifiziert. Die ästhetischen «Formeln» bleiben offen. Der hieratische Charakter läßt durchaus auch Bewegung und menschliche Gestik zu. Das Modell gibt den Fleischton der feierlich starren Gesichter vor. Asymmetrie mischt sich unter die Symmetrie und schafft eine flexible und lebendige Geometrie. Zu Anfang ist die Ikone «die Bibel der Ungebildeten». Indem sie ihre erzieherische Funktion transzendiert, wird sie «theoptisch», transparent für das göttliche Geheimnis. Als «Vision des Unsichtbaren» bringt sie das zum Ausdruck, was das Wort nicht auszudrücken vermag: «Die Hand hat die Mutter der (dreifaltigen Heils-) Ökonomie gemalt», liest man an der Wand einer kappadokischen Kirche, «aber der Mund konnte die Art des Gebärens nicht enthüllen.»[32] Als «Kanal der Gnade» will das Bild «den Himmel auf Erden» erschließen. Die Schönheit der Welt in Christus wirkt über historische Veränderungen und geographische Unterschiede hinaus. «Die neue und unerschaffene Welt» ersetzt die gefallene Welt: Theologisch und liturgisch preist das Bild «Gott über allem, durch alles und in allem».

Die byzantinischen Ikonodulen erklären die «Nicht-Orthodoxen», die bei verschiedenen Konzilien verurteilt werden, zu den geistigen Vätern des Ikonoklasmus. Johannes von Damaskus hebt implizit die gnostisch-monophysitischen Einflüsse im Ikonoklasmus hervor. Der heilige Tarasios, Patriarch von Konstantinopel, verflucht die Bilderfeinde und wirft ihnen vor, sie hätten sich von Juden, Sarazenen, Samaritanern, Manichäern und Theopaschiten inspirieren lassen. Der byzantinische Chronist Theophanes betont den Einfluß der Monophysiten auf die ikonoklastischen Herrscher aus den orientalischen Gebieten des Reiches. Auf dem II. Konzil von Nicäa werden Männer wie Philoxenos von Mabbug, Severos von Antiochia und Petrus der Walker als Väter des Monophysitismus und Ikonoklasmus genannt. Der arabische Theologe Abu Qurra, Schüler des Johannes von Damaskus und Zeitgenosse des

11. Stuckplastik, Qasr al-Hayr al-Gharbi, 8. Jh., Museum Damaskus, Syrien.

12. Stuckplastik, Qasr al-Hayr al-Gharbi, 8. Jh., Museum Damaskus, Syrien.

13. Männerkopf, Fragment eines Wandgemäldes, 8. Jh., Museum Damaskus, Syrien.

Theodor Studites, hat eine *Abhandlung über die Bildverehrung* hinterlassen, die dem Ziel gewidmet ist, den Ikonoklasmus der Christen, der von Juden und Muslimen, die die Bildverehrung verbieten, beeinflußt ist, zu widerlegen. Nikephoros von Byzanz setzt die Liste fort: Der Ikonoklast ist Gottesmörder und Götzendiener, Totschläger und Hurenbock, ein Schänder, unschöpferisch, homosexuell und verdorben, ein Natur- und Kulturzerstörer, ein blutrünstiger Jäger, ein «wildes Tier, ein Schwein, ein Wildschwein, das die Ernte vernichtet», «geistig beschränkt und in seiner Fleischeslust gefangen», «borniert», ein «unbeschreibliches» Wesen, das keine andere Freiheit kennt als die Ausschweifung und den Verstoß gegen Gebote.[33] In einer Chronik des Johannes von Jerusalem wird der Ikonoklasmus zu einer jüdisch-arabischen Erfindung erklärt. Ein Jude aus Laodikeia, so heißt es dort, habe den Kalifen Yazid gedrängt, alle Ikonen in seinem Reich zu beseitigen, und ihm als Belohnung eine vierzigjährige Herrschaft prophezeit. Desgleichen soll ein Jude aus Tiberias, «ein Zauberer und Werkzeug der Dämonen, die die Seelen täuschen», den Kalifen Ezidos ersucht haben, jedes «Bildnis» aus den Kirchen zu entfernen. Angesteckt durch diese Ketzerei, soll Konstantin, Bischof von Nakolia in Kleinasien, diese Politik übernommen und den Ikonoklasmus verbreitet haben.[34]

Im Widerspruch zu solchen byzantinischen Märchen haben sich die Muslime um den Bilderstreit offenbar wenig gekümmert. Johannes von Damaskus verteidigt die Ikone außerhalb der Grenzen von Byzanz, im Herzen des muslimischen Reiches. Als der römische Ikonodule im Bagdader Gefängnis von mitgefangenen Ikonoklasten angegriffen wird, verteidigen ihn die Muslime und retten ihn. «Die Sarazenen», schreibt der Hagiograph des neuen Märtyrers, «die aufgrund ihres Glaubens Fremdlinge sind, zeigten sich gütiger als diejenigen, die sich Christen nannten, und hatten mehr Ehrfurcht vor der Mönchskutte als diejenigen, die sich für Gläubige hielten.»[35] Wie die Studien von Peter Brown und Stephen Gero belegen, stellte der Ikonoklasmus ein spezifisch byzantinisches Phänomen dar. Seine Bühne war Konstantinopel, seine Protagonisten waren Angehörige der einheimischen Elite in Staat und Kirche. Der vermeintliche muslimische Ursprung des Ikonoklasmus ließ sich nie nachweisen, und wie die Geschichte belegt, waren Muslime für die Schönheit christlicher Bilder überaus empfänglich. So zerstört Mohammed in Mekka zwar Götzenbilder, hält aber schützend die Hände vor das Bild einer Jungfrau mit dem Kind und fordert seine Anhänger auf, es vor Schaden zu bewahren. Ibn Jubayr verweilt vor der Marienkirche in Damaskus und schildert ihre Gemälde, die «den Geist verwirren und den Blick fesseln».[36] Der Kalif al-Mutawakkil bewundert die «herrlichen Gemälde» in den syrischen Klöstern.[37] Der fatimidische Emir Chumaraweh läßt auf der Terrasse der Klosters Al-Kosseir einen Aussichtspavillon bauen, damit er ein Mosaik bewundern kann, das die Jungfrau mit dem Kind darstellt, umringt von Engeln und Aposteln. Sein Chronist Abu-Salih berichtet: «Oft begab er sich unerwartet in dieses Kloster, um dieses Bild, das er großartig fand und das immer aufs neue seine Blicke anzog, zu betrachten.»[38] Der «größte Scheich» Ibn Arabi schreibt in seinen *Mekkanischen Offenbarungen:* «Die Byzantiner haben die Malkunst zur Perfektion entwickelt, denn für sie besteht die einzigartige Natur unseres Herrn Jesus, so wie sie in seinem Bild zum Ausdruck kommt, darin, daß sie die geistige Konzentration auf die göttliche Einheit besonders fördert.»[39] Mohammed der Eroberer betrachtet «die seltsamen und wunderbaren Bilder» an den Wänden im Innern der Hagia Sophia und steigt hinauf in die Kuppel, «so wie Christus, der Geist Gottes, der in die vierte Sphäre des Himmels aufgefahren ist».[40] Die Basilika wird in eine Moschee umgewandelt, und die Muslime beten zwischen den Mosaiken, die erst Jahrhunderte nach der Eroberung übertüncht werden.

Ganz dem Zelebrieren des Transzendenten hingegeben, schlägt der Islam den Weg zu einer anikonischen Kunst ein. Die Kalligraphie erlangt sehr bald eine dominierende Stellung. Was Christus für den Christen, das ist der Koran für den Muslim, der ewige Korpus in arabischer Sprache, der von den Engeln im höchsten Himmel gehütet wird. Die ersten Verfasser des Korans wurden «Schreiber der Offenbarung» genannt. Der Koran ist «niedergeschrieben auf ehrwürdigen, erhabenen und reinen Blättern, mit den Händen erhabener und gerechter Schreiber» (Sure 80,14–17). Im Dienst Gottes wirkt der Kalligraph an der höchsten Form des Dschihad mit, jenes großen Heiligen Krieges, den die Askese darstellt. Die Tinte, die aus seiner Feder fließt, gleicht dem Blut des Märtyrers. Im achten Jahrhundert entsteht eine kantige

Schrift, die speziell mit dem Koran im Zusammenhang steht. Bis zum Jahr 1000 setzen sich sechs Schriften als maßgebend durch. Geheimnisvoll transzendiert die Kalligraphie ihre pädagogische Rolle. Im Gegensatz zum literarischen Stil der Koranprosa, deren «Verse ohne Unterlaß gleich einem reißenden Bach in abgehackten, atemlosen Worten»[41] hervorsprudeln, kompliziert sie sich bis zur Unleserlichkeit und wird auf harmonische, subtile Weise zur Arabeske. Von allen figurativen Wurzeln befreit, wird die Stilisierung der Buchstaben beinahe abstrakt. Jenseits der Worte huldigt die Kalligraphie dem Einen, dem Unzugänglichen und Unaussprechlichen. «Allah ist der Eine, der Ewige, das ist schon ein Drittel des Korans», heißt es im Hadith.[42] Wenn das göttliche Wort des Buches auf einer ersten Stufe unleserlich wird, so bleibt doch diese «Mutter des Buches», Quelle und Essenz des Korans, im Wechsel der senkrechten Hauptstriche und Bögen lesbar, die sich in unendlicher Ruhe verweben und den Einen, den Großen und Allwissenden preisen. Der Hauptstrich ist das Zeichen des Geistes, der Bogen das der Seele: «Der aufreizenden Wiederholung der Vertikalen», kommentiert Titus Burckhardt, «die vor allem durch die sehr langen Hauptstriche von Alif und Lam gebildet wird, entspricht in der Horizontalen die Melodie der weiten, verschiedenartig gestalteten Bögen. In die Monumentalkunst übertragen und in der Koran-Epigraphik angewandt, ist diese Schrift gleichsam die unablässige Bezeugung der göttlichen Einheit, begleitet von der freudigen und heiteren Erweiterung der Seele.»[43]

Die auf abstrakte oder Tier- und Pflanzenmotive zurückgreifende Ornamentik verschmilzt mit der Kalligraphie. Alles ist von dem einen Geist erfüllt und befördert das Göttliche. Die Arabeske setzt sich ins Unendliche fort. «Das Arabeskenmuster ist das spiritualistischste von allen Mustern», schreibt Baudelaire in seinen *Intimen Tagebüchern,* «das idealste von allen.»[44] Valery bewundert die Logik und Klarheit der «Kunst der Araber», dieser abstrakten Vision der Formen, in der Sein und Wissen verschmelzen, in der die Welt, die wir sehen und die uns blendet, sich zurückzieht und den Blick auf eine absolute Bewegung freigibt.[45] Rilke besingt die Blumenarabesken als in «Glas eingegossene Gärten», «klar, unerreichbar», als «zum Gesicht gesteigerte Lüfte».[46]

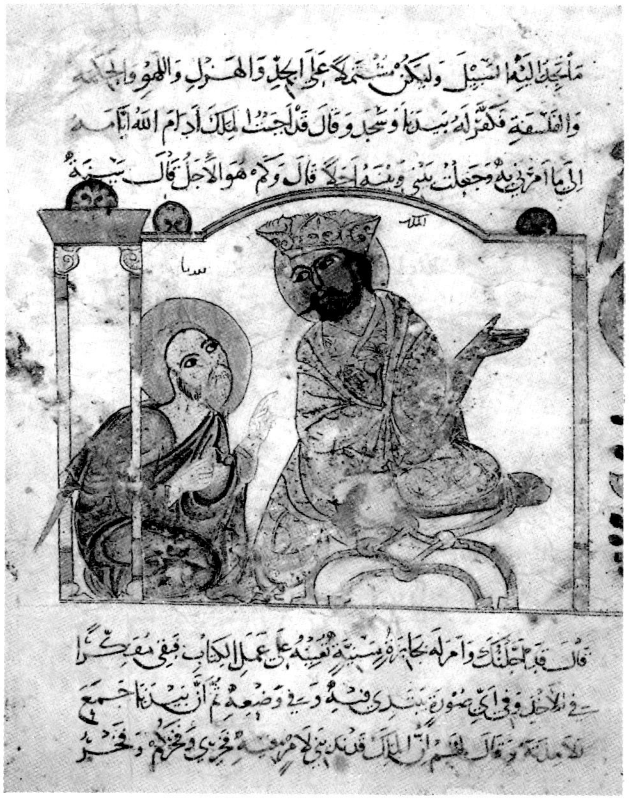

14. Frauen mit Früchten und Fischen, *Das Buch der Tiere,* 14. Jh., Biblioteca ambrosiana, Mailand.
15. Bidabai und der König, *Das Buch von Kalila und Dumna,* 13. Jh., Bibliothèque Nationale, Paris.

Die Islamforscher meinten, in gewissen Aussprüchen Mohammeds Verbote zu sehen, die das Fehlen des Bildes in der islamischen Kunst erklären würden. So sagte der Prophet etwa: «Gott wird denjenigen, der ein Bild anfertigt, strafen, bis dieser ihm eine Seele einhaucht, doch dazu wird er niemals imstande sein.»[47] Jede Rückkehr zur Götzenverehrung, jede prometheische Versuchung wird unterbunden. Es sei daran erinnert, daß der Islam niemals einen Konflikt erlebte, der dem christlichen Ikonoklasmus vergleichbar wäre. Der Koran verurteilt nur den heidnischen Bildgebrauch. Götzenbilder «sind verabscheuungswürdig und ein Werk des Teufels; vermeidet sie, damit es euch wohl ergehe» (Sure 5,91). Der hellenisierte Islam begeistert sich für die Gnosis und die Kontemplation. Er ist für das Bild beileibe nicht unempfänglich, sondern übernimmt es und entwickelt eine eigene figurative Kunst. Wie in der christlichen Kunst werden die frei im Raum stehende Skulptur und die naturalistische Malerei fallengelassen. Das Bild übertrifft die empirische Wahrnehmung. Hier begegnen wir dem *mundus imaginalis,* den Henri Corbin so vortrefflich beschreibt:

«Er ist die Mittlerwelt zwischen der geistigen Welt der reinen Lichtwesen und der Sinnenwelt: Das einzige Organ, das ihn wahrnimmt, ist die aktive Imagination. Er ist nicht die Welt der platonischen Ideen, sondern die Welt der ‹in der Schwebe befindlichen› Formen und Bilder. Damit soll ausgedrückt werden, daß sie keinem materiellen Substrat immanent sind (wie die Farbe Rot etwa einem roten Körper immanent ist), vielmehr stellen sie ‹Orte der Epiphanie› dar oder sie zeigen sich als ‹in der Schwebe befindliches› Bild in einem Spiegel. Es ist eine Welt, in der sich der Reichtum und die Vielfalt der Sinnenwelt wiederfinden, freilich in einem subtilen Zustand, eine Welt der unabhängig von anderem bestehenden Formen und Bilder, die die Schwelle zur Welt der Seele bildet.»[48]

Der Islam, der mesopotamische, byzantinische und persische Elemente aufgreift, bringt einen eigenen Stil und eigene Schulen hervor und verschafft ihnen Geltung. Der göttlichen Transzendenz des Einen entspricht die vereinheitlichte Wissenschaft. Der Mannigfaltigkeit des Einzigartigen entspricht die Identität des Mannigfaltigen. Alle Wesen stehen in Beziehung zu Gott und existieren nur durch ihn. Die erschaffenen Welten sind Zeichen Gottes. Die Ikone beschwört das Licht des Tabor, den achten Tag und das himmlische Jerusalem. Die Miniatur verherrlicht den «achten Landstrich», der außerhalb der sieben geographischen Landstriche liegt, die konvexe Seite der Sphäre der Sphären, das Na-Kajo-Abat, das Land des Nicht-wo, das Suhrawardi beschwört. Das Sichtbare ist nur ein Schleier. Ob mythologische oder geschichtliche Szenen, ob Fabeln, Märchen oder Erzählungen, die Themen wechseln, doch es herrscht eine einzige Atmosphäre. Die Handlung findet gleichsam in einem Garten statt, dem Sinnbild des Paradieses. «Im Paradies gibt es einen Markt, auf dem man Bilder verkauft», verheißt der Prophet.[49] Bei den Miniaturen ist es ein innerer Garten. Der asiatische Einfluß ist unverkennbar, und doch haben wir es nicht mit jenen chinesischen Gärten zu tun, über die Pierre-Jean Jouve schreibt: «Alles ist trüb, und hinten grollt leise der Donner, alles ist verloren, geisterhaft, Abwesenheit nach dem Tod.»[50] Hier, bei den Miniaturen, ist der Himmel golden, das Wasser silbern. Es gibt keine Schatten. Alles badet in Licht. Die Gesten sind maßvoll. Engel, Männer und Frauen sind gleich beschaffen. Das Allgemeine hat Vorrang vor dem Besonderen. Dies ist eine Welt der unveränderlichen Wesenheiten, Archetypen der Lebewesen und Dinge, die das geistige Auge durch kontemplative Imagination wahrnimmt. In diesem zweidimensionalen Raum bewegt sich die Handlung in der Vertikalen: «Im Paradies», so heißt es im Hadith, «gibt es einen Baum, den ein Ritter auf einem prächtigen, gut dressierten und schnellen Pferd hundert Jahre lang durchreiten kann, ohne ihn zu durchqueren.»[51]

Der Einfluß des Orients

Byzanz wertet das Bild auf und erhebt es auf die Stufe des Evangeliums und des lebenspendenden Kreuzes. Das VII. Ökumenische Konzil knüpft an das erste an. Der Sieg der Ikonodulen bringt den «Triumph der Orthodoxie». Dem Westen bleibt diese Dogmatik fremd. Die *Libri Carolini* verwerfen die Beschlüsse des VII. Konzils. «Der Mensch kann gerettet werden, ohne Bilder gesehen zu haben, nicht aber, ohne Gott gekannt zu haben.» Doch trotz aller dogmatischen Unstimmigkeiten wandelt Westeuropa von der Zeit des Frühchristentums bis ins Trecento auf den Spuren des Orients und gewinnt dabei an Größe. Die ostgotische und merowingische Kunst bildet einen Gegensatz zur römischen Klassik. Die Flachreliefs der Sarkophage zeigen Bilder, auf denen sich die Tiersymbole an die Flechtdekoration und die Bündelpfeiler anschmiegen. Die westgotische, asturische und mozarabische Kunst setzt eine eigenständige christliche Kunst fort, die in ihrem Ursprung, ihrer Form und ihrem Ausdruck orientalisch geprägt ist. Auch islamische Einflüsse fehlen nicht. Die präromanische anglo-irische Kunst bricht radikal mit realistischen Formen und begründet eine ornamentale Kunst, in der das Figurative auf seinen eindimensionalen Kern reduziert wird und in einer Sinfonie von Flechtdekorationen verschwindet. Das Karolingerreich entfernt sich vom griechischen Reich, doch die Gemeinsamkeiten in der Kunst bleiben bestehen und vertiefen sich. Der «Weg vom Land der Waräger zum Land der Griechen» führt über Byzanz. Westliche Fresken und Mosaike sind im Ausland entstandene byzantinische Produkte. Asien nimmt den Weg über Transkaukasien. Cadafalch sieht in der ersten romanischen Kunst einen «mesopotamischen Einfall im Westen». Die zutiefst christliche romanische Epoche verbreitet ihre Anschauungen und ihren Stil. Alles atmet Demut und Ärmlichkeit. Alles harmoniert und fügt sich einem gezügelten Imaginären, in dem alles geordnet ist und seine Ruhe in Gott findet. In der Liturgie wird Christus als «Orient» bezeichnet, und die Gläubigen beten in östlicher Richtung der Apsis. Nach der Bibel liegt der Garten Eden «im Osten» (Gen 2, 8), und die «Ankunft des Menschensohnes» wird mit einem Blitz verglichen, der «bis zum Westen hin leuchtet, wenn er im Osten aufflammt» (Mt 24,27). Die Kreuzritter jagen einer orientalischen Fata Morgana nach. Die Lateiner plündern die Kirchen Konstantinopels und zerschlagen deren Ikonen. Der lateinische Kaiser Balduin von Flandern erstellt eine Liste mit den Häresien der Griechen und verurteilt darin ihren Bilderkult. Paradoxerweise lassen sich die Lateiner schon sehr früh zur Kunst der Ikone bekehren und malen in unverfälschter byzantinischer Tradition, wobei sie gewissenhaft deren Regeln befolgen und deren Schönheit nachahmen. Die Apsiden Roms schmücken sich mit «byzantinischen» Mosaiken. Palmen, Weinstöcke und Akanthusblätter tauchen in Paradiesdarstellungen auf. Architektonische Phantasiegebilde erscheinen in der Kuppel: Darstellungen Betlehems, des Geburtsortes Christi, und Jerusalems, der Stätte seines Todes und seiner Wiederkehr. Die Kunst ist auf der Höhe der Geschichte, schöpft aus der gesamten mediterranen Tradition und zeigt sich entschieden «ökumenisch». Die Trennung erfolgt erst in der Zeit der Renaissance. Der Humanismus erweckt Italien zu neuem Leben. Die Kunst orientiert sich fortan am Glanz des antiken Roms und folgt einem einseitigen Eurozentrismus.

Islamisch-christliche Begegnungen

Als Untertanen des islamischen Reiches, die außerhalb des christlichen Oströmischen Reiches leben, bereichern Syrer, Kopten und Armenier die mittelalterliche Kunst um zahlreiche Facetten. Die Wege kreuzen sich, die Stile vereinigen sich. Obwohl die nicht-byzantinischen Christen die Griechen als «arglistig» und «verdorben» bezeichnen, übernehmen sie weitgehend ihre Methoden und Rezepte. Als Angehörige der islamischen Koine wirken sie an der Entfaltung der dortigen Kunst mit und finden in ihr eine eigene kulturelle Identität. Das christliche Äthiopien bleibt ihnen verbunden. Der künstlerische Austausch verliert nichts von seiner Intensität. Von den Omaijaden bis zu den Osmanen arbeiten christliche Maurer, Maler und Bildhauer mit muslimischen Kollegen beim Bau der Moscheen zusammen. Das Dekor findet Verbreitung und taucht sehr bald auch in Kirchen und Klöstern auf. Untrennbar mit dem Anikonischen verbunden, lebt das Ikonische in Gemälden, Reliefs und Miniaturen fort. Ornamentik und Stilisierung setzten sich durch. Die christliche Ikonographie trägt die Farben Bagdads, Mossuls, Kairos und Isfahans. Die Evangelienbücher werden fast wie der Koran kalligraphisch gestaltet. Syrer und Kopten errichten anikonische Ikonostasen, deren freie Flächen sie mit einem Wald aus Arabesken überziehen. Stuckdekorationen, Reliefs im Schrägschnittstil, Holzarbeiten, glasierte Keramik, Teppiche

16. Koptisches Evangeliar, 1340, Koptisches Museum, Alt-Kairo.
17., 18. Syrisch-jakobitische Handschrift, 18. Jh., Kirche der Heiligen Sergius und Bacchus, Sadad, Syrien.

und Miniaturen: Die gegenseitige Durchdringung kennt keine Grenzen. Eine islamisch-christliche Kunst wächst heran und gelangt zur Blüte. In einer geometrischen Sinfonie reiner Formen vermehrt sich das Kreuz bis ins Unendliche und vereinigt sich mit der paradiesischen Arabeske.

Irenäus von Lyon entwickelte im zweiten Jahrhundert die kosmische Dimension des Kreuzes. Die «unsichtbare Präsenz» des Wortes «umspannt die gesamte Schöpfung und stützt sie in Länge, Breite, Höhe und Tiefe». «Er, der Sohn Gottes, wurde in diesen vier Dimensionen gekreuzigt, er, dessen Welt bereits die Spuren des Kreuzes trug. Sichtbar geworden, mußte er sein unsichtbares Wirken auf wahrnehmbare Weise am Kreuz kundtun. Denn er ist es, der die Höhen, das heißt den Himmel, erleuchtet, der die Tiefen der Erde erforscht; er durchmißt die Weiten von Ost nach West, die unermeßlichen Räume von Nord nach Süd und fordert die überall verstreuten Menschen auf, seinen Vater kennenzulernen.»[52] Das Kreuz, Sinnbild der Kenosis, wird als kosmisches Zeichen verehrt, das die Schöpfung vereint, als Lebensbaum, der die Welt mit seinen Blüten bedeckt. Die christliche Kunst der ersten Jahrhunderte bringt eine Vielzahl anikonischer Kreuze hervor. Man findet sie in der Monumentalkunst ebenso wie auf Sarkophagen, Grabstelen, Silberplatten, den Ampullen aus dem Heiligen Land, Kelchen und Schmuckgegenständen. Keine justinianische Apsis zeigt einen Christus am Kreuz. Die Kunst verherrlicht die erlöste und in Christus verklärte Welt. In den Ostkirchen lebt diese Tradition bis zum heutigen Tag fort. Es gibt Kreuze aus Stein, aus Holz und Metall, armenische, koptische, äthiopische Kreuze. «Gelobt sei das Kreuz, preist die koptische Liturgie, denn es hat die bitteren Wasser süß gemacht, und die gläubigen Völker haben von ihnen getrunken.»[53] Bei diesem endlosen Lobgesang bringt das Kreuz unentwegt neue Kreuze hervor, Lebensbäume, Sinnbilder, die in alle Himmelsrichtungen des Orients weisen.

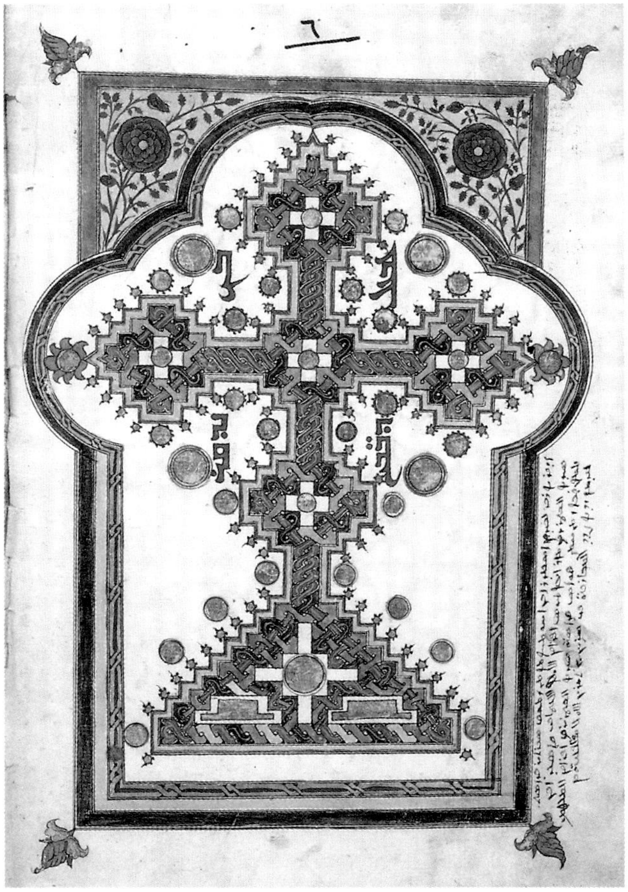

19. *Triumphkreuz,* syrisch-jakobitische Handschrift, 17. Jh., Kirche des heiligen Georg, Sadad, Syrien.
20. *Triumphkreuz,* syrisch-jakobitische Handschrift, 18. Jh., Kirche des Heiligen Sergius und Bacchus, Sadad, Syrien.

Anmerkungen

1. Zitiert nach B. Lewis, *Istambul et la civilisation ottomane (Istanbul und die osmanische Kultur),* Paris 1990, S. 17.
2. Gregor von Nyssa, *Der Aufstieg des Moses,* Freiburg/Br. 1963, S. 53.
3. Ibid., S. 59.
4. Platon, *Die Gesetze,* 4. Buch, 716c.
5. J. F. Revel, *Histoire de la philosophie occidentale: penseur grecs et penseurs latins,* Paris 1968, S. 192.
6. Platon, *Timaios,* Sämtliche Werke, Bd. III, Heidelberg o.J., S. 107.
7. Platon, *Phaidros,* 250 c.
8. Platon, *Timaios,* op. cit., S. 109.
9. Theodoret von Cyrus, *Mönchsgeschichte,* Bibliothek der Kirchenväter Bd. 50, München 1926, S. 103.
10. PG 46 510B. Zitiert nach A. Botterman, *L'homme face à Dieu selon Grégoire de Nysse,* Contacts Nr. 199, 1982, S. 210–211.
11. PG 46 509C. Zitiert nach A. Botterman, op. cit., S. 211.
12. Gregor von Nyssa, *Der Aufstieg des Moses,* op. cit., S. 134.
13. Narses (Narsaï), *Homélie sur la Parabole des dix vierges (Homilie über das Gleichnis von den zehn Jungfrauen),* in: *Cinq homélies sur les paraboles évangeliques,* Paris o.J., S. 10.
14. Ders., *Homélie sur la Parabole du riche et de Lazare (Homilie über das Gleichnis vom reichen Mann und vom armen Lazarus),* in: *Cinq homélies,* op. cit., S. 49.
15. Ders., *Homélie sur la Parabole des dix vierges,* op. cit., S. 10.
16. Ders., *Homélie sur la Parabole du riche et de Lazare,* op. cit., S. 44.
17. Ibid., S. 60.
18. Gregor von Nyssa, *Der Aufstieg des Moses,* op. cit., S. 86.
19. Ephräm von Nisibis (Ephrem de Nisibe), *Hymnes sur le paradis* (14, 10), S. C. Nr. 137, Paris, S. 181.
20. Ibid. (9, 20), S. 129.
21. Ibid. (14, 10), S. 181.
22. Ibid. (6, 21), S. 90.
23. Ibid. (1, 9), S. 39.
24. Ibid. (11, 3), S. 146.
25. Ibid. (2, 13), S. 50.
26. Ibid. (4, 11), S. 68.
27. Nerses Schnorhali (Nersès Snorhali), *Jésus Fils Unique du Père,* (420). S. C. Nr. 203, S. 122.
28. Ephräm von Nisibis (Ephrem de Nisibe), *Hymnes sur le paradis,* op. cit. (15, 11), S. 187.
29. Gregor von Narek (Grégoire de Narek), *Prières (Gebete)* (1), 1990, S. 29, 31.
30. Zitiert nach H. Corbin, *L'imagination créatrice dans le soufisme d'Ibn Arabi,* Paris, S. 191.
31. Johannes von Damaskus (Jean Damascène), *Défense des icônes (Verteidigung der Ikonen),* in: *La foi orthodoxe ... (Der orthodoxe Glaube),* Paris 1966, S. 222.
32. N. Thierry, *Nouvelles églises rupestres de Cappadoce (Neue Felskirchen in Kappadokien),* Paris 1963, S. 70.
33. M. J. Mondzain-Baudinet, Vorwort zu Nikephoros (Nicéphore), *Discours contre les iconoclastes,* Paris 1989, S. 20.
34. Migne CIX, col. 517–520. Zitiert nach A. Ducellier, *Le miroir de l'Islam (Der Spiegel des Islam),* Paris 1971, S. 230–231.
35. Zitiert nach A. Ducellier, *Le Drame de Byzance (Das Drama Byzanz),* Paris 1976, S. 198.
36. Zitiert nach J. Nasrallah, *La peinture monumentale des patriarcats melkites (Monumentalgemälde der melchitischen Patriarchate),* Katalog zur Austellung *Melchitische Ikonen,* Sursock-Museum, Beirut 1969, S. 70.
37. Handschrift des British Museum, add. 14908. Zitiert nach J. Nasrallah, *La peinture monumentale,* op. cit., S. 73.
38. *Chronique* des Abu-Salih. Zitiert nach J. Leroy, *La peinture des couvents de Ouadi Natroun (Die Malerei in der Klöstern des Wadi Natrun),* Paris 1982, S. 11.
39. Zitiert nach T. Burckhardt, *L'art de l'Islam (Die Kunst des Islam),* Paris 1985, S. 69.
40. Zitiert nach B. Lewis, *Istambul et la civilisation ottomane,* op. cit., S. 17.
41. E. Rabbath, *Mahomet prophète arabe et fondateur d'état,* Beirut 1980, S. 59.
42. El-Bokhari, *L'authentique tradition musulmane (Die authentische muslimische Tradition),* (66–13,2), 1986, S. 225.
43. Zitiert nach T. Burckhardt, *L'art de l'Islam,* op. cit., S. 96.
44. C. Baudelaire, *Intime Tagebücher und Essays,* München 1978, Lichtblitze (Fusées) V und VI, S. 16.
45. P. Valery, *Regard sur le monde actuel,* in Oeuvres, Bd. 2, Paris 1960, S. 1044.
46. Rainer Maria Rilke, *Die Sonette an Orpheus, 22, in Gesammelte Werke,* Bd. 3, Leipzig 1927, S. 366.
47. El-Bokhari, *L'authentique tradition musulmane,* op. cit., (77–92,1), S. 134.
48. H. Corbin, *Histoire de la philosophie islamique,* op. cit., S. 297.
49. Zitiert nach S. Stétie, *Lumière sur Lumière,* 1992, S. 45.
50. P. J. Jouve, *Paysage Chinois,* in: *L'Arc,* Sonderausgabe Malerei, S. 73, 74.
51. El-Bokhari, *L'authentique tradition musulmane,* op. cit., (81–51,6), S. 105.
52. Irenäus von Lyon (Irénée de Lyon), *La predication des Apôtres (Die Verkündigung der Apostel),* Paris 1977, S. 43–44.
53. M. de Fenoyl, *Le sanctoral copte (Das koptische Sanktoral),* Beirut 1960, S. 68.

Kisil Irmak
Divriği
Vansee
Seyhan
Melitene
Diyarbakir
Tigris
Mardin
Edessa
MESOPOTAMIEN
Antiochia
Berg der Wunder
Seleucia
Aleppo
Mossul
Rakka
Hatra
Orontes
Apamea
SYRIEN
Mittelmeer
Euphrat
LIBANON
Emesa (Homs)
Qara
Palmyra
Dura-Europos
Bahdidat
NABAK
Byblos
Samarra
Jabrud
Damaskus
Bagdad
Jordan
Qusair Amra
Jerusalem
ARABIEN
Totes Meer

Die Syrer

Christus sprach Aramäisch, die Evangelien bedienten sich des Griechischen. Das Christentum erblüht im römischen Orient, wo die einheimischen Sprachen und Kulturen lebendig bleiben. Die theologischen Schöpfungen der Ostkirche tragen unauslöschliche Spuren des hellenistischen Erbes. Jerusalem erleuchtet mit seinem Licht Athen, das ihm wiederum seine Weisheit und Intelligenz zukommen läßt. Die Befruchtung ist gegenseitig, und die Tradition nimmt alle Anregungen auf. Neben dem Griechischen und Lateinischen drückt auch das Syrische, das heißt das christliche Aramäisch, dem Erbe der Reichskirche seinen Stempel auf. Als Sprache des Volkes und als Gebetssprache der berühmten Mönche ist dieser Zweig des Semitischen ebenso auch Sprache und Ausdrucksmittel der großen religiösen Denker, darunter auch Aphraates der Weise aus Persien und Ephräm von Nisibis. Überdies findet es als Missionssprache Verbreitung und prägt die jungen Gemeinden in Armenien, Georgien, Arabien und Äthiopien.

Ist das Syrische zunächst die Sprache einer einzigen, vielsprachigen Kirche, so verbindet es sich im sechsten Jahrhundert mit den Namen der beiden Kirchen, die sich von der Reichskirche abspalten und deren Führer sich gegenseitig exkommunizieren. Zwei verfeindete Kirchen, die freilich aus einem Land, einem Volk, ja aus einer Schule hervorgehen: der Schule von Edessa, deren Lehrerschaft sich im fünften Jahrhundert in zwei Lager spaltet, die zwei extreme christologische Lehren, den «Nestorianismus» und den «Monophysitismus», vertreten. Die beiden betreffenden Kirchen selbst lehnen diese Bezeichnungen ab und nennen sich Syrische Kirche des Ostens und Syrische Kirche des Westens, wobei Ost und West nicht etwa für Griechisch und Latein stehen, sondern für die Gebiete an beiden Ufern des Euphrat, geistige Zentren, die in Syro-Mesopotamien Wurzeln fassen und ihre Strahlen bis nach Asien senden. Das Griechische stirbt als lebende Sprache allmählich zwar aus, doch bleibt es Kommunikationsmittel der Künstler und Wissenschaftler. Die Gelehrten sind zweisprachig. Das christliche Syro-Mesopotamien, semitisch und hellenisiert, wird zu einer Stätte des Austausches und der ständigen Osmose. Rom und der Iran üben einen starken Einfluß aus, und die lokalen Kulturen übernehmen ihre Errungenschaften. Es ist schwierig, die Grenzen Syro-Mesopotamiens festzulegen. Seine Einflußsphäre deckt sich weder mit der des antiken noch mit der des heutigen Syriens. Es bildet beileibe keine separate Welt, sondern erstreckt sich vom Mittelmeer bis nach Persien, umfaßt einen Teil Kleinasiens und reicht tief nach Asien hinein, bis an die Grenzen Chinas, Indiens und Tibets.

Das Haus der Ewigkeit

Die großen Kunsthistoriker schreiben dem Orient eine maßgebliche Rolle bei der Herausbildung der christlichen Ästhetik zu. Die frühesten Spuren dieser Ästhetik finden sich in der Kunst der Oasenstädte. Das in der syrischen Wüste zwischen dem Mittelmeer und Mesopotamien gelegene Palmyra dehnt in seiner Blütezeit seinen Einfluß bis nach Ägypten und Zentralanatolien aus. Die Stadt Hatra, deren

Herren sich «Könige der Araber» nennen, schmückt sich mit der ganzen hellenistischen Pracht. Neben gemalten Kolonnaden, Pilastern und Gesimsen findet sich dort eine Gruppe deifizierter Gesichter. Die hieratische Haltung dominiert. Der menschliche Körper, in der Klassik noch Grundlage der Kunst, ist steif und verschwindet hinter mannigfaltigen Drapierungen und bestickten Gewändern. Schleier und Haarwülste rahmen die Gesichter, die von großen, ausdrucksstarken Augen beherrscht werden. Der Kreis der Iris umschließt den Kreispunkt der Pupille, Prototyp des Ikonenauges. «Christuspupille des Auges», wird Guillaume Apollinaire sagen.[1] Gleich ob es sich um Gottheiten, Könige oder Abbildungen Verstorbener handelt, das Porträt zielt auf das ursprüngliche Gesicht, den Ort eines ewigen Lebens. Die Grabmosaiken von Edessa verleihen dieser Ikonographie ihre plastische Form. Ob als Porträt, als Brustbild und in ganzfigürlicher Darstellung, die Protagonisten sind dem Betrachter zugewandt. Die Gesichter sind nicht naturalistisch gestaltet, sondern einem konventionellen Grundtyp nachempfunden. In semitischen Inschriften werden die Namen der Nebenfiguren genannt. «Ich, Belai Bar Gusai, habe für mich dieses Haus der Ewigkeit bauen lassen, für mich und meine Söhne und Erben.»[2] Das hellenistische Bankett erstarrt und verwandelt sich in ein Gruppenporträt, dessen Figuren in ihrer Einsamkeit nebeneinander gereiht sind. Narrative Elemente fehlen ebenso wie eine Beschreibung dieses «Hauses der Ewigkeit». Allein der kontemplative Blick evoziert stumm das jenseitige Leben.

Die Bauwerke von Dura Europos am Euphrat komplettieren dieses Bild. Ein vor der zweiten Hälfte des dritten Jahrhunderts entstandenes Ensemble von Fresken, die einem palmyrischen Tempel, einer Synagoge und einer Kirche entstammen, bietet einen ersten Vorgeschmack auf die internationale Kunst des christlichen Byzanz. Zu erkennen sind Szenen aus beiden Testamenten. Die Reste der Kirche zeigen einen bartlosen Christus in Gestalt des Guten Hirten, Adam und Eva nach dem Sündenfall, die Heilung des Gelähmten, den auf dem Wasser wandelnden Apostel Petrus und die Myrrhophoren am Grabe. Die naive und ländliche Malerei entspricht dem griechisch-orientalischen Stil der Zeit, der in ausgereifter und vollendeter Form in dem umfangreichen Bildprogramm der Synagoge zu sehen ist. Dort finden die Propheten ihren Platz: Abraham, die Opferung Isaaks vorbereitend, David, als Orpheus die Tiere verzaubernd, Jakob, seine und Josephs Söhne segnend, Mose vor dem brennenden Dornbusch, dann beim Anstieg auf den Berg, wo er die Gesetzestafeln empfangen wird. Die biblischen Szenen, die in

21. Grabmosaik aus Moqimu, 3. Jh., Edessa.
22. *Geflügelte Siegesgöttin,* Dura-Europos, 3. Jh., Museum Damaskus, Syrien.

geteilten Feldern dargestellt sind, behandeln die Zyklen der Propheten Elias, Ezechiel, Moses und Salomo. Die Gesichter sind in Frontansicht gemalt. Das Hieratische modifiziert die Handlung. Die Episoden aus der Bibel sind nicht mehr nur einfache Ereignisse aus der Geschichte, sondern Ausdruck einer immer noch lebendigen Meta-Geschichte. Das sichtbare Bild ist ein Gegen-Bild. Die Handlung überschreitet die Grenzen des Bildraumes und öffnet sich dem Betrachter, der sie in seine Wirklichkeit aufnimmt.

Altertum und Stilisierung

Das byzantinische Syro-Mesopotamien hat wenig Zeugnisse hinterlassen. Von dem umfangreichen Erbe, das zeitgenössische Quellen und Schriften bezeugen, sind nur wenige Werke erhalten geblieben. Die nordsyrischen Mosaiken knüpfen mit Kompositionen aus geometrischen und Tiermotiven an die Tradition der griechisch-römischen Kunst an. Die Steine und Marmorplatten bieten wenig spezifisch christliche Darstellungen. Die Geburt Christi findet sich auf einem Basrelief aus Jabrud, das ein christlicher Maurer im Glauben, er sehe eine heidnische Szene, beschädigt hat. Die Gesichter sind zwar entstellt, aber die charakteristischen Merkmale und Vorlagen der Szene sind noch zu erkennen. Auf dem oberen horizontalen Band ist eine griechische Inschrift eingraviert: «Der Ochse kennt seinen Besitzer und der Esel die Krippe seines Herrn.» (Jes 1,3) Der Blick der beiden Tiere ist auf das in Windeln gewickelte Kind gerichtet, das in Form eines Parallelogramms ausgestreckt in der Wiege liegt. Abseits zur Rechten sitzt, den Kopf andächtig auf die Hand gestützt, eine Frau, Maria, wie uns eine Inschrift aufklärt. Die Drapierung der sitzenden Jungfrau und die Physiognomie der beiden Tiere stellen das Werk in die antike hellenistische Tradition, die in der gesamten römischen Welt in Mode war. Eine Platte, die der Anbetung der drei Weisen gewidmet ist, offenbart eine ganz andere Ästhetik. Zwar ist der Stil naiv und unbeholfen, doch die orientalische Handschrift ist unverkennbar. Ein Rand aus punktierten parallelen Linien bildet einen breiten Rahmen um die Protagonisten. Die phrygische Kappen tragenden und nach persischem Vorbild mit wallenden Mantelumhängen, knielangen Tuniken und engen Beinlingen bekleideten Weisen bilden eine marschierende Triade. Zwei Gesichter werden im Profil gezeigt, das in der Mitte von vorn. Die Jungfrau mit dem Kind wird frontal dargestellt. Der auf ihren Knien sitzende Sohn thront «aufrecht» vor der Mutter und unterstreicht so den gemessen-feierlichen Charakter der Darstellung. Der mit acht Strahlen versehene Stern ist zwischen Maria und den Weisen eingraviert. Eine ähnliche Platte aus denselben Chorschranken zeigt eine überall in der christlichen Ikonographie beliebte Tierszene aus der Bibel. Trotz der Unbeholfenheit der Ausführung besticht die Komposition durch ihre Originalität und ihre Stilisierung. Dreiecke, kleine Zierovale und vertikale Linien bilden den breiten

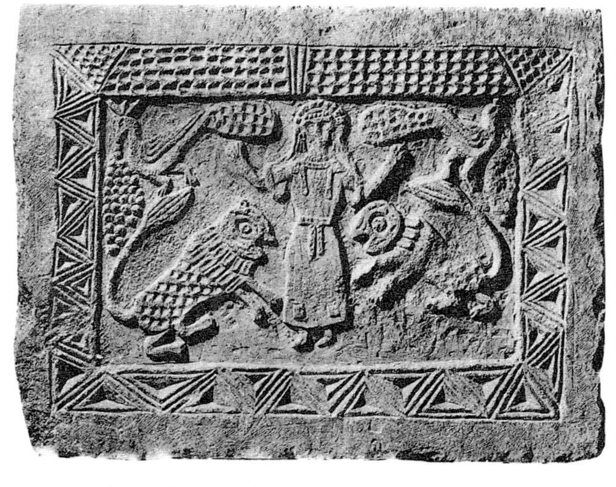

23. *Anbetung der Heiligen Drei Könige,* Rasm al-Qanafez, 6. Jh., Museum Damaskus, Syrien.
24. *Daniel in der Löwengrube,* Rasm al-Qanafez, 6. Jh., Museum Damaskus, Syrien.

Rahmen, der die Szene begrenzt. Der aufrecht stehende und betend die Arme hebende Daniel bildet die Mittelachse des Basreliefs. Ein assyrischer Bart, ein dicker Zopf, ein straff sitzendes Haarband und Ohrringe rahmen das Gesicht des Propheten. Seine Kleidung ist fast orientalisch: lange Tunika, Gürtel mit zwei Quasten und Perlenkette im Halsausschnitt. Die Löwen, die den Helden flankieren, wirken aufgrund ihrer starken Stilisierung wie Fabelkatzen. Auf den beiden dicken Büscheln ihrer Schwänze sitzen zwei Pfaue. In ihren Schnäbeln tragen sie riesige Weintrauben, die die Martergrube in ein wiedergefundenes Paradies verwandeln.

Die Goldschmiedearbeiten zeigen eine andere Facette der damaligen Kunst. Liturgische Gefäße und Zeremonialgeräte sind mit christlichen Bildern geschmückt. Kelche bilden den größten Teil. Sie werden nach ihrem jeweiligen Fundort benannt. Den im Louvre aufbewahrten Kelch aus Emesa schmückt eine Reihe von Brustbildern, die in mit Bändern und Blumenornamenten verzierte Medaillons getrieben wurden. Christus und die Jungfrau bilden die beiden Mittelpunkte, um die jeweils mehrere Heilige gruppiert sind. Der frontal dargestellte Sohn ist mit Bart und langen Haaren an das historisch-realistische Modell angelehnt, den gottergebenen Nazaräer. Vier Protagonisten rahmen ihn zu beiden Seiten, rechts Paulus und der Evangelist Johannes, links Petrus und Johannes der Täufer. In der zweiten Gruppe sehen wir die Jungfrau in Frontansicht, bekleidet mit einem antiken Maphorion und flankiert von zwei geflügelten Engeln. Das sparsame Dekor, die Behandlung der Gesichter und die Art der Drapierung erinnern an die Monumentalkunst der griechisch-römischen Antike. Der berühmte antiochenische Kelch aus dem Metropolitan Museum hebt sich durch sein ausgeprägtes Dekor davon ab, doch sein Stil verrät dieselbe Klassik. Zwölf Medaillons verschmelzen mit einer Fülle von Pflanzenornamenten aus Rebstöcken und Weinranken. Christus erscheint auf zwei Medaillons. Man sieht ihn in seiner ersten hellenistischen Gestalt, wie er, jung und bartlos, zwei symmetrischen Gruppen von Aposteln vorsitzt. Das Laubwerk der Weinranken bildet eine plattierte Einfassung, die mit ihren Stielen und dicken Trauben die gesamte Fläche bedeckt. Die Tierwelt ist mit Taube, Adler, Lamm, Kaninchen, Schnecke, Heuschrecke und Schmetterling stark vertreten. Durch seine Qualität und seinen Stil wirkt das Werk griechisch-römisch; und das Dekor verrät, bedingt durch die Schwere seiner Elemente, eine gewisse Plumpheit. Die pflanzlichen Elemente sind nicht stilisiert, sondern der Natur nachgebildet und entbehren jeder Leichtigkeit. Der Meister und seine Apostel behalten, obgleich sie in der Luft sitzen, ihr ganzes physisches Gewicht, wie ihre Physiognomien ebenso zeigen wie der Faltenwurf ihrer Gewänder, der nach klassischer Tradition harmonisch den Linien des Körpers folgt.

Auch die lokalen Heiligen fehlen nicht. Die Figur des Säulenheiligen findet bald ihren ikonographischen Ausdruck auf den Eulogien des fünften Jahrhunderts. Im Louvre findet man ihn auf einer vergoldeten, mit einer griechischen Inschrift versehenen Silberplatte. Ein frontales Brustbild, das nach

25., 26. Kelch von Antiochia, 5. Jh., Metropolitan Museum of Art, New York.

antikem Brauch eine Muschel bekrönt, taucht aus einem Bottich auf und bildet das Kapitell einer Säule, an der sich eine lange, schuppige Schlange emporwindet, das Sinnbild des Versuchers. Eine an die Säule gelehnte Leiter evoziert die Heiligengeschichte und beschwört die Erinnerung an die Bibel herauf. Den Biographien zufolge erklommen einige privilegierte Wallfahrer die Leiter, um mit dem heiligen Simeon Stylites zu sprechen. Ein historisches Sinnbild, das an die Himmelsleiter gemahnt, die, von Jakob im Traum geschaut, Himmel und Erde verband.

Frühchristliche Miniaturmalerei in Syrien

Syrische Kirchenväter wie Ephräm von Nisibis, Zacharias der Scholastiker, Jakob von Saruje oder Johannes von Ephesus schildern entzückt die Gemälde, die ihre Sanktuarien schmücken. Die Miniaturen, die uns erhalten geblieben sind, bilden gewissermaßen das Spiegelbild dieser verschwundenen Monumentalkunst. Wie die Goldschmiedearbeiten, die Reliefs, die Mosaiken und die Wandmalereien spiegeln auch die ältesten christlichen Handschriften eine eklektische Mischung vielfältiger Stile wider. Die Meinungen der Fachleute über ihre Herkunft gehen auseinander. Häufig bleiben Datierung und geographische Zuordnung unsicher.

Ein typisches Beispiel für die syro-mesopotamische Kunst ist eine kostbare Handschrift in syrischer Sprache, das berühmte Rabula-Evangeliar[3]. Die Handschrift enthält eine Fülle von Miniaturmalereien, die Kenner der christlichen Kunst immer wieder betrachtet, analysiert und detailliert untersucht haben. Rabula ist der Name des Mönches, der das Werk geschrieben hat. Die Handschrift wird in das Jahr 586 datiert. Über die Entstehungszeit der Miniaturen oder die Namen derer, die sie angefertigt haben, gibt sie zwar keine Auskunft, doch anhand ihrer ikonographischen Merkmale sind sie in dieser Epoche anzusiedeln. In einer ausführlichen Notiz wird das Johanneskloster von Zagba als Entstehungsort genannt. Das Kloster existiert heute nicht mehr, und die Lokalisierung von Zagba ist unsicher. Die Mehrzahl der Gelehrten vermutet, daß es in Nordmesopotamien lag. Jules Leroy widerspricht dieser Auffassung und siedelt es in Nordsyrien an, «das gegenüber den Einflüssen der byzantinischen Welt, der es angehört, aufgeschlossener ist».[4]

Das Rabbula-Evangeliar enthält eine große Anzahl illuminierter Arkaden. Sie rahmen neunzehn Tafeln mit den Kanones des Eusebius, die in tabellarischer Gegenüberstellung parallele oder abweichende Stellen aus den vier Evangelien aufführen. Eine reiche Ornamentik schmückt diese Rahmen: geometrische Motive und eine Fülle von Vögeln, Vierfüßlern, Pflanzen und Blumen. Die Miniaturen gehorchen zwei Illustrationsprinzipien. Die Randbilder beschränken sich auf skizzenhafte Darstellungen, bei denen die Handlung auf wenige notwendige Elemente reduziert ist, die ganzseitigen Illustrationen hingegen knüpfen direkt an die bedeutenden Monumentalkompositionen an. Tiere und Pflanzen, Porträts und Szenen aus den Evangelien sind an den Rändern übereinandergestellt und vergegenwärtigen die Heilsgeschichte vom Alten Bund bis zur Gründung der Kirche. Die Propheten des Alten Testaments sind ganzfigürlich dargestellt als Vorboten und Zeugen der Geschichte Christi: Zu den sechzehn Propheten aus den prophetischen Büchern gesellen sich drei Hauptfiguren aus den historischen Büchern, Mose, Aaron und Josua, sowie drei Hauptfiguren aus den Büchern der Könige, Samuel, David und Salomo. Die Szenen aus dem Neuen Testament, die sich von einem neutralen Hintergrund abheben und zu einer Auswahl verkürzt werden, reichen von der *Verkündigung an Zacharias* bis zum *Jüngsten Gericht.* Zeichen und Symbole unterstreichen die spirituelle Tragweite des historischen Ereignisses. Ein großes Parallelogramm verwandelt die Krippe Christi in ein Heiligtum, eine gelbe Flamme schlägt aus den Wassern des Jordan und kündet von der Taufe «mit dem Heiligen Geist und mit Feuer» (Lk 3,16), ein Hahn, der allein über dem *Verrat des Judas* sitzt, symbolisiert die *Verleugnung durch den heiligen Petrus.*

Der Christus der Randbildchen wirkt jugendlich, trägt einen schütteren Bart und kurze Haare. In gleicher Weise ist er auch in einer der ganzseitigen Miniaturen dargestellt, wo er zwischen vier unbekannten und mit dunklen Tuniken bekleideten Personen auf einem Flachbogen thront. Bei der *Kreuzigung,* der *Auferstehung* und der *Himmelfahrt* hat er das Gesicht des Nazaräers: ein reifer Mann mit langem Haar und einem dichtem Bart mit mehreren Spitzen. Die bildliche Interpretation der drei wichtigsten Ereignisse aus den Evangelien besitzt eine bemerkenswerte Tiefe. Der Maler hält sich eng an den neutestamentlichen Bericht. Christus hängt zwischen den beiden Schächern am Kreuz, und Longinus stößt ihm seine Lanze in die rechte Seite, aus der Blut hervorquillt. Auf der anderen Seite hält ihm ein aufrecht stehender Soldat mit einem Stock den Essigschwamm hin. Unter dem Kreuz würfeln drei sitzende Gestalten um die Kleider Christi. Links stehen Maria und Johannes, die Augen auf den Sohn gerichtet, parallel zu ihnen auf der rechten Seite eine Gruppe von drei frommen Frauen. Der Heiland bildet die Achse und den Eckstein der Komposition. L. Bréhier sieht in dem Bild «die erste wahrheitsgetreue Darstellung der Kreuzigung». Die Schächer sind bis auf einen weißen Lendenschurz nackt, zwei sich kreuzende Stricke schnüren ihre Brust ein. Im Widerspruch zu dieser historischen Beschreibung der römischen Kreuzigungen trägt Christus ein langes Colbium, das seinen Körper bis zu den Füßen bedeckt. Obwohl Blut aus der durchbohrten Seite fließt, zeigt das Gesicht keine Regung. Die Augen sind weit geöffnet. «Unser Herr Jesus Christus, König der Könige, der Du hast die Macht über Leben und Tod», heißt es in einem Gebet des heiligen Ephräm.[5] Die Auferstehung, die in dem unteren Feld derselben Seite dargestellt wird, setzt die Szene fort. Getreu dem kontinuierenden Stil finden drei Ereignisse gleichzeitig unter einem Himmel statt. Das Grab bildet den Mittelpunkt der Komposition. Vor der halb geöffneten Tür, aus der drei rote Strahlen dringen, werden drei Wachsoldaten zu Boden gestreckt. Links sitzt ein Engel und spricht mit zwei Myrrhophoren, die man auf der rechten Seite wiederfindet, wo sie sich dem Auferstandenen zu Füßen werfen.

Die gleiche Symmetrie, die gleiche Gestaltung und Reichhaltigkeit der ikonographischen Interpretation finden wir in der Szene von der *Himmelfahrt* wieder. Obwohl im Text des Evangeliums abwesend, nimmt die betende Jungfrau das Zentrum der Komposition ein. Flankiert von zwei Engeln, scheint sie von den Aposteln umgeben, die mit erhobenen Augen die Himmelfahrt des Sohnes verfolgen. Die Ikonographie transzendiert das historische Ereignis: Sie mischt Paulus unter die Apostel und verleiht der Szene so ihre ganze theologische Bedeutung. Über der Jungfrau steht Christus in einer blauen

27. *Kreuzigung und Auferstehung,* Rabbula-Evangeliar, 586, Biblioteca Laurenziana, Florenz.
28. *Himmelfahrt,* Rabbula-Evangeliar, 586, Biblioteca Laurenziana, Florenz.

Mandorla. Er ist weiß gekleidet, hebt die rechte Hand und hält in der linken eine geöffnete unbeschriebene Schriftrolle. Vier Engel umschweben die Mandorla, die auf vier mit Augen übersäten Flügeln ruht. Hinter den Flügeln tauchen die beiden Feuerräder und die vier Flügelwesen auf, die den Visionen des Ezechiel entstammen und die Evangelisten symbolisieren. In den beiden oberen Ecken sind zwei Himmelskörper zu erkennen, in denen sich zwei menschliche Gesichter abzeichnen, links ein blauer Mond, rechts eine rosafarbene Sonne, die ihre Strahlen auf die höchste Theophanie richten.

Wie bei den berühmten Salbgefäßen von Jerusalem nehmen im Rabula-Evangeliar ikonographische Prototypen Gestalt an, die in der christlichen Kunst weite Verbreitung finden werden, im Orient wie im Okzident. Charles Diehl sieht in ihnen «alles, was die byzantinische Ikonographie Syrien und Palästina verdankt».[6] Es sei allerdings betont, daß die plastische Behandlung durchaus nichts Revolutionäres hat. P. Lavedan meinte, darin einen Sieg «asiatisch-orientalischer Strömungen» über «die hellenistische Tradition» zu erkennen.[7] Doch dem ist nicht so. Die Landschaft ist ein luftiger, nach den Gesetzen der Wahrnehmung gestalteter Raum. Die Evangelisten sind nach dem Vorbild der Weisen der Antike gemalt. Die betonten Rundungen von Mariens Brust bei der *Himmelfahrt* widersprechen dem christlichen Ideal der weiblichen Schönheit. Die Gesten sind lebendig und natürlich. Die fließenden Farben harmonieren mit der Gestaltung der Drapierung und der Wiedergabe des Raumes. Tibor Kövès weist auf den merkwürdigen Widerspruch zwischen der ornamentalen Architektur und den dramatischen Szenen hin und macht die überaus differenzierte Beobachtung: «Die sehr plastischen Figuren sind auf engem Raum zusammengedrängt, ihre Körper verdecken einander, ihre Gesten überschneiden sich. Unmittelbar hinter ihnen zeichnet sich ein Bergrücken ab. Doch die Figuren nutzen die ganze Tiefe des Raumes: Die Madonna, die Engel, die Apostel setzen ihre Füße hintereinander auf. Dieses Verfahren beweist, mit welcher Sorgfalt, mit welch suggestiver Kraft der Künstler die Illusion eines vollständigen Raumes anstrebt und realisiert. Diese Kunst ist empirisch, ein legitimes Kind der hellenistischen Kunst, die niemals auf die drei Dimensionen des Raumes hat verzichten können.»[8] Derselbe ästhetische Charakter findet sich auch in zwei syrischen Handschriften aus dem sechsten und siebten Jahrhundert, die in Paris aufbewahrt werden.[9] Die erste stammt aus Mardin in Nordmesopotamien. Ihre Illuminationen beschränken sich auf die Rahmenarkaden der Konkordanztafeln, die mit geometrischen Motiven verziert sind, und einige wenige Randbilder. Der deutliche Hang zum Dekorativen,

29. *Mose vor dem Pharao*, syrische Bibel, 7. Jh., Bibliothèque Nationale, Paris.
30. *Die Jungfrau, Quelle der Weisheit*, syrische Bibel, 7. Jh., Bibliothèque Nationale, Paris.

der das Rabula-Evangeliar kennzeichnet, kehrt hier in nüchterner und eingeschränkter Form wieder. Früchte- und Blumenkorb, Springbrunnen, Schaf, Hahn, Vogel und Schlange bilden das Pflanzen- und Tierdekor. Die Szenen aus den Evangelien umfassen die *Verkündigung Mariä*, die *Heilung des buckligen Weibes*, die *Heilung der Blutflüssigen*, die *Hochzeit zu Kana* und die *Myrrhophoren am Grab*. Die zweite Handschrift ist eine unvollständige Bibel, die vermutlich aus Obermesopotamien stammt. Ihre alttestamentlichen Bilder zeigen vier historische Motive: Mose vor dem Pharao, Aarons Stab, die eherne Schlange und Hiob vor seinen Freunden. Auf einer originellen Komposition sieht man die Jungfrau mit dem Kind, flankiert von Salomo, der die Weisheit verkörpert, und einer Frau, die, ein Buch und ein Kreuz tragend, die Kirche symbolisiert. Individuelle Ganzfiguren finden sich in einer Gruppe von Zwickeln: Zu erkennen sind Jeremia, Ezechiel, Hosea, Obadja, Jona, Micha, Nahum, Habakuk, Zefanja, Haggai, Sacharja, Daniel, Esra, Jesus Sirach und der Apostel Jakobus, biblische Themen und hellenistischer Stil. Diese syrischen Gemälde muten eher griechisch-römisch als griechisch-orientalisch an und bleiben der Spätantike verpflichtet, die im Osten wie im Westen immer noch lebendig ist.

Von den Byzantinern zu den Arabern

Im Streit um christologische Definitionen spaltet sich die syrisch-mesopotamische Christenheit in drei rivalisierende Kirchen. Durch die Ausbreitung des Islam werden sie von Byzanz getrennt. Das Arabische, die Sprache des Koran, wird zum Idiom einer neuen Kultur, ohne daß freilich die anderen Sprachen ausgegrenzt oder unterdrückt werden. Die orientalischen Christen nehmen aktiv am Leben in dem neuen, aufstrebenden Reich teil. In den ersten fünfzig Jahren belassen die muslimischen Machthaber in den großen Städten die byzantinischen Finanzbeamten in ihren Ämtern. Eine polyglotte und multikonfessionelle Welt entsteht, Damaskus ist ihre Hauptstadt. Der syrische Teil des Fruchtbaren Halbmondes wird zum Kernland der von den Omaijaden beherrschten Gebiete. Dank der geographischen Lage ihrer Zentren und ihrem kulturellen Gewicht überflügeln die Jakobiten und Melchiten die nestorianischen Gemeinden in Mesopotamien, die seit langem «Kirche der Perser» genannt werden. Zwei christliche Namen sind eng mit dieser Geschichte verknüpft. Da ist zunächst Mansur ben Sarjun, ein

31. *Der Herr der Welt,* Fresko aus Qusair Amra, 8. Jh., Kopie von A. Mielich.
32. *Die Könige der Erde,* Fresko aus Qusair Amra, 8. Jh., Kopie von A. Mielich.

hoher melchitischer Beamter des Kalifats, der unter dem Namen Johannes von Damaskus in Jerusalem Mönch wird, ein berühmter Theologe, der häufig als letzter Kirchenvater bezeichnet wird. Der zweite ist al-Achtal, überzeugter Jakobit vom Stamm der Beni Taghleb, Sänger der Omaijaden und Meister der arabisch-islamischen Dichtkunst.

Die Kunst der Omaijaden, sei sie kultisch oder weltlich, nimmt Einfluß auf das griechisch-orientalische Erbe. Aus der ersten Hälfte des achten Jahrhunderts stammende Freskomalereien in Qusair Amra illustrieren den Triumph der neuen Machthaber: Flankiert von zwei Protagonisten sitzt der Kalif in der Haltung eines Basileus und von einer Gloriole umgeben auf seinem Thron. Sechs ganzfigürlich und frontal dargestellte Könige sind in zwei Ebenen hintereinander angeordnet. Vier werden durch die arabisch-griechischen Inschriften identifiziert: der byzantinische Kaiser, der Schah des Iran, der König von Spanien und der Negus von Abessinien. Als Vorlage dient die persische Ikonographie vom «König der Könige», doch die Interpretation verleiht dem Werk einen entschieden byzantinischen Charakter. Ein sassanidisches Basrelief erinnert an die Siege König Sapors I.: Es zeigt ihn zu Pferde, wie er den gefangenen Kaiser Valerian am Handgelenk mitschleift, den Leichnam von Gordianus III. zermalmt und triumphierend auf Kaiser Philippus Arabs zuprescht, der am Boden kniet und die Hände zu einer letzten flehentlichen Geste erhebt. Des Kalifen wird ganz anders gedacht. Der Herrscher hat es nicht nötig, zu siegen, zu zermalmen oder zu demütigen. Die stolzen und würdevollen Herrscher der Welt empfangen respektvoll ihren König, indem sie mit erhobener Hand auf ihn zeigen. Die Gewandung der Figuren und der plastische Aufbau sind byzantinisch. Die Fehler, die man in den Inschriften entdeckt hat, deuten darauf hin, daß der Künstler des Griechischen nicht mächtig war. Der Ton der Inschriften läßt darauf schließen, daß Christen an der Realisierung des Werkes beteiligt waren.

Die Abbasiden stürzen die Omaijaden Mitte des achten Jahrhunderts. Der Ausbau Bagdads, der «Stadt des Friedens», markiert den Beginn der neuen Herrschaft. Die Hauptstadt des Kalifats wird nach Osten verlegt. In den syrischen Chroniken werden die Omaijaden als Araber und die Abbasiden als Perser bezeichnet. Unterdessen gehen die Streitigkeiten zwischen den Kirchen der Region weiter. «Die Griechen hassen uns mehr als die Juden», versichert ein nestorianischer Arzt dem Abbasidenkalifen al-Mahdi. Ein adliger Gefangener bekräftigt diese Ansicht, indem er erklärt: «Die Nestorianer sind kaum Christen zu nennen! Sie stehen den Arabern näher als uns.»[10] Die Gegensätze zwischen der «jakobitischen» syrischen Kirche und der«nestorianischen» syrischen Kirche sind nicht geringer. Der jakobitische Patriarch Michael zitiert in seiner *Chronik* den Kalifen al-Mamun mit dem resignierten Ausruf: «Ihr langweilt und quält mich, ihr Christen!, und vor allem ihr Jakobiten, obschon wir die Klagen unbeachtet lassen, die ihr gegeneinander führt.»[11] Die christlichen Gemeinschaften führen kein Ghettodasein, sondern nehmen regen Anteil am öffentlichen und kulturellen Leben des Reiches. Ein Verhalten, das von den Machthabern häufig gewünscht und gefördert wird. «Wenn du einen Christen findest, der dir gefällt», vertraute der Kalif al-Mitadid seinem Sekretär an, «so nimm ihn in Dienst, denn die Christen sind zuverlässiger als die Juden, weil die Juden hoffen, daß die Macht eines Tages an sie zurückfallen wird, auch sie sind zuverlässiger als ein Muslim, der, da er ja gleichen Glaubens ist wie du, nach deiner Stellung und deinem Posten streben wird, und sie sind zuverlässiger als die Magier, denn diesen gehörte das Reich.»[12] Eine erstaunliche Logik, die den Christen den Weg zu wichtigen Posten ebnete und jene glücklichen Zeiten bescherte, die Barhebraeus als «Hochzeitstage» bezeichnete. «In dieser Zeit», so schreibt ein nestorianischer Chronist des neunten Jahrhunderts, «wurde die Stadt Mossul gebaut, gegenüber dem Garten Eden und Ninive. Die Zahl der Muslime wuchs: Sie bewohnten die persischen Städte, zerstörten die Altäre der Feueranbeter und achteten die Christen mehr als die Anhänger aller anderen Religionen.»[13]

Das Abbasidische Kalifat macht den mesopotamischen Teil des Fruchtbaren Halbmondes zum Zentrum seiner Macht und Schaffenskraft. Aufgrund ihrer geographischen Lage nimmt die nestorianische Kirche fortan den ersten Rang unter den drei Kirchen im muslimischen Reich ein. Dazu Pater J. M. Fiey: «Die Kirche, in ihrer Mehrheit ostsyrisch und bei den Machthabern durch Sekretäre und Ärzte vertreten, wird auf die Entfaltung dieser Kultur immer dann Einfluß nehmen können, wenn sie über einen Patriarchen oder Bischof verfügt, der durch besondere Frömmigkeit oder Gelehrsamkeit ein wenig hervorsticht, denn beides schätzen die Muslime. Sie wird wieder zur zweiten (natürlich nicht offiziellen) religiösen Macht im Staat aufsteigen und somit den Platz zurückgewinnen, den sie bereits unter den Sassaniden eingenommen hat, und zwar abermals mit Hilfe ihrer Patriarchen und Bischöfe auf der einen und ihrer Ärzte und Sekretäre auf der anderen Seite, wobei die Patriarchen übrigens zuweilen ehemalige Sekretäre oder Ärzte sind oder aber zumindest aus Sekretärs- und Arztfamilien stammen.»[14] Wie schon in den vorausgegangenen Epochen deuten literarische Quellen auf eine Verbreitung der Malkunst hin, doch nur wenige Zeugnisse sind erhalten geblieben. Nach der Hagiographie des heiligen Antonius des Märtyrers ließen sich «die Leute von draußen» von einer in Damaskus aufbewahrten Ikone des heiligen Theodor bekehren: Der Araber Rawah, ein Verwandter des Kalifen Harun ar-Raschid, schoß auf das Heiligenbild, doch der Pfeil kehrte auf wundersame Weise zurück und verletzte ihn an der Hand. «Aufgrund dieses Wunders, dessen er durch die Ikone gewahr wurde», trat er zum Christentum über, nahm den Namen Antonius an und starb in Rakka schließlich den Märtyrertod.[15] Ein Gedicht al-Watheks handelt von einem Gemälde im Palast al-Muchtar in Samarra, das eine Landschaft mit Kirche sowie deren Wächter und Mönche zeigt. Al-Mutanabbi beschreibt eine Szene mit Tierdekor, die den byzantinischen Herrscher darstellt, wie er sich dem hamdanidischen Souverän zu Füßen wirft. Die Ausgrabungen von Samarra und Nichapur förderten die ersten Zeugnisse eines neuen Stils zutage, der im gesamten Mittelalter weit verbreitet ist. Das Fragment eines Freskos in Samarra läßt das Gesicht

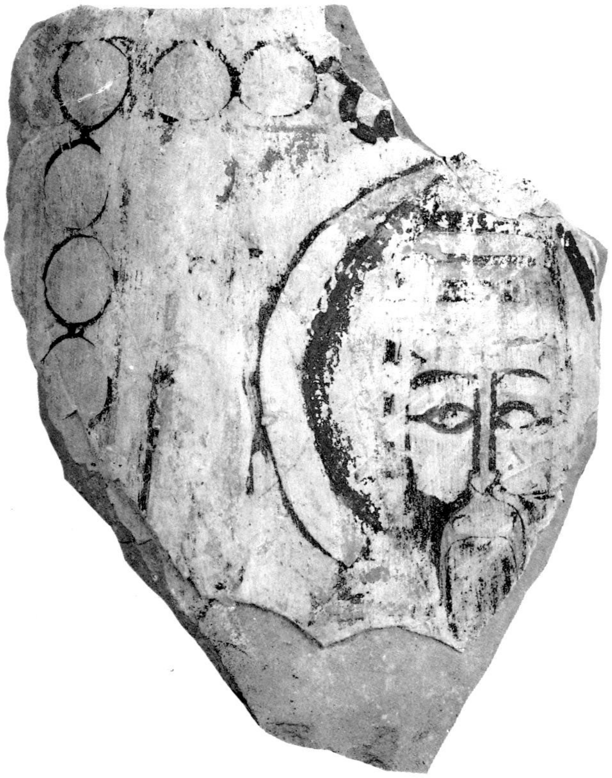

33. Freskofragment aus Samarra, 9. Jh., Museum für Islamische Kunst, Berlin.
34. Ganzfigurenbild eines Bischofs, Malerei auf Weinkrug, 9. Jh., Kopie von E. Herzefeld.

eines Geistlichen erahnen. Ein Gemälde, das einen nestorianischen Bischof darstellt, findet sich auf einem aus Samarra stammenden Weinkrug. Das Gesicht der stehend und frontal dargestellten Figur ist ernst, ihr Blick ist auf den Betrachter geheftet. Ihr Schmuck spiegelt ihre Bischofswürde wider: Hirtenstab, Mütze mit Ohrenklappen und Meßgewand mit schwarzen Streifen. Die Physiognomie entspricht einem neuen Prototypen. Die islamische Kunst greift verschiedenste Anregungen auf, untermauert ihre Eigenständigkeit und entwickelt einen eigenen figurativen Stil. Und die syrische Kunst lehnt sich eng an diese Entwicklung an.

Byzanz bleibt nahe, durch seine Kultur wie durch seine Kunst. Eine arabische Handschrift der *Materia Medica*[16] enthält Miniaturen, die nach den byzantinischen Kanones angefertigt wurden. Nur die Kleidung ist «muslimisch»: Dioskurides und seine beiden Schüler tragen Turban, denn nach der ikonographischen Tradition des Islam werden die biblischen Propheten und die Weisen der Antike mit der «Krone des Islam» bedeckt. Dioskurides ist im Stil des klassischen Autorenporträts gemalt: Unter einem eleganten, über einen Goldgrund gespannten Bogen thront er, die Füße auf einen Schemel gestützt, auf einem Sessel vor seinem Schreibpult. Faltenwurf, Gesichtsfarbe und nuancierte Gestaltung entsprechen der byzantinischen Malweise. Die bekannten illuminierten Handschriften, die weltweit in Sammlungen vorhanden sind, zeigen alle einen anderen Stil. Die «Bagdader Schule» ist keine nationale Schule, sondern hat den multinationalen Charakter der mittelalterlichen arabischen Kultur. Mit zunehmender Verbreitung wird sie zur Schule des Reiches. Ihre Ikonographie und ihre Prototypen stimmen mit denen überein, die man in figurativen Darstellungen der facettenreichen islamischen Kunst feststellt. Ob Holz, Stein, Metall, Pergament oder Papier: Das Material wechselt, die Sprache bleibt dieselbe.

Ein Gesicht modifiziert die verschiedenen Gesichter: riesige Augen, große Hakennase, dicke Wangen und kräftiges Kinn. Die Köpfe sind oft mit einer Gloriole umgeben. Formen und Konturen sind klar und genau gezeichnet. Rhythmisch gestaltete Motive ersetzen die Falten der Gewänder. Das Reale wird von der Schwerkraft befreit und auf das Wesentliche reduziert. Die Handlung erstarrt. Die Bewegung wird leblos. Eine erfundene Symmetrie vereint die Elemente des Dekors. Das weltliche Leben wird zur Zeremonie. Kein Wunsch, aus dem wirklichen Leben zu schöpfen. Personen, Pflanzen und Gegenstände

35., 36. Dioskurides und seine Schüler, *Materia Medica,* 1229, Istanbul, Bibliothek des Topkapi-Serail-Museums.

sind wie zu einem Bühnenbild arrangiert. Die illuminierten Texte selbst behandeln ganz unterschiedliche philosophische, naturwissenschaftliche, historische und medizinische Themen. Zu Lasten des Textes bewahren die Malereien ihre eigene Welt. Das Schiff von Abu Said verschwindet und macht einer «orientalischen Insel» Platz, die von einem Vogel mit goldenem Schopf, einer Sphinx und einer Harpyie bewohnt wird, von denen im Text gar nicht die Rede ist: «Ein Bild, das unberührt dem Geist entspringt», bemerkt dazu R. Ettinghausen.[17] Die Kunst, die sich der Verherrlichung der Macht und des Hofes widmet, ist demselben «Geist» verpflichtet. «Die immerwährenden und gleichbleibenden Freuden der Tage und der Nächte»,[18] lautet die arabische Inschrift auf dem Mantel Rogers II. in Palermo. Freuden, die in der Apotheose gipfeln: Ein in Arabesken stilisierter riesiger Adler trägt den Herrscher auf seinem Rücken für immer in die himmlischen Gefilde.

Die syrische Kunst atmet die gleiche Atmosphäre. Selbstverständlich kennen die Maler die großen Vorbilder der byzantinischen Malerei, die überall in der christlichen Welt des Mittelalters maßgebend sind. Eine in das Jahr 1054 datierte syrische Handschrift aus Melitene[19] enthält fünf Miniaturen, die zu einer Gruppe zusammengefaßt sind. Die ganzfigürlich dargestellten Silhouetten heben sich von einem dunkelblauen Grund ab. Große Köpfe ruhen auf gedrungenen Körpern, ein Stilmittel, dem man in allen nicht-byzantinischen Gemeinschaften des Orients begegnet. Alles andere wirkt byzantinisch. Christus ist frontal dargestellt und wird von Petrus und Paulus flankiert, die im Dreiviertelprofil gemalt sind.
Tafel 1 Die Jungfrau und Johannes der Täufer tragen jeweils eine geöffnete Schriftrolle, auf denen in syrischer und griechischer Sprache abgefaßte Inschriften zu lesen sind. Der heilige Mönch Barsumas hebt im Orantengestus die Arme, während sich zu seinen Füßen ein Drache und ein Wolf zusammenrollen.
Tafel 2,3 Schießlich ist da noch der mit seinem goldenen Harnisch geschmückte Kriegerheilige Georg, der in der einen Hand eine Lanze, in der anderen einen Schild trägt. Handschriften aus dem siebten und achten Jahrhundert verraten dieselbe Ästhetik. Die Inschriften sind syrisch, die Malereien byzantinisch. Eine
Tafel 4,5 Handschrift[20] ist mit einem Doppelporträt geschmückt, das Ephräm den Syrer und Jakob von Saruje darstellt. Die beiden Theologen und Dichter stehen aufrecht unter Ehrenbögen, um deren Säulen sich rote Vorhänge winden. Die Inszenierung ist klassisch. Die Behandlung läßt eine neuen Malstil erkennen. Die lineare Strichführung, die ihres Volumens beraubten Formen und die ausgeprägte Stilisierung der Gesichter spiegeln die für das orientalische, nicht-byzantinische Christentum typische Farbgebung wider.

Zeitgenössische Werke entführen uns in eine andere Welt. Zwei Evangeliare, die im Vatikan[21] und in London[22] aufbewahrt werden, enthalten ein überbordendes Bildprogramm. Dazu gehören die Evangelisten Matthäus und Markus, die thronende Jungfrau mit dem Kind, die vierzig Märtyrer von Sebaste, Konstantin und Helena, die sieben großen Kirchenfeste – die Geburt Christi, die Erscheinung des Herrn, der Einzug in Jerusalem, die Kreuzigung, die Himmelfahrt, Pfingsten und die Verklärung – und eine Vielzahl von Szenen aus dem Leben Jesu, von der Verkündigung an Zacharias über den Wunder- und den Passionszyklus bis zur Ungläubigkeit des Thomas. Nur die Vorbilder der Szenen sind traditionell. Stil, Farbgebung, Physiognomien und Dekor hingegen sind rein abbasidisch. Die Gesichter werden rund, die Augen mandelförmig. Zierovale ersetzen die Falten der Gewänder. Auf den Darstellungen von Markus und Matthäus fehlt das klassische Dekor des Autorenporträts. Sie sitzen auf den berühmten Predigtstühlen der Moscheen. Kaiphas nimmt die «türkische» Sitzhaltung ein, die Beine unter dem Stoff des Gewandes gekreuzt. Die Darstellung des Christus der *Apostelkommunion* läßt eine andere orientalische Eigenart erkennen. Der Künstler malt ihn sitzend von vorn mit gespreizten und baumelnden Beinen, eine Darstellungsweise, die man bei den Arabern, Iranern, Armeniern und Türken wiederfindet. Die stilisierten Pflanzen zeigen fast islamische Formen und sprießen in geschlossenen Räumen ebenso wie im Freien, ein Sinnbild für jene paradiesischen Orte, die «Früchte schmücken und Blumen bekrönen».[23] Bäume, Berge und Felsen sind mit denen identisch, die wir von arabischen Mi-
Tafel 6,7 niaturen kennen. Gleiches gilt für die architektonischen Elemente: Kuppeln, Dächer, Backsteinmauerwerk und Gebäudesockel verwandeln sich in geometrische Kompositionen. Auch Teppiche fehlen nicht. Genau wie sein muslimischer Kollege malt sie der Miniaturist in ebener vertikaler Fläche, wobei er

37. Die Evangelisten Matthäus und Markus, syrisch-jakobitisches Evangeliar, 1219–1220, Vatikanische Bibliothek, Rom.

38. *Konstantin und Helena,* syrisch-jakobitisches Evangeliar, 1219–1220, Vatikanische Bibliothek, Rom.

39. *Himmelfahrt,* syrisch-jakobitisches Evangeliar, 1219–1220, Vatikanische Bibliothek, Rom.

detailliert ihre vielfältigen geometrischen Motive wiedergibt: Karos mit Sternen, Rauten mit Rosetten oder Rauten mit Andreaskreuzen. Dekorelemente werden aus dem gleichen Blickwinkel dargestellt, so etwa das Bett in *Josephs Traum,* das Tischtuch in *Ruhe bei Simon* oder das Bassin in *Die Heilung des Gelähmten.* Das Wasser des Jordan türmt sich in rhythmischen Wellen, erhebt sich frontal und bedeckt den Heiland bis zum Hals. Vierzig Brustbilder, die in einer Komposition aus achteckigen Rahmen zusammengefaßt sind, verleihen den *Märtyrern von Sebaste* eine ganz neue geometrische Ikonographie. In ähnlicher Weise vereint das obere Feld der *Himmelfahrt* acht Brustbilder von Engeln zu einer Kette aus acht Scheiben auf einem breiten horizontalen Band. Christus, seine Mutter und die Jünger behalten ihre traditionelle «griechische» Kleidung, während die gewöhnlichen Figuren der Zeit entsprechend Turbane, Schleier und arabische Gewänder tragen. Konstantin und Helena tauschen ihre kaiserliche byzantinische Toilette gegen prunkvolle Gewänder mit abbasidischem Rautenmuster ein. Diese Vielfalt der Kostüme ist keineswegs eine Besonderheit der christlichen Kunst, sondern findet sich auch in islamischen Miniaturen der Zeit. So sieht man Bidabai im Gewand eines Apostels, von einer Gloriole umgeben, und Abu Said vor seinen Zuhörern im Kapuzenmantel eines Mönches, eine Darstellung, die K. Weitzmann mit der der *Fußwaschung* in Verbindung bringt.

Byzantinische Ikonographie und abbasidische Behandlung: Dieselbe Osmose findet sich auch in einer chalkedonensischen Handschrift[24] aus dem achten Jahrhundert. In einer Übersetzung aus dem Griechischen erzählt der Roman die Geschichte von Barlaam und Joasaph. Die christliche Fassung geht auf eine Legende aus dem Leben Buddhas zurück. Bei Joasaphs Geburt weissagt ein Sterndeuter seinem Vater, König Abenner, daß der Prinz zum Christentum übertreten werde. Da der König ein entschiedener Gegner der Christen ist, läßt er seinen Sohn fernab von der Welt in einem prächtigen Palast erziehen, wo ihn keine Predigt des Evangeliums erreichen kann. Von Gott erleuchtet, verkleidet sich der Einsiedler Barlaam als Händler, begibt sich zu Joasaph und verkündet ihm die Frohe Botschaft. Der Prinz erkennt seine innere Berufung und nimmt den Glauben Christi an. Der Eremit tauft ihn, zieht sich schweigend zurück und nimmt sein Leben in der Wüste wieder auf. Der König versucht mit allen Mitteln, seinen Sohn umzustimmen. Doch der Neubekehrte bleibt standhaft und überredet schließlich seinen Vater zum Glaubensübertritt. Als dieser stirbt, verzichtet er auf den Thron und begibt sich auf die Suche nach seinem geistigen Vater. Er findet ihn schließlich in der Wüste, wo die beiden bis zu
Tafel 8, 9 ihrem Tod leben und sich ganz dem Gebet und der Kontemplation widmen. Die Illustrationen bilden
10, 11 eine Einheit mit den Seiten der Handschrift. Gemäß einer byzantinischen Seitengestaltung sind sie als horizontale Streifen harmonisch in den Text eingefügt. Sieben Miniaturen zeichnen den Lebensweg Joasaphs nach. Hinter einem architektonischen Phantasiedekor erscheint der Prinz nacheinander mit seinem Privatlehrer, seinem leiblichen und seinem geistigen Vater. Alles wird durch das Gebet gekrönt: Joasaph zieht sich, nachdem er aus den Händen Barlaams die Kommunion empfangen hat, in seinen Alkoven zurück, wo er sich an den Himmel wendet und, mit nackten Füßen und die Arme im Orantengestus erhoben, auf den Knien zu Gott fleht. Die mit Baldachinen, Giebeln und Vorhängen geschmückten Gebäude des Dekors sind vereinfacht und nach arabischer Perspektive zweidimensional dargestellt. Die Taufe Joasaphs erfolgt vor einem roten Hintergrund, der durch zwei zu Arabesken stilisierten Blütenstengeln begrenzt wird, die im Stil der abbasidischen Malerei an den beiden äußeren Enden des Bildes plaziert sind. Zu den sieben biographischen Darstellungen kommen zwei Miniaturen hinzu, die von den Gleichnissen handeln, welche der Mönch in der Geschichte erzählt. Bei der *Fabel vom Vogelfänger* wird die Gestaltung der vorangegangenen Miniaturen übernommen. Bei der *Fabel vom Menschen, der vor dem Einhorn flieht,* spielt das Geschehen nach Art der arabischen Miniaturen vor einem leeren Hintergrund mit zwei fächerförmig ausgebreiteten, goldene Früchte tragenden Sträuchern. Der fliehende Mensch, die Amsel, die Ratten, die Schlangen und der Drache sind den Modelltypen der abbasidischen Handschriften nachgebildet.

An der Wende zum elften Jahrhundert verliert das Kalifat an Macht und zerfällt in verschiedene Teile. Selbständige politische Gebilde etablieren sich, die ersten türkischen Staaten entstehen. Die Wesire herrschen über die Abbasiden, die fortan nur noch nominell die Macht innehaben. Das Leben der christlichen Gemeinschaften ist den Turbulenzen der Geschichte ausgesetzt. Im Jahr 1075 schreibt der jakobitische Patriarch seinem Kollegen in Alexandria: «Was Eurem Bericht zufolge Eurer Gemeinde zugestoßen ist, das ist auch unserer christlichen Gemeinde widerfahren. Und sie haben uns ebenso wie Euch aus den irdischen Wohnungen vertrieben ... Wir erleiden dasselbe Ungemach ... Dies alles hat seinen Grund in der Fülle unserer Verfehlungen.»[25] Ein Jahrhundert später läßt der seldschukische Emir den jakobitischen Patriarchen Michael bei einem Besuch in Melitene zu sich rufen und schickt ihm ein Ehrengeleit: Das Kreuz und das Evangelium, die Kerzen und der Meßgesang der Gläubigen begleiten den glorreichen Einzug des Patriarchen. Die Christen bekleiden wieder hohe Ämter in der Verwaltung. Zuweilen gelangen «Scheinkonvertiten» in Schlüsselpositionen: Loyalität gegenüber ihrer Gemeinde veranlaßt sie, die Christen zu schützen und ihnen eine Mitwirkung im sozialen Leben zu ermöglichen.

Der Mongolensturm schafft eine völlig neue Situation. Anfangs stehen die syrischen Christen ihren muslimischen Landsleuten bei und helfen ihnen bei der Verteidigung Melitenes. Im Jahr 1258 steht Bagdad in Flammen. Die Bevölkerung wird niedergemetzelt, der Kalif ermordet. «Von Mitleid ergriffen, nahmen die Christen etliche Sarazenen, die ihre Nachbarn gewesen waren, in ihren Häusern auf, um sie zu retten. Als der Khan davon erfuhr, befahl er, alle unterschiedslos zu töten, Christen wie Sarazenen, und so geschah es auch.»[26] Sehr bald veranlaßt die christenfreundliche Politik Hülägüs, die seine Gattin, die «tiefgläubige» Doquz Khaten, initiiert und steuert, Syrer und Armenier, sich bedingungslos mit den Eroberern zu verbünden. Doch wie schwach die Staatsgewalt in Wahrheit ist, offenbart sich beim Tod des Herrscherpaars. «Große Trauer überkam die Christen in aller Welt ob des Hinscheidens dieser beiden großen Menschen, die der christlichen Religion zum Sieg verholfen hatten», schreibt der Chronist Barhebraeus.[27] Ein Mönch von chinesisch-türkischer Abstammung wird auf den Stuhl des nestorianischen Patriarchen berufen. Die Gründe für seine Wahl werden in seiner Biographie explizit genannt: «Die Herrscher, die fest die Zügel der Regierung in der Hand hielten, waren Mongolen, und es gab niemanden außer Mar Yahballah, der ihre Verhaltensweisen, ihre Sitten, ihre geschäftlichen Gepflogenheiten und ihre Sprache kannte.»[28] Nach dem Chronisten Silwa «genoß er mehr Ruhm und mehr Macht als jeder andere vor ihm, so daß selbst die Mongolen, die Ilchane und ihre Kinder vor ihm das Haupt neigten und niederknieten. Seine Befehle wurden in allen Reichen des Orients befolgt, und die Christen stiegen in seiner Zeit zu hohen Ehren empor und erlangten große Macht.»[29] Eine weniger glorreiche Zeit folgte. Wenige Jahrzehnte nach ihrem Vorstoß in den Irak traten die Mongolen zum Islam über. Über die beiden christlichen Glaubensgemeinschaften in Syrien brach die größte Katastrophe ihrer Geschichte herein. Gegen Ende des Jahrhunderts konvertierten Reiche wie Arme in Scharen. «Alle waren Muslime geworden, vornehme wie gemeine Leute.»[30] Die Christen, die sich in den Dienst der Mongolen gestellt hatten, bekamen die Folgen dieses Bündnisses nun schmerzlich zu spüren. «Für die Mongolen», so gesteht Barhebraeus, «gibt es weder Sklaven noch freie Menschen, weder Gläubige noch Heiden, weder Christen noch Juden», «alles, was sie verlangen, ist, daß man sich ihnen ergeben zeigt und in einem Maße dient, das über die Kräfte geht.»[31] Die Macht der Eroberer schwindet, und die Rache trifft ihre Verbündeten. Die ruhmreiche Biographie Yahballahs endet mit einer schicksalhaften Niederlage: «Die muslimischen Völker erhoben sich, um an der Kirche und ihren Kindern Rache zu nehmen für den Schaden, die der Vater dieser Herrscher [Hülägü] ihnen zugefügt hatte.»[32]

Paradoxerweise nimmt die Kunst die geschichtlichen Ereignisse nicht zur Kenntnis. Ihre dynamische Kreativität bleibt ungebrochen. Die Invasion Hülägüs kann dem Eifer und der Produktion der Künstler nur wenig anhaben. Trotz örtlicher Schwierigkeiten bewahrt die islamische Welt eine gemeinsame künstlerische Sprache, und die kulturelle Blüte hält unvermindert an. Die Syrer haben an ihr regen Anteil, und die gegenseitige Durchdringung der Stile, von der die Buchmalerei zeugt, befruchtet auch andere

Bereiche der Kunst. Die christliche Ikonographie findet sich in arabisierter Form auf schönen gravierten Kupfergeräten mit Gold- und Silbereinlagen. Der Gegenstand hat keine kultische Funktion mehr. Die ikonographischen liturgischen Programme werden aufgegeben. Sakrale und profane Themen erscheinen nebeneinander: Szenen aus dem Leben Christi gehen einher mit Darstellungen des profanen Lebens und der Lustbarkeiten bei Hofe, ohne daß die Homogenität darunter leidet. Das Ikonische, das Anikonische und das Epigraphische bilden ein Dekor, das anmutige Arabesken zu einem Ganzen verbinden. Unter dem Atabeg Badr al-Din Lu'Lu', einem ehemaligen armenischen Sklaven, der offiziell als Sultan anerkannt wird, wird Mossul das Zentrum dieser Kunst, die auch in Damaskus und Kairo anzutreffen ist. D. S. Rice besprach 1954 vierzehn Stücke, die christliche Themen behandeln: Dosen, Aiguièren, Kerzenleuchter und Schalen, die für hohe muslimische Würdenträger angefertigt wurden, darunter auch Najm al-Din, im Jahr 1240 aijubidischer Sultan von Ägypten und Damaskus. Einige Künstler haben demütig ihren Namen in ihr Werk eingraviert. Ein aus dem Jahr 1248 datierender Kerzenleuchter des Musée des Arts Décoratifs in Paris zeigt vier viellappige Medaillons mit der Darstellung im Tempel, der Taufe Christi, der Waschung des Kindes und einer Gruppenszene, bei der es sich vermutlich um das Letzte Abendmahl handelt. Diese Arbeit stammt von Daud ibn Salama, einem christlichen Goldschmied aus Mossul. Der schöne Leuchter von Homberg, den zwei symmetrische Gruppen von Heiligen, die mit Nimben umgeben sind und kirchliche Gewänder tragen, schmücken, stammt ebenfalls von einem Handwerker aus Mossul, dem Muslim Ahmad al-Dhaki, der es 1242 signierte. Es ist ein und dieselbe Kreativität, die Muslime und Christen verbindet und diesen vergoldeten Metallarbeiten eine bewegende Gemeinsamkeit der Zeichen und Symbole verleiht.

Die Zeichen von Sankt Behnam

Das monumentale Zeugnis dieser Epoche ist das Pilgerheiligtum im Martyrion des heiligen Behnam bei Mossul. Sein in die Mitte des achten Jahrhunderts datierter Steinreliefschmuck ist in atabegischem Stil gehalten. Mit seinen Tür- und Fensterzargen, seinem Simswerk und seinen Reliefs, seinen Arabesken und seinem «belebten» Dekor ist das Gebäude eines der schönsten Heiligtümer der Epoche. Die künstlerische Gestaltung ist quasi «islamisch», und mit der Stilisierung der christlichen Darstellungen wird dem weitgehend Rechnung getragen. Die Präsenz des Figurativen stellt im übrigen keinen Regelverstoß dar. So werden bei der Ausstattung muslimischer Gebäude in dieser Zeit durchaus auch figurative Elemente verwendet, selbst in Kultstätten, wie die Große Moschee in Diyarbakir (Amida) und die Moschee in Diwrigi, die aus dem siebten und achten Jahrhundert stammen, belegen: stilisierte Vögel, Löwen mit eckigen Köpfen, züngelnde Schlangen, Drachen mit ineinander verschlungenen Leibern. Die Verzierungen am Martyrion des heiligen Behnam findet man in gleicher Form auch in den zeitgenössischen muslimischen Gebäuden. Kreuze in vielerlei Gestalt und kleine Heiligen- und Engelsfiguren geben dem Bauwerk sein christliches Gepräge.

An der Außenfassade erkennen wir zwei Portale und dazwischen drei Nischen. Die als kleine Silhouetten dargestellten Heiligen Petrus und Paulus, die, mit einer Gloriole umgeben, ein Kreuz und eine Schriftrolle vom Buch des Lebens in Händen halten, bilden eine Einheit mit dem geometrischen Schmuck der ersten Tür. In einem anderen Feld sind in gleichem Maßstab zwei Engel zu sehen, zwischen ihnen ein Kreuz. Eine Inschrift nennt die Vornamen der beiden Bildhauer: Es sind die Mönche «Abu Salem und sein Bruder Ibrahim». Das «belebte» Dekor der zweiten Tür beschränkt sich auf Tiergestalten, denen man in der gesamten bildenden Kunst der Epoche begegnet.

Im Innern der Kirche, auf der königlichen Pforte, erscheinen schüchtern zwei kleine heilige Krieger. Die südliche Seitenwand birgt die «schönste skulptierte Tür des gesamten Ensembles, die einzige, deren Laibung verziert ist.»[33] Die beiden Türstöcke bilden zwei parallele Säulen mit vierzehn Medaillons, von denen sechs einzelne Heiligenfiguren rahmen. Nur zwei Figuren werden durch Inschriften identifiziert: der heilige Daniel und der heilige Sohdo. In ähnlicher Weise enthalten zwei der sieben Medail-

40., 41., 42. Leuchter, Details: *Baden des Kindes, Darbringung im Tempel, Taufe Christi,* Werk von Daud ibn Salam, Mossul, 1248, Musée des Arts Décoratifs, Paris.
43., 44. Reliefdekor, Martyrion des heiligen Behnam, 13. Jh., Mossul.

SYRIEN
Farbtafeln 1–24

1. *Heilige Jungfrau,* Evangeliar von 1054, Bibliothek des syrisch-orthodoxen Patriarchats, Damaskus.

2. *Heiliger Georg,* Evangeliar von 1054, Bibliothek des syrisch-orthodoxen Patriarchats, Damaskus.
3. *Heiliger Barsumas,* Evangeliar von 1054, Bibliothek des syrisch-orthodoxen Patriarchats, Damaskus.

4. *Der heilige Jakob von Saruje,* 12. Jh., Bibliothek des syrisch-orthodoxen Patriarchats, Damaskus.
5. *Der heilige Ephräm von Nisibis,* 12. Jh., Bibliothek des syrisch-orthodoxen Patriarchats, Damaskus.

6.a *Heilung des Gelähmten,* 1219–1220, Vatikanische Bibliothek.
6.b *Jesus und der Gelähmte,* 1219–1220, Vatikanische Bibliothek.
7. *Die Auferstehung,* 1219–1220, Vatikanische Bibliothek.

8.–9. *Joasaph im Gespräch mit seinem Hauslehrer, Geschichte von Barlaam und Joasaph,* 13. Jh., Kloster Unserer Lieben Frau von Balamand, Libanon.

10.a *Joasaph im Gespräch mit seinem Vater, dem König, Geschichte von Barlaam und Joasaph,* 13. Jh., Kloster Unserer Lieben Frau von Balamand, Libanon.
10.b *Barlaam gibt sich Joasaph zu erkennen, Geschichte von Barlaam und Joasaph,* 13. Jh., Kloster Unserer Lieben Frau von Balamand, Libanon.
11. a: *Joasaph umarmt Barlaam, Geschichte von Barlaam und Joasaph,* 13. Jh., Kloster Unserer Lieben Frau von Balamand, Libanon.
11.b *Barlaam tauft Joasaph, Geschichte von Barlaam und Joasaph,* 13. Jh., Kloster Unserer Lieben Frau von Balamand, Libanon.

12. Ganzfigurenbild eines Heiligen, Kloster des heiligen Mose des Äthiopiers, Nabak, Syrien.
13. *Heilige Elisabeth,* Kloster des heiligen Mose des Äthiopiers, Nabak, Syrien.

14.a *Das Jüngste Gericht,* Ausschnitt: Maria, Abraham, Isaak und Jakob. Kloster des heiligen Mose des Äthiopiers, Nabak, Syrien (Restaurierung: Istituto Centrale del Restauro di Roma).
14.b *Das Jüngste Gericht,* Ausschnitt: Der heilige Petrus öffnet die Paradiespforten. Kloster des heiligen Mose des Äthiopiers, Nabak, Syrien (Restaurierung: Istituto Centrale del Restauro di Roma).
15. *Engel,* Kloster des heiligen Mose des Äthiopiers, Nabak, Syrien (Restaurierung: Istituto Centrale del Restauro di Roma).

16. *Der heilige Kyrill von Alexandria,* Kloster des heiligen Mose des Äthiopiers, Nabak, Syrien (Restaurierung: Istituto Centrale del Restauro di Roma).
17. *Die heiligen Bischöfe Basilius der Große, Athanasius von Alexandria und Johannes Chrysostomos,* Kloster des heiligen Mose des Äthiopiers, Nabak, Syrien (Restaurierung: Istituto Centrale del Restauro di Roma).

18. *Johannes der Täufer,* Kirche der Heiligen Sergius und Bacchus, Qarra, Syrien.
19. *Stillende Jungfrau,* Kirche der Heiligen Sergius und Bacchus, Qarra, Syrien.

20. Doppelseitige Ikone, *Taufe Christi,* Ausschnitt, 13. Jh., Erzbistum Libanon.
21. Doppelseitige Ikone, *Gottesmutter Hodegetria (Wegbereiterin),* Ausschnitt, 13. Jh., Erzbistum Libanon.

22. *Gottesmutter Hodegetria (Wegbereiterin),* 1318, renoviert im 18.–19. Jh., Kloster Unserer Lieben Frau von Balamand, Libanon.
23. *Gottesmutter Hodegetria (Wegbereiterin),* Ausschnitt: Engel verherrlicht die Jungfrau, 1318, renoviert im 18.–19. Jh., Kloster Unserer Lieben Frau von Balamand, Libanon.

24. *Trinität und Deesis,* 18. Jh., Syrien, Privatsammlung, Libanon.

ΜΡ ΘΥ
ΤΗΝ ΜΡ
ΕΤΙΡ Τ
ΒΡΟΤΟ
Ν ϹѠΤ
ΙΡΙΑΝ

Ο ΑΓΙΟΣ
ΓΕΩΡΓΙΟΣ

Ο ΒΑΡ
CΑΜΟC

البلاط والمودب

صورة ابن الملك
بجميع الامور

النجم لينظر الى التي هو لانه كان يحبه حبا مفرطا ففي بعض الاوقات قال لابيه

صورة الملك وابنه يواصف لحدثه في البلاط

استشهيت ان اعلم منك ايها السيد الشيب الذي يحزن دايما

وهو لا اسكون معه بكل قلبي وان اباه عندما استمع هذا الكلام

... اختاره فقال له فقال ايها الولد ... شوقي ما الحزن الذي

البالمند

هذه صوره برلام وقد تعرا واري ... ذي ملبوسه في عبادته

فلما راى يواصف ذلك الذى العجب المذهل وذلك اللباس الخشن الذى

وذلك الجسم المحروق المسود والعظام الملتصق بها الجلد فاحتار وتعجب

هذا مثال ابن الملك وقد قام فرحًا واعتنق برلام شاكرًا لله وله تكليمه

يا اكرم الناس قدرًا لست اشك ان هذا هو كما افرزت من ذلك الحجر
الذي لا قيمة له الذي هو باستحقاق يعسر اراه ولست تظهره لمن يوثر
يبطره . للذين حواسهم ثابتة صحيحة لانه هاهنا ادخلني

الى موضع القدس واستنار بنور مجد الله البهي العظيم

صورة برلام يعمد يواصف في فسقية البستان الذي للقصر

صعد من الماء الى غرفته صحيحة . واهل استسر النيه
الادهما الكهان وصنع صنعكلا تمتوا بالطلبة المباركة

ΜΗΡ
ΘΥ
ΙC ΧC

ΜΡ ΘΥ
Η ΟΔΗΓΗΤΡΙΑ
ΙC XC

lons, die den Türsturz bilden, menschliche Figuren. Das erste zeigt zwei Silhouetten bei einer Taufszene, das zweite einen berittenen Krieger, der das Buch des Lebens hochhält, ein Zeichen des Märtyrers, das dadurch verdeutlicht wird, daß zwei kleine Henker um sein Pferd stehen. Die Inschrift verknüpft die beiden Szenen: «Der heilige Märtyrer Behnam hat zwischen zwei Taufen Größe erlangt. Er hat in Wasser gebadet, und er hat ein übriges getan und auch in seinem Blut gebadet.» Zwei beschädigte Stuckreliefs an den Chorschranken lassen den heiligen Behnam und seine Schwester, die heilige Sarah, erahnen. Ein letztes Mal begegnet man dem heiligen Krieger, der zur Zeit der Sassaniden den Märtyrertod starb, im Chor selbst: Das traditionelle persische Band über der Schulter, prangt er auf einer kleinen Platte inmitten einer mit Achtecken und Kreuzen überzogenen Fläche.

Die zahlreichen Inschriften sind jeweils in griechischer und arabischer Sprache gehalten. Eine armenische Inschrift findet sich auf einem eingelassenen Stein, den ein eucharistisches Dekor mit einem Kreuz in der Mitte schmückt, das Tauben, Trauben und Brote rahmen. Wie den Inschriften zu entnehmen ist, stammen die Verzierungen aus der Zeit zwischen 1248 und 1261. Anfang des vierzehnten Jahrhunderts wird über der Halbkuppel des Grabes eine Zeile in alttürkischer Sprache eingraviert: «Möge der Friede des Chadir Elias, des Auserwählten Gottes, mit dem Ilchan, seinen Würdenträgern und seinen Ehefrauen sein.» Noch heute trägt das Bauwerk im Arabischen den Namen Al-Chadir. Eine aus dreißig Zeilen bestehende Inschrift berichtet von einem Mongolenüberfall und einer Schändung des Heiligtums im Jahr 1295. Um das Kloster künftig zu schützen, ersetzte ein Mönch den Namen Behnam durch al-Chadir, «den Grünen», eine sagenhafte Gestalt des Islam, der von den Muslimen verehrt und häufig mit dem Propheten Elias gleichgesetzt wird. Wie die in alttürkisch geschriebene Zeile beweist, schützte diese List die Kultstätte vor Übergriffen der Mongolen, die gegen Ende des dreizehnten Jahrhunderts massenhaft zum Islam übertraten.

Der heilige Isaak der Syrer bezeichnet den Heiligen als «Riesen». Der vergöttlichte Mensch wird zu einer Art Makrokosmos, der in sich den wiederbelebten Kosmos vereint. Vor ihm vertrat der heilige Ephräm die Auffassung, daß die Früchte der Paradiesbäume durch die «Früchte der Gerechten» und ihr Schmuck durch den «Schmuck der Sieger» übertroffen werden: Schöner als ihre Blüten sind jene «anderen Blüten», die Heiligen, «an deren Krone sich [jede] Kreatur und der Schöpfer erfreuen». Bäume, Früchte und Blüten sind der Schmuck des Paradieses, und die Heiligen tragen dort die Herrscherkronen:

> Mehr noch als von den gesegneten
> Gegenständen des Paradieses
> sollte man von den großen Taten
> der Sieger berichten:
> Nach dem Bild des Paradieses
> haben sie ihren Schmuck gefertigt,
> die Schönheit des Gartens
> nimmt in ihnen Gestalt an.
> Lassen wir die Bäume,
> und sprechen wir von den Siegern,
> Preisen wir nicht das Erbe,
> sondern die Erben.[34]

Die Welt der byzantinischen Ikone bestätigt diese Sichtweise. Ihr Raum wird von den «Riesen» beherrscht, den unumschränkten Herren einer verklärten Erde. Das Martyrion des heiligen Behnam atmet eine andere Atmosphäre. Dort dominiert unbestritten das islamische Dekor. Die christlichen Figurinen nehmen nur eine begrenzte Fläche ein. Die Ikonographie verliert sich in einem prachtvollen Garten aus Arabesken. Mehr als die Heiligenfiguren verleiht das Kreuz dem Gebäude einen christlichen Charakter. Anikonisch erhebt es sich als Baum des Lebens, als «Fahne der Zuversicht und Emblem des Sieges», umgibt das Wort «mit einer Grenze des Schweigens»[35] und markiert mit seinem Zeichen die göttliche «Lichtnische».

45. Ganzfigurenbilder zweier Heiliger, Kloster des heiligen Mose des Äthiopiers, Nabak, Syrien.

46. *Die Propheten Elija und Elischa,* Kloster des heiligen Mose des Äthiopiers, Nabak, Syrien.

47. *Das Jüngste Gericht,* Kloster des heiligen Mose des Äthiopiers, Nabak, Syrien.

Der Einfluß der byzantinischen Kunst wird in anderen Zeugnissen jener Zeit sichtbar. Das II. Konzil von Nicäa hat die Monophysiten zu erbitterten Bilderfeinden erklärt. Die syrischen Chronisten wiederum berichten reserviert über den byzantinischen Ikonoklasmus, ohne jemals die Haltung oder das Tun der Bilderstürmer gutzuheißen. In der islamisch-christlichen Welt der Abbasiden wird die byzantinische Kultur keineswegs abgelehnt, vielmehr genießt sie eine aufrichtige Verehrung. Es wäre zu schematisch und zu vereinfachend, wollte man die syrische Kunst in zwei Lager unterteilen: in ein an Byzanz orientiertes Syrien und einen an Persien orientierten Irak. Die Künstler pflegen untereinander einen regen Austausch und überschreiten bewußt die Grenzen, die Staaten und Kirchen trennen. Im Jahr 1285 betraut die zur Mongolenherrscherin aufgestiegene Tochter Michaels des Paläologen zwei Künstler aus Konstantinopel mit der Aufgabe, die griechische Kirche in Täbris auszumalen: Die Jakobiten nutzen deren Anwesenheit und vertrauen ihnen die Ausschmückung der Kirche des heiligen Johannes Negare in Bartallah bei Mossul an. Das Gebäude existiert heute nicht mehr. Miniaturen und Überreste von Fresken lassen erkennen, daß Byzanz in dieser Welt, die sich von ihm abspaltet, ohne jemals seine erstaunliche Kreativität zu leugnen, immer noch einen beherrschenden Einfluß ausübt. Eine mit zweiunddreißig Miniaturen geschmückte syrische Handschrift[36] von 1126 offenbart diese «Dualität» auf seine Weise. Im Kolophon werden die «Griechen» wohl als «Lügner» attackiert, doch der Malstil folgt streng der «griechischen Manier». Von der *Verkündigung an Zacharias* über den Kirchenfestzyklus, die Wunderheilungen und die Passion bis hin zum *Schlaf der Jungfrau Maria* gleicht das traditionelle liturgische Bildprogramm dem der beiden reichhaltigen, zur gleichen Zeit entstandenen Handschriften, die im Vatikan und in London aufbewahrt werden. Die Bilder lassen keine Spuren der Mossuler Kunst erkennen. Obwohl von syrischer Hand gemalt, stehen sie ganz in der byzantinischen Tradition und wurden unter genauer Beachtung der geltenden Kanones angefertigt.

Von den Wandmalereien sind heute nur noch wenige Reste erhalten. Nach Jean Lassus waren die Wände der syrischen Kirchen einst mit bemaltem Putz bedeckt, eine Hypothese, die Tchalenkos Untersuchung bestätigt hat. Das wohl eindrucksvollste Beispiel bietet das syrische Kloster des heiligen Mose des Äthiopiers in der Ebene um Nebek zwischen Damaskus und Homs. Ein umfassendes, Ende des siebten Jahrhunderts entstandenes Programm bedeckt ein früheres Dekor aus dem sechsten Jahrhundert. Dank der Restaurationsarbeiten erkennt man heute einen Elija, der Elischa seinen Mantel hinterläßt, eine Apostelversammlung und einen ganzfigürlich dargestellten Heiligen. Die kostbaren, mit griechischen Inschriften versehenen Fragmente sind eng an den byzantinischen Akademismus angelehnt.

48. *Verkündigung*, Kloster des heiligen Mose des Äthiopiers, Nabak, Syrien.

Der Aufbau ändert sich mit dem späteren Programm. Die Gliederung ist überaus streng. Die Heiligen sind zu Gruppen zusammengefaßt. Die heiligen Krieger defilieren, aufrecht auf ihren Pferden sitzend, an den Wänden vorüber. Die vier Evangelisten sind mit ihrem Schreibwerkzeug am Kreuzungspunkt der Bögen plaziert. Die Heiligen finden, Jungfrauen und Märtyrer jeweils zu Paaren zusammengefaßt, auf den Wölbflächen der Bögen ihren Platz. Sie sind ganzfigürlich dargestellt und wenden einander die Gesichter zu. Hinter dem Altar ist die *Maria Orans* zu erkennen, flankiert von den *Kirchenvätern.* Völlig verschwunden ist eine Deesis, die einst das Gewölbe bedeckte. Darüber sind in Brustbildern die zwölf Apostel dargestellt, die sich um die Zentralfigur des *Christus Pantokrator* gruppieren. Erst in jüngerer Zeit verloren gegangen ist eine schöne *Verkündigung,* die im oberen Feld plaziert war. Im Scheitelpunkt befand sich der Christus-Immanuel, das Kind und der Alte der Tage, in einem eingravierten Medaillon zwischen *Maria* und *Gabriel.* Die christozentrische Komposition setzt die Modelltypen des Christus übereinander und reiht sie von oben nach unten: Immanuel, auf dem Schoß der Orantin sitzend, den als Majestas thronenden Christus, den Pantokrator und den Immanuel auf einem Clipeus. Maria, die Apostel und die Kirchenväter umgeben das Wort im Haus des Vaters, der selbst unsichtbar bleibt. «Wie du Vater», sagt Christus im Johannes-Evangelium, «in mir bist und ich in dir bin, sollen auch sie in uns sein, damit die Welt glaubt, daß du mich gesandt hast. Und ich habe ihnen die Herrlichkeit gegeben, dir du mir gegeben hast; denn sie sollen eins sein, wie wir eins sind, ich in ihnen und du in mir. So sollen sie vollendet sein in der Einheit, damit die Welt erkennt, daß du mich gesandt hast und die Meinen ebenso geliebt hast wie mich» (17,21–23). Gegenüber dieser Versammlung füllt eine monumentale Darstellung des Jüngsten Gerichts die gesamte hintere Wand aus. Sie zeigt die zwölf Apostel, die «auf zwölf Thronen sitzen und die zwölf Stämme Israels richten» (Mt 19,28). In ihrer Mitte erhebt sich der Thron der Etimasie (Gnadenstuhl). «Der Herr aber thront für ewig; er stellt seinen Thron auf zum Gericht.» (Ps 9,8) Der Thron bleibt leer, als Zeichen der Unerkennbarkeit Gottes. Das Kreuz ragt dort auf, das «Urteil des Urteils». Unterhalb des Thrones stehen sich Adam und Eva
Tafel 14a im gemeinsamen Gebet gegenüber. Neben ihnen tragen Maria, Abraham, Isaak und Jakob symbolisch die Erdenkinder. Das Zentrum der Komposition nimmt die Waage der Gerechtigkeit ein. Die Schafe sind zur Rechten, die Böcke zur Linken zu sehen. Die Gerechten und die Kirchenväter reihen sich in
Tafel 14b der Himmelswohnung ein. In einer völlig neuartigen Szene öffnet Petrus mit seinem Schlüssel das Tor zum Paradies und läßt eine Gruppe syrischer Mönche und Klosterbrüder ein. Gegenüber den Wohltä-

49. *Der Evangelist Johannes,* Kirche des heiligen Theodor, Bahdidat, Libanon.
50. *Der Evangelist Markus,* Kirche des heiligen Theodor, Bahdidat, Libanon.
51. *Heiliger Theodor,* Kirche des heiligen Theodor, Bahdidat, Libanon.

tern stürzen die Verfluchten «in das ewige Feuer, das für den Teufel und seine Engel bestimmt ist» (Mt 25,41). Das Otterngezücht, diejenigen, die Ehebruch begangen haben, werden von innen heraus von Schlangen aufgefressen. Die von einem Steinhagel niedergestreckten Mörder leiden Qualen. Die mitleidlosen Pharisäer und habgierigen Schriftgelehrten werden in die Gehenna zurückgeschickt. Die Freunde des Geldes werden mit ihren vollen Beuteln am Hals aufgehängt.

Die orthodoxe Kirche im nördlich von Nebek gelegenen Qara verfügt über vier Freskofragmente. Nebeneinander an einer Wand sieht man die stillende Jungfrau und den heiligen Johannes den Täufer, *Tafel 18, 19* beide unter Ehrenbögen stehend, dazu die beiden heiligen Krieger Sergius und Theodor, die thronend auf ihren Pferden sitzen. Derselbe Malstil findet sich in der Kirche des Heiligen Theodor in Bahdidat nahe der libanesischen Stadt Byblos. Die Wände des Gebäudes sind mit einem reichen Bildprogramm geschmückt. Nach christlicher Tradition verkünden die Protagonisten des Alten Testaments die Frohe Botschaft, die sich im Neuen Testament erfüllt. Zu erkennen sind Abraham, Isaak und das an dessen Stelle geopferte Lamm, Mose beim Empfang der Gesetzestafeln und Daniel, der betend die Hände erhebt. Eine Darstellung der *Deesis* beherrscht die Wölbung. Hinter dem Altar zeigt eine Bogenreihe ganzfigürliche Darstellungen der zwölf Apostel. Der Erzengel Gabriel und die Jungfrau Maria sind getrennt und stehen sich zu beiden Seiten der Bogenwölbung gegenüber. Die beiden heiligen Krieger Theodor und Gregor schließlich nehmen die Seitenwände ein. Die Gemälde der beiden Kirchen weisen einen gemeinsamen Stil auf. Zeichnung, Farbgebung, Physiognomien und Ornamente sind von einer frappierenden Ähnlichkeit. Das Dekor in der Kirche des Heiligen Mose des Äthiopiers atmet denselben Geist. Die Vielfalt der künstlerischen Einfälle und die Unterschiede in der Ausführung lassen darauf schließen, daß es sich um die Arbeit einer Gruppe handelt. Gleichwohl bewahren die Werke einen einheitlichen Charakter. Die zahlreichen Künstler, von denen die Gemälde in Nebek, Qara und Bahdidat

52. *Die vier Evangelisten,* syrisch-nestorianisches Evangeliar, 1499, British Museum, London.

sowie die wenigen in anderen Kirchen erhaltenen Fragmente stammen, sind einer Schule der Wandmalerei zuzuordnen. Der Stil entspricht im großen und ganzen dem der Felsenkirchen in Kappadokien und auf Zypern. Gesichter mit runden Backen und leicht schlitzförmigen Augen geben den Werken einen orientalischen Anstrich. Der lateinische Einfluß scheint bei der Darstellung des heiligen Sergius durch. Zweimal schwenkt der populärste Heilige Syriens nach dem Vorbild des Gekreuzigten die weiße, mit einem roten Kreuz geschmückte Fahne. Die konfessionelle Zugehörigkeit der Künstler bleibt ungewiß. Das Kloster in Nebek ist syrisch. Die Kirche in Qara ist orthodox-chalkedonensisch. Die Kirche in Bahdidat ist heute maronitisch, dürfte ursprünglich aber jakobitisch oder chalkedonensisch gewesen sein. Die Inschriften sind in griechischer und syrischer Sprache gehalten. Die dogmatischen Gräben, die die kirchlichen Hierarchien Antiochiens trennen, scheinen den Austausch unter den Künstlern kaum zu beeinträchtigen. Das Arabische, das Syrische und das Griechische bleiben Sprachen, die in der Liturgie ebenso verwendet werden wie im täglichen und im kulturellen Leben. Man findet sie vereint auf einer byzantinischen Ikone, auf der die Taufe Christi dargestellt ist: Das vermutlich aus dem siebten Jahrhundert stammende Werk ist ein außergewöhnliches Zeugnis einer mittelalterlichen Kunst, von der bedauerlicherweise nur sehr wenig erhalten geblieben ist.

Relikte und Assimilation

Im Jahr 1258 geht das Abbasidische Kalifat für immer unter. In den folgenden hundertfünfzig Jahren ist der Irak nur eine Provinz eines fernöstlichen Reiches. Zu Beginn des vierzehnten Jahrhunderts brennt Timur der Lahme Bagdad nieder und verwüstet Syrien. Mit der Eroberung durch die Osmanen im fünfzehnten Jahrhundert bricht eine neue Epoche an. Diese Daten prägen schicksalhaft die Geschichte der syrischen Kirchen. Bereits am Ende des dreizehnten Jahrhunderts erinnerte Barhebraeus in Anbetracht des Elends, in dem sein Volk versank, an den «Wohlstand von einst». Griechen und Armenier

53. *Einzug in Jerusalem,* persisch-jakobitische Handschrift, 1547, Biblioteca Laurenziana, Florenz.
54. *Heiliger Lukas,* persisch-jakobitische Handschrift, 1547, Biblioteca Laurenziana, Florenz.

«dominieren» unter den christlichen Völkern des neuen orientalischen Reiches. Das verarmte und zur Provinz degradierte Syrien verliert nach und nach an Bedeutung.

Einmal mehr ignoriert die Kunst den geschichtlichen Niedergang. Der Austausch geht weiter. Verschiedene kulturelle Strömungen prägen das lokale Kunstschaffen. Der aufkommende islamische Stil deutet sich in neuen illuminierten Handschriften an. Die Buchmalereien eines mesopotamischen Evangeliars, das in Qaraqoch aufbewahrt wird, zeugen von dem neuen kulturellen Austausch. Gemäß der traditionellen Ikonographie der Deesis sieht man Christus und die ihn Flankierende Maria und Johannes den Täufer stehend auf drei Brokatteppichen dargestellt. Auf den Gewändern sind griechische Falten mit arabischen Zierovalen vermischt. Die Gesichter haben unverkennbar «türkische» Züge. Sie sind rund, und die Wangen sind mit roten Kugeln versehen. Die Jungfrau trägt nicht mehr das übliche Maphorion, sondern enthüllt ihre nach hinten gebundenen Haare wie die Engel in den islamischen Miniaturen. Christus trägt ein Evangelium, das mit einem Kreuz und acht armenischen Buchstaben geschmückt ist. Auf zwei Blättern sind acht Szenen dargestellt, wobei jeweils vier Feste zusammengefaßt sind. Die Heiligen Drei Könige der *Geburt Christi* tragen Turbane. Und was das architektonische Dekor angeht, so verdrängen orientalische Kuppeln und orientalisches Mauerwerk byzantinische Elemente.

Zuweilen ist die gesamte Komposition islamisch geprägt, wie eine erstaunliche mesopotamische Handschrift[37] von 1499 belegt. Zeichnung und Farbgebung sind plump und unbeholfen, doch die Komposition der Szenen zeigt bislang unbekannte Prototypen. Die starre Ikonographie der Feste wird völlig aufgegeben. Hier sind es nicht mehr nur die Nebenfiguren, sondern die Protagonisten des Evangeliums selbst, die türkische Züge annehmen und türkische Kleider tragen. Die Darstellung der vier Evangelisten mit Turbanen und langen Schnurrbärten ist an den orientalischen Typus des Autorenporträts angelehnt. Sie sitzen in vier Kreisen mit überkreuzten Beinen auf dem Boden; der sie umgebende Raum hat keine Tiefe und ist mit Rankenornamenten überzogen. Im Zentrum der *Geburt Christi* bekrönt der Kopf Christi ein quadratisches Gittermuster. Maria sitzt in türkischer Manier am Boden, ein orientalischer Schleier rahmt ihr Gesicht. In einem zweiten Feld defilieren fünf turbantragende Figuren durch ein flüchtig skizziertes Pflanzendekor: Der horizontal gemalte *Besuch der Hirten* erscheint, in die Vertikale verschoben, ein zweites Mal neben der *Geburt Christi.* Der turbantragende Johannes der Täufer der *Epiphanie* hat das traditionelle härene Gewand des Asketen gegen eine lange persische Tracht vertauscht. Beim *Einzug in Jerusalem* nimmt Christus die Gestalt eines jugendlichen und bartlosen persischen Prinzen an. Die zehn Figuren, die ihn empfangen, sind übereinander in einem abgeflachten Raum angeordnet. Wieder tragen die elf Protagonisten der Szene Turban. Die *Himmelfahrt* überrascht mit einer kühnen Neuerung: Der Auferstandene schwingt sich mit zwei Engelsflügeln zu einem grünen Sternenhimmel empor. Die charakteristischen Merkmale dieser nestorianischen Handschrift finden sich in einer persischen Handschrift[38] wieder, die 1547 von einem jakobitischen Priester angefertigt wurde. Die vier turbantragenden Evangelisten stehen, nach gewohnter Manier das Evangelium in der Hand haltend, unter Arkaden und sind durch drei mit Arabesken geschmückte Säulen voneinander getrennt. Der frontal dargestellte junge und bartlose Christus sitzt mit herabhängenden Beinen auf seinem Pferd, flankiert von zwei Bäumen, die von zwei Kindern bekrönt werden. Im Unterschied zu den anderen Darstellungen ist der Turban des Erlösers in der Mitte mit einem Kreuz gekennzeichnet.

Die Ikonen von Aleppo

Schmucklosigkeit und Schematismus charakterisieren einen kargen Stil, der im nestorianischen Mesopotamien Verbreitung findet. Die Szene wird auf das Wesentliche reduziert. Die Zeichnung ist präzise und verzichtet auf die Herausarbeitung der Formen. Ein schmaler horizontaler Streifen, den zuweilen ein oder zwei weitere Streifen ähnlicher Art ergänzen, bildet den Boden. Bäume und Blumen verlieren ihren Schmuck. Neben diesen stilisierten christlichen Darstellungen sind große Flächen mit geometrischen Mustern, Flechtwerk und Kalligraphien gefüllt.

Gleichzeitig partizipiert das christliche Großsyrien an der großen byzantinischen Tradition, die in den christlichen Gebieten des Osmanischen Reiches lebendig bleibt. Eine umfangreiche lokale Ikonenproduktion knüpft an die Produktion an, die auf dem griechischen Balkan fortgesetzt wird. Die Künstler sind Christen, die dem byzantinischen Ritus folgen, also «Melchiten», wie sie von den Syrern seit dem fünften Jahrhundert genannt werden. Die ersten dieser lokalen Ikonen entstehen im siebzehnten Jahrhundert. Einige hat der Maler demütig auf arabisch mit seinem Namen signiert: Yussuf al-Musawwir, Joseph der Ikonenmaler. Dieser Name steht symbolisch für die überbordende Kreativität, die über die Grenzen des chalkedonensischen Syriens und Palästinas hinaus in die «monophysitischen» Kirchen des Mittleren Orients hineinwirkt. Der Meister dieser nachbyzantinischen arabischen Ikone ist gleichzeitig auch Gründer einer in Aleppo ansässigen Familie, die, vom Vater bis zum Urenkel, vier Ikonenmaler hervorbringen wird: Yussuf, Nemeh-Allah, Hannania und Girgis. Die Veränderungen, die ihre Werke von Generation zu Generation erfahren, spiegeln den Wandel der Ikone in der Moderne wider. Yussufs Arbeiten sind dadurch gekennzeichnet, daß sie der griechischen Tradition treu bleiben. Die Ikone folgt ihren eigenen ästhetischen Regeln und gehorcht den überkommenen Normen, die sie zu einem Abbild der Heiligen Schrift machen. Eine *Höllenfahrt* und ein *Akathistos* (Marienhymnus), beide von Yussuf signiert, stellen Modelltypen der nachbyzantinischen Ikonographie dar. Bei der *Anastasis* (Auferstehung) ist nur die Widmung arabisch, während die Namen der Protagonisten in griechischer Sprache angegeben sind. Beim *Akathistos* werden die vierundzwanzig «Strophen», die rund um den im Zentrum der Ikone dargestellten König David angeordnet sind, in Bilder umgesetzt: Die Inschriften, die den liturgischen Text wiedergeben, sind in griechischer und arabischer Sprache abgefaßt. Der Ikonenmaler betätigt sich auch als Miniaturist. Der griechische Charakter des Werkes ist unbestreitbar. Eine illuminierte arabische Handschrift ist ganz der Chronik der byzantinischen Kaiser gewidmet: Maler, Kalligraph und Übersetzer ist Yussuf.

55. *Anastasis,* Werk des Yussuf von Aleppo, 1645, Privatsammlung.
56. *Der Heilige Simeon Stylites und der Heilige Simeon vom Berg der Wunder,* Werk des Nemeh-Allah von Aleppo, 1699, Kloster Unserer Lieben Frau von Balamand, Libanon.

Verwurzelung in der Tradition schließt schöpferische Freiheit nicht aus. So besticht eine in Aleppo entstandene Ikone mit dem Titel *Der Heilige Simeon Stylites und der Heilige Simeon vom Berg der Wunder* vor allem durch ihre Originalität. Der Modelltyp taucht in zwei Ikonen auf. Eine ist mit dem Namen Nemeh signiert. Das Thema, das man in der byzantinischen, der nachbyzantinischen und der russischen Ikonographie wiederfindet, wird hier auf ganz neue Weise behandelt. Das Bild zeigt zwei Säulenheilige aus unterschiedlichen Epochen vor demselben Goldgrund. Der als Brustbild in einem Halbkreis dargestellte Christus bekrönt die Szene in der Mitte des oberen Bildrands. Er hat die Arme ausgebreitet. Die beiden Asketen sind frontal dargestellt. Sie sitzen auf zwei hohen Marmorsäulen, die aus einer traditionellen Felsenlandschaft emporragen. Der Erlöser und die beiden Säulenheiligen halten geöffnete Schriftrollen in den Händen, auf denen in arabischer Sprache Auszüge aus dem Evangelium und liturgische Texte zu lesen sind. Die Namen der beiden Simeons sind griechisch geschrieben. Die verschiedenen Elemente der Szene werden rein byzantinisch behandelt. Zahlreiche Personen bevölkern die Landschaft. Ihre Gewänder sind «griechisch». Nur zwei Figuren unterscheiden sich durch ihre Kleidung und ihre Turbane, aber die Behandlung der Drapierung und der Vorlage gibt ihnen einen deutlich byzantinischen Anstrich. Das Werk übernimmt in seiner Reinheit die Prinzipien und Regeln der byzantinischen Kunst und bietet dennoch eine völlig neue szenische Komposition. Die Felsenlandschaft zeigt uns gleichzeitig zehn Szenen, die von den Wundern der beiden Heiligen erzählen. Solche Wunder finden sich auch in der Ikonographie vom *Entschlafen des heiligen Ephraim in der Wüste* und auf zahlreichen Fresken und Ikonen. Dies gilt beispielsweise für das in der zweiten Hälfte des 15. Jahrhunderts entstandene und in der Kirche des heiligen Konstantin und der heiligen Helena in Jerusalem aufbewahrte Werk von Andreas Pavias dem Kreter: Im unteren Teil der Komposition sind Bischöfe und Mönche um den auf seinem Bett liegenden verstorbenen Mönch versammelt; darüber sehen wir einen Säulenheiligen auf seiner Säule inmitten einer illusionistischen Landschaft, in der sich zahlreiche kleine Szenen aus seinem Leben abspielen. Der Ikonenmaler aus Aleppo schöpft aus dieser Quelle

57. *Jungfrau mit dem Kind,* Werk des Hanania von Aleppo, 1736, Jungfrauenkirche, Aleppo.
58. *Unbefleckte Empfängnis,* Werk des Girgis von Aleppo, 1762, Kloster des heiligen Georg von Chir, Bmakkin, Libanon.

und fügt seine Szenen neuartig zusammen, darunter auch bislang nicht dargestellte Episoden: Der von der an Unfruchtbarkeit leidenden ismaelitischen Königin geschickte arabische Würdenträger und seine Diener strecken die Hand zu dem Heiligen empor, ein Schüler des Simeon wird vom Tode auferweckt, und dem Mund eines Besessenen entweichen zum Zeichen seiner Heilung drei kleine schwarze Teufel.

Die Produktion lokaler Ikonen ist alles andere als begrenzt. Im Gegenteil, die Schule von Aleppo hinterläßt ein umfangreiches Werk. Wir befinden uns im 18. Jahrhundert. Der Uniatismus spaltet die kirchlichen Hierarchien. Die Gründung katholischer Kirchen im Orient stößt auf heftigen Widerstand und löst eine Folge von Kriegen zwischen den Glaubensgemeinschaften aus. Am Rande der religiösen Streitigkeiten findet die Ikone immer größere Verbreitung und unterstreicht dadurch ihren zeitlosen «Ökumenismus». Der orthodoxe Christ Nemeh arbeitet ebenso für seine Kirche wie für die neue «Filiale» des Katholizismus. Zudem schmückt er mit seinen Werken die Kirchen der armenischen Monophysiten und der maronitischen Katholiken in Aleppo. Sein Sohn Hannania repräsentiert eine neue Malergeneration. Seine Arbeiten sind Ausdruck einer Übergangszeit, in der die Ikonenmalerei neue Konzepte entwickelt. Nemeh wählte häufig Verzierungen, die den hinteren Bildraum überzogen. Sein Sohn zeigt eine Vorliebe für diese Stilisierung. Arabesken, linierte Friese, konzentrische Kreise und kompakte Flächen füllen den Raum aus. Doch die Flächen werden nicht stilisiert. Die Falten des Gewandes schmiegen sich dem Körper der Figur an. Die Gesichtsfarbe ist natürlicher. Die Formen werden herausgearbeitet. Die Silhouetten verlieren ihre traditionelle Starrheit, Bewegung wird spürbar.

Der Katholizismus dringt vor

Der letzte Sproß der Malerfamilie von Aleppo schlägt einen neuen Weg ein. Zu den traditionellen Themen gesellen sich katholische Themen. Die lange Zeit der mittelalterlichen Kreuzzüge hat in der arabisch-christlichen Kunst nur wenige Spuren hinterlassen. Die Präsenz der Lateiner ist zwar beileibe nicht von kurzer Dauer gewesen, aber «der Kontakt zwischen den beiden Welten hat hier niemals zu einer Mischkultur geführt wie in Spanien oder auf Sizilien».[39] Die zunehmenden Aktivitäten der katholischen Missionare und die Errichtung unionistischer Kirchen im achtzehnten Jahrhundert üben einen tiefen Einfluß auf die orientalische Christenheit aus. Die Ikonenmaler suchen nach einem Kompromiß zwischen byzantinischer Tradition und abendländischer Malerei. Diese Verbindung, die das europäische Schaffen bis ins 14. Jahrhundert prägt, führt im Orient zu einer schwerfälligen Zwitterkunst. Die Ikonen, die Girgis malt, sind spezifisch katholische Gemälde. In seiner Darstellung der *Unbefleckten Empfängnis* ersetzt eine barocke Madonna die Gottesgebärerin. Das Thema selbst beruht auf einem lateinischen Konzept, das dem christlichen Orient fremd ist und von den nicht-katholischen orientalischen Kirchen abgelehnt wird. Die *Jungfrau mit dem Rosenkranz* geht auf ein anderes lateinisches Modell zurück. Die *Jungfrau mit dem Kind* wird im Himmel dargestellt, umgeben von Wolken und Seraphim. Der Sohn reicht dem heiligen Dominikus, die Mutter einer Dominikanerin einen Rosenkranz. Gottvater segnet die Szene mit ausgebreiteten Armen. Ein roter Rosenkranz rahmt die Komposition. Zwei Engel öffnen eine Schriftrolle, auf der in arabischer Sprache der Text von «Du erfreust alle Geschöpfe» zu lesen ist, ein byzantinischer Hymnus, der Johannes von Damaskus zugeschrieben wird.

Die denaturierte Ikone verändert sich von Generation zu Generation. Die ihr zugrundeliegenden Modelle sind zwar noch erkennbar, aber die Ausführung ist linkisch und unbeholfen. Mit gespielter Naivität und in dürftigem westlichen Malstil bietet sie eine heterogene Mischung lokaler und fremder Elemente in einer hybriden Interpretation. Wir begegnen hier einer folkloristischen Maltradition, deren Vertreter Anleihen bei der byzantinischen Tradition machen, gleichzeitig aber auch bei der abendländischen Malerei, ohne freilich tiefere Kenntnis von den Grundlagen beider Stile zu haben. Die volkstümliche Ikone hat den Gipfel ihrer Popularität erreicht. Abraham ist wie ein orientalischer Würdenträger gekleidet, der Prophet Elija trägt das Krummschwert der Muslime, und die kleine Maria schläft in einer Wiege syrischer Bauart: Lokales findet sich in zahlreichen Elementen und Verzierungen wieder.

Ephesus sprach den Bann über die Nestorianer in Persien aus, Chalkedon spaltete die Christenheit in Syro-Mesopotamien. Im Osten wie im Westen wird sich das Römische Reich «christlich» nennen und als Hüterin des einzig wahren Glaubens verstehen. Während die Byzantiner jahrhundertelang ihre «frommen Kaiser» preisen, «die das irdische Reich gegen das Himmelreich eingetauscht haben», partizipieren andere Ostchristen an einer ganz anderen Geschichte, die den griechischen Cäsaropapismus und den römischen «Papocäsarismus» nicht kennt: Christen, die nicht von christlichen Königen regiert werden, die in islamischen Ländern leben und an deren Kultur mitwirken. In dogmatischen Fragen stets uneins, finden sie über die Kunst intuitiv zueinander. Byzanz erhöht die Ikone und macht aus ihrem Triumph einen Triumph der Orthodoxie. «Die geschriebenen Worte und die gemalten Dinge» huldigen *einem* ewigen Andenken. Ein syrisches Gebet, das bei der Einsegnung religiöser Bilder gesprochen wird, verbindet die byzantinische Messe mit der Prozession der heiligen Ikonen: «Wir bitten dich, O Herr, barmherziger Vater und Gott aller Menschen. Strecke deine rechte Hande aus und segne dieses Bild, auf daß es zu einem Hafen verstörter Seelen werde, zur Erlösung derer, die in Versuchung geraten.»[40] Die Kunst in Syro-Mesopotamien repräsentiert keinen eigenen Stil, sondern hat Anteil an den großen künstlerischen Strömungen und vermischt im Lauf der Zeit verschiedene Traditionen und Techniken. In den ersten Jahrhunderten ist sie griechisch-oströmisch geprägt. Unter persisch-arabischem Einfluß wird sie «islamisiert». Thematisch beschränkt sie sich auf das Evangelium und die ersten Heiligen: Ihr Andenken ist ein «ewiges Andenken», das alle Kirchen teilen und das unablässig gefeiert wird.

Anmerkungen

1. G. Apollinaire, *Zone,* in: *Alcools,* Paris 1920.
2. J. Leroy, *Mosaïques funéraires d'Edesse (Grabmosaiken aus Edessa),* Syria XXXIV, 1957, S. 314.
3. Biblioteca Laurenziana, Florenz; syrisches Manuskript, ms. Plut. I, 56.
4. J. Leroy, *Les manuscrits syriaques à peintures (Illuminierte syrische Handschriften),* Paris 1964, S. 156.
5. Ephräm von Nisibis, *Prière du vieillard,* in: A. J. Hamman, *Livres d'Heures des premiers chrétiens,* Paris 1982, S. 79.
6. C. Diehl, *Manuel d'art chrétien (Handbuch der christlichen Kunst),* Bd. 1, Paris 1925, S. 228.
7. P. Lavedan, *Histoire de l'art (Geschichte der Kunst),* Paris 1944, S. 23.
8. T. Kövès, *La formation de l'ancien art chrétien (Die Entstehung der frühchristlichen Kunst),* Paris 1927, S. 169.
9. Bibliothèque Nationale, Paris, Syr. 33 und Syr. 341.
10. Zitiert nach J.-M. Fiey, *Chrétiens syriaques sous les Abbasides,* CSCO, Louvain 1980, S. 37.
11. Michael der Syrer (Michel le Syrien), *Chronique,* III., S. 65–67, 70, 73, 76.
12. Zitiert nach J.-M. Fiey, *Chrétiens syriaques sous les Abbasides,* op. cit., S. 118.
13. *Chronique de Séert,* P. O., Bd. XIII, 1919, S. 628. Zitiert nach A. Ducellier, *Le miroir de l'Islam,* 1971, S. 94.
14. Zitiert nach J.-M. Fiey, *Chrétiens syriaques sous les Abbasides,* op. cit., S. 29.
15. I. Dick, *La passion arabe de saint Ruwah néomartyr de Damas,* Le Muséon 74, 1961, S. 109–133.
16. Topkapi Serai, Istanbul.
17. R. Ettinghausen, *La peinture arabe (Die arabische Malerei),* Genf 1962, S. 123.
18. Ibid., S. 47.
19. Bibliothek des syrisch-orthodoxen Patriarchats, Damaskus.
20. Ibid.
21. Vatikanische Bibliothek, Rom, Apos. Syr. 559.
22. British Museum, London, Mus. add. 7170.
23. Ephräm von Nisibis (Ephrem de Nisibe), *Hymnes sur le paradis,* (V, 6), S. C. Nr. 137, Paris 1968, S. 73.
24. Kloster Unserer Lieben Frau von Balamand, Kura, Libanon.
25. Epistel von Johannes Susan (Jean Susan), *Bulletin de la société d'archéologie copte,* XXII, 1974–1975, S. 60.
26. Zitiert nach J.-M. Fiey, *Chrétiens syriaques sous les Mongols,* CSCO, Louvain 1975, S. 23.
27. Ibid., S. 32.
28. Ibid., S. 39.
29. Ibid., S. 44.
30. Ibid., S. 63.
31. Ibid., S. 57.
32. *Histoire du Patriarche Jabalaha III et du moine Rabban Cauma,* in: Revue de l'Orient latin, Paris 1985, S. 105.
33. J.-M. Fiey, *Mar Behnam,* Bagdad 1969, S. 20.
34. Ephräm von Nisibis, *Hymnes sur le paradis,* op. cit., (VI, 11, 14, 15), S. 86–87.
35. Ibid., S. 68.
36. Sitz des syrisch-orthodoxen Bischofs, Midyat.
37. British Museum, London, add. 7174.
38. Biblioteca Laurenziana, Florenz; XVII (81).
39. J. Leroy, *Manuscrits syriaques à peinture,* op. cit., S. 33.
40. Zitiert nach C. Chaillot, *Rôle des images et vénération des icônes dans les églises orthodoxes orientales,* Genf 1993, S. 29.

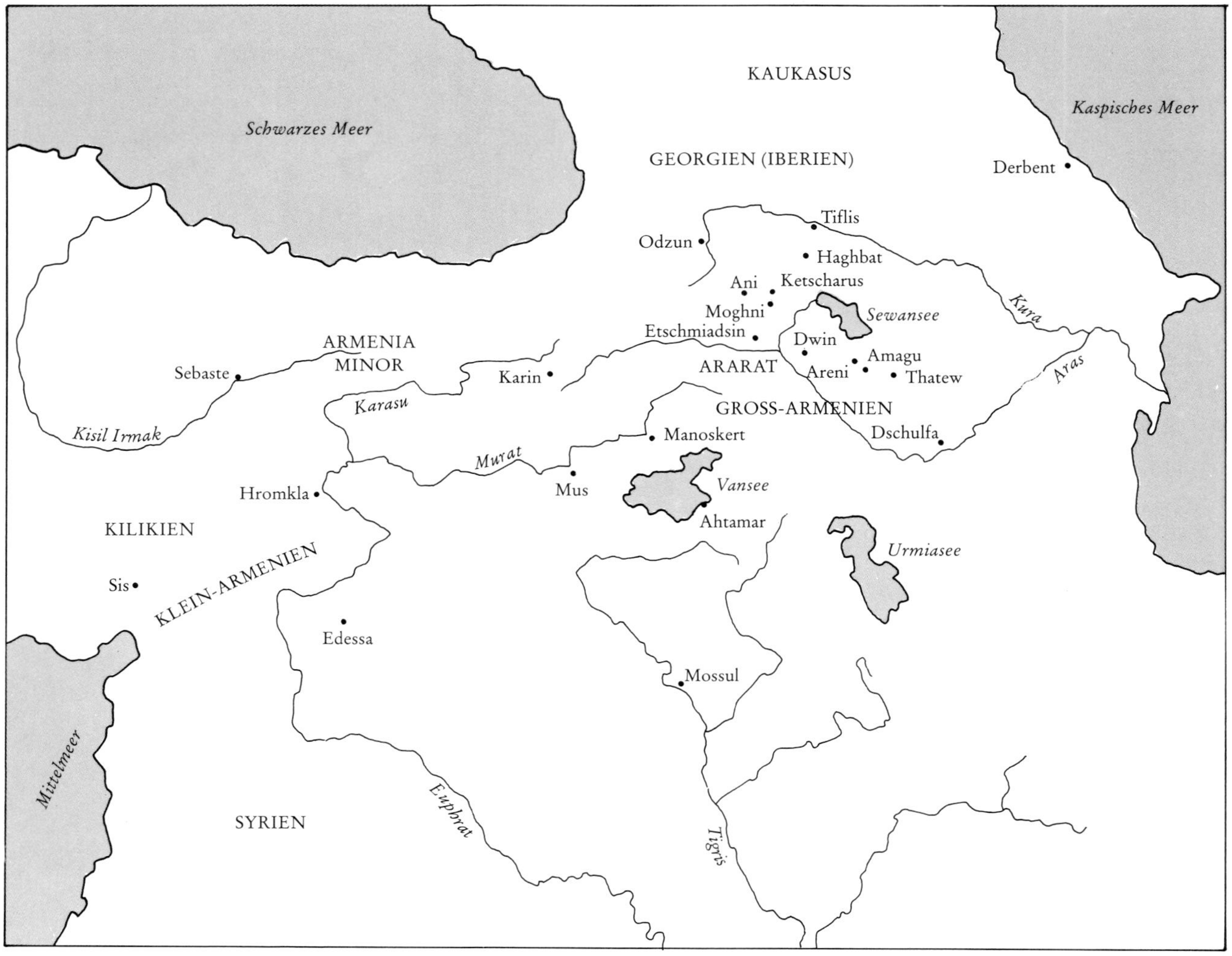
Schwarzes Meer
KAUKASUS
GEORGIEN (IBERIEN)
Kaspisches Meer
Derbent
Tiflis
Odzun
Haghbat
Ani
Ketscharus
Moghni
Sewansee
Kura
Etschmiadsin
Dwin
Amagu
ARMENIA
MINOR
Sebaste
Karin
ARARAT
Areni
Thatew
Aras
Karasu
GROSS-ARMENIEN
Kisil Irmak
Manoskert
Dschulfa
Murat
Hromkla
Mus
Vansee
Ahtamar
KILIKIEN
Urmiasee
Sis
KLEIN-ARMENIEN
Edessa
Mossul
Mittelmeer
SYRIEN
Euphrat
Tigris

Die Armenier

Faustos von Byzanz bezeichnet den armenischen Bischofssitz als «den Thron des Thaddäus». Nach der Legende trifft der heilige Apostel im Jahr 35 in Edessa ein. Dreißig Jahre später erleidet er das Martyrium. Tausend Armenier folgen ihm, um «die unvergängliche Krone» zu erringen. Bartholomäus kommt, nachdem er in Arabien und Persien gepredigt hat, in die Stadt Aghpag. König Sanadruk verurteilt ihn im Jahr 68 zum Tode und läßt ihm bei lebendigem Leib die Haut abziehen. Zwei Apostel tragen also das neue Licht ins Armenien der Antike. Der dritte ist Gregor der Erleuchter. Dreizehn Jahre lang wird er in einer Schlangengrube gefangengehalten und gequält, bis er schließlich seinen Kerkermeister, König Tiritades, bekehrt, indem er ihn von der Lykanthropie heilt: Der reuige König empfängt am Ufer des Euphrat die Taufe. Der in Kappadokien erzogene Gregor zieht nach Caesarea und wird dort zum Bischof geweiht. Nach seiner Rückkehr erscheint ihm Christus und fordert ihn auf, eine Kirche zu errichten, wobei er ihm mit einem goldenen Hammer die genaue Stelle zeigt. Inspiriert durch diese himmlische Vision, läßt Gregor die Kathedrale von Etschmiadsin bauen: «Kommt näher», heißt es im Hymnus, «und laßt uns gemeinsam den heiligen Altar des Lichts bauen, denn an diesem Ort ist uns das Licht auf armenischem Boden erschienen.»[1]

Das christliche Armenien ist Teil der Reichskirche. Der Gottesdienst wird in griechischer und in syrischer Sprache gefeiert und für das Volk, das dieser Sprachen nicht mächtig ist, mündlich übersetzt. Die Erfindung der armenischen Schrift wird das Werk der beiden Heiligen Sahak und Mesrop sein. Der in Caesarea und Konstantinopel erzogene Katholikos Sahak beherrscht das Griechische ebenso wie das Persische und das Syrische. Als brillanter Gelehrter, Sprachforscher, Künstler und Musiker setzt er sich mit glühendem Eifer für die Verbreitung der Heiligen Schrift ein. Sein wichtigster Gehilfe, der Priester Mesrop, entwickelt das armenische Alphabet. Mesrop reist dazu eigens nach Obermesopotamien und vertieft seine Forschungen in den «kulturellen Zentren» der Grenzregionen. Erschöpft und entmutigt kehrt er nach Hause zurück und gibt sich ganz dem Gebet hin. In einer Vision erscheinen ihm die gesuchten Buchstaben auf einer Tafel: So erhält die armenische Sprache im Jahr 405 in Edessa auf wundersame Weise ein Alphabet. Mesrop «verfaßt eigenhändig ein Lehrbuch, begibt sich nach Samosata und läßt die Buchstaben, die er erfunden hat, von dem Griechen Robanos zeichnen. Er erprobt sie selbst, indem er das Salomo zugeschriebene Buch der Sprichwörter übersetzt.»[2] Seine Heimkehr nach Armenien wird mit Moses Rückkehr aus der Wüste verglichen. Sahak «approbiert» das Alphabet und gibt ihm seinen letzten Schliff. Dann wird die Übersetzung der Bibel und der Schriften der Kirchenväter in Angriff genommen. Einhundert Übersetzer widmen sich dieser Aufgabe: Sechzig werden von Sahak, vierzig von Mesrop ausgebildet. Die armenische Kirche feiert ihr Andenken im «Kulturmonat» Oktober. Die Bibelübersetzung erhält den Namen «Königin der Übersetzungen». Als Grundlage dient der griechische Text der Septuaginta. Die Übersetzung erfolgt «mit vielen Varianten in Übereinstimmung mit der syrischen Tradition».[3]

Als Angelpunkt zwischen Ost und West ist Armenien unentwegt Invasionen ausgesetzt. Ist das Land im ersten und zweiten Jahrhundert noch unabhängig, wird es in der Folgezeit nacheinander von Persern,

Griechen, Arabern, Georgiern, Türken und Russen regiert. Mal wird es besetzt, mal erhält es den Status eines halbsouveränen Staates. Die Geschichte Armeniens reicht weit über sein geographisches Kernland hinaus. Zu Großarmenien, das von den Windungen des Euphrat bis zu dem Fluß Kura reicht, gesellen sich ein «Armenia Minor» im südlichen Teil des Pontus, ein Kleinarmenien in der Region um Sebasteia und in Kappadokien sowie Kilikien, wo im Mittelalter ein armenisches Königreich entsteht. Andere Kleinarmenien, die im Zuge von Wanderungsbewegungen und Deportationen entstehen, folgen im Verlauf der bewegten Geschichte. Für Ostrom und Persien ist das armenische Kernland ein ständiger Zankapfel. Im Jahr 387 teilen Byzantiner und Sassaniden das Land unter sich auf. Der größere Teil fällt an den Iran und wird in der Folgezeit von drei arsakidischen Dynastien beherrscht. Im fünften Jahrhundert spaltet der christologische Streit das orientalische Christentum. Das 551 abgehaltene Konzil von Dwin lehnt die Beschlüsse von Chalkedon ebenso ab wie den severianistischen Monophysitismus. Der Bruch wird durch ständigen Dialog und Austausch überwunden. Im Jahr 726 bekennen sich die armenische Kirche und die «jakobitische» syrische Kirche in Manzikert zu einem gemeinsamen Glauben. Demgegenüber sind Beziehungen zu Byzanz überaus schwierig. Armenien trennt sich vom Reich, ohne sich ihm jemals zu entfremden. Die «chalkedonensische Versuchung» bleibt gegenwärtig, doch Kirche und Volk widerstehen ihr hartnäckig. Bei einer neuerlichen Teilung Armeniens 591 fällt der Löwenanteil diesmal an Byzanz. In Avan wird ein Gegen-Bischof eingesetzt, doch die angestrebte Union scheitert. Trotz der Spaltung steht die hellenistische Kultur weiterhin für Weisheit und Wissen. Die Armenier bewundern sie ebenso, wie sie Byzanz fürchten. Sie machen Anleihen bei der griechischen Kunst und Kultur, behalten aber ihren Glauben, ihre Sprache und ihre Schrift. Im sechsten Jahrhundert herrscht die armenische Kirche über die Kirchen Georgiens und Albaniens. Ihr Katholikos ist zugleich auch geistliches Oberhaupt von ganz Transkaukasien. Im Jahr 608 führt Georgien auf der Synode von Dwin den Bruch herbei, indem es sich zum chalkedonensischen Glauben bekennt. Und auch die albanische Kirche begehrt auf. Dann betritt der Islam die Weltbühne. Im Jahr 661 wird Armenien ein islamisches Protektorat. Wiederholt versucht Byzanz, das Land zurückzuerobern. Justinian II. unternimmt 688 einen letzten Feldzug. Die Muslime siegen. Die politische Landkarte verändert ihr Gesicht. Neben Ostrom wächst ein starkes arabisches Reich heran.

Das frühchristliche Armenien

Von der Kunst des antiken Armeniens sind nur noch wenige Zeugnisse erhalten geblieben. Importierte Werke vermischen sich mit einheimischen: Medaillons, Statuetten und Mosaike. Die lokale Produktion spiegelt den griechisch-orientalischen Synkretismus wider, den man in den hellenisierten Regionen des Orients antrifft. Iranische, griechische und iranisch-griechische Gottheiten bevölkern das armenische Pantheon. Griechische Inschriften belegen, daß der Hellenismus überlebt. Doch auch iranische Einflüsse sind unverkennbar. «Die vierfachen Silberdrachmen von Tigranes dem Großen veranschaulichen, aus welchen beiden Quellen die armenische Kultur gespeist wird: Auf der Vorderseite trägt der König die hohe Tiara mit Spitzen der persischen Potentaten, auf der Rückseite ist, wie damals in der griechischen Numismatik üblich, die Schutzgöttin (Tyche) der Stadt abgebildet, in der die Münze geprägt worden ist.»[4]

Im frühchristlichen Armenien liegen die Dinge genauso. Die Bildhauerei in Hochreliefs wird aufgegeben, das Relief wird zum rein dekorativen Element der Architektur. Der sparsame und nüchterne Reliefschmuck übernimmt die ornamentale Sprache der Antike. Man findet Weinranken, Palmetten und Rosetten, Perlen, ineinander verschlungene Kreise und Hufeisenbögen. Der Zahnschnitt ist mit Vögeln und Hirschen verziert. Ein Kreuz mit blumengeschmücktem Fuß bekrönt Stürze und Kämpfer. Das frühchristliche Armenien hat teil an dieser vorbyzantinischen Kunst, die überall in der christlichen Welt verbreitet ist. Auch das Figürliche fehlt nicht. Der georgische Einfluß bleibt wirksam. In Odsun weist eine Thronende Jungfrau in der Manier der Hodigetria mit der Hand auf den Gottessohn hin. Die beiden Köpfe haben dieselben Proportionen. Das vergrößerte Gesicht des Erlösers ist das des jugendlichen Christus. Der ausgeprägte Schematismus der Gesichter und der Falten unterstreicht den strengen und schmucklosen hieratischen Charakter des Werkes und löst es aus seiner antiken Gräzität. Die Jungfrau mit dem Kind findet sich auf einem Kapitell aus Dwin wieder, das im Historischen Museum von Armenien aufbewahrt wird: Das Gesicht überproportioniert, der Körper klein und gedrungen, hebt Jesus eine Hand zum Segnungsgestus, während er in der anderen die Rolle der Heiligen Schrift hält. Zuweilen sind die Figuren der Stifter und Spender dem Reliefdekor einverleibt. Man sieht sie betend neben Christus und den Heiligen. Sie tragen zeitgenössische Gewänder und strecken zum Zeichen der Demut die Hände aus.

In der Grabkunst spielt der Reliefschmuck eine wichtige Rolle. In die Stelen aus dem siebten Jahrhundert sind Bilder und Zeichen gemeißelt: Kreuze, geometrische und Blumenmotive, Figuren von Heiligen und Spendern. Die Kompositionen gehorchen keiner festgelegten liturgischen Ordnung. Die frontal dargestellten Figuren stehen aufrecht und allein in übereinanderliegenden Rechtecken. Die Köpfe ruhen auf kleinen Körpern. Die Augen sind sehr groß, die Nasen winzig, Mund und Ohren verwischen. Die Fältelung der Gewänder beschränkt sich auf parallele Riefen. Die Figuren sind den Prototypen des Mönches, des Bischofs und des Kriegers nachempfunden. Die Spender unterscheiden sich durch ihre zeitgenössische Kleidung und den Gebetsgestus ihrer Hände. In den Gruppenszenen sind ikonographische Prototypen des Evangeliums oder des Alten Testaments wiedergegeben, so etwa das Opfer Abrahams, die Drei Jünglinge im Feuerofen und Daniel in der Löwengrube.

Mosaike sind selten. Das berühmteste befindet sich in Jerusalem, nahe dem Damaskustor. Mit seinen Weinranken und Früchten, Vögeln und Pfauen entspricht das Dekor dem, was man in den Kirchen und Synagogen jener Zeit findet. Die Identität der Künstler ist nicht bekannt. Das einzig spezifisch Armenische an der Komposition ist die Inschrift, die sie bekrönt: «Zum Gedenken und für das Seelenheil aller Armenier, deren Namen der Herr kennt.» Von den Wandmalereien sind nur wenige Reste erhalten; die bekanntesten findet man in Lmbat, Arudj und Goch. Die Miniatur ist durch zwei Blätter mit vier Gemälden vertreten, die nachträglich dem 989 entstandenen Etschmiadsin-Evangeliar eingefügt wurden. Die vier Miniaturen und der Einband stammen aus derselben Epoche, weisen aber deutliche stilistische Unterschiede auf. Die beiden Elfenbeinplatten des Einbands sind an dieselbe traditionelle Komposition angelehnt. Zwei Engel, die eine mit einem Kreuz versehene Krone halten, nehmen das obere Feld ein.

59. *Jungfrau mit dem Kind,* Kapitell aus Dwin, 6. Jh., Museum für armenische Geschichte, Erewan.

60. *Christus,* Stele aus Haridj, Museum für armenische Geschichte, Erewan.

Zentrale Figur auf der ersten Platte ist der Thronende Christus, auf drei Seiten mit fünf neutestamentlichen Szenen aus seinem Leben umfangen. Auf der zweiten Platte rahmen fünf Marienszenen die Thronende Jungfrau. Dieses byzantinische Werk aus dem sechsten Jahrhundert entspricht den Kanones der frühchristlichen Kunst in der römischen Antike. Die vier tadellos erhaltenen Miniaturen zeigen einen anderen Stil. Dargestellt werden *Die Verkündigung an Zacharias,* die *Verkündigung Mariä,* die *Anbetung der Weisen* und die *Taufe Christi.* J. Strzygowski schreibt sie einer syrisch-palästinensischen Werkstatt zu. In der Ausführung entsprechen sie der im hellenisierten Orient verbreiteten griechisch-iranischen Kunst. Vorquellende Augen beherrschen die runden Gesichter. Der Erzengel trägt mit Augenflecken verzierte Flügel aus Pfauenfedern, die mit Grün und Gold durchzogen sind. Mit ihren gespreizten Knien und geschlossenen Hacken gleichen die Drei Weisen thronenden sassanidischen Herrschern, und einer von ihnen hat ein iranisches Profil mit langem spitzem Bart. Die Gefäße, die sie tragen, sind parthischen Typs. Die Säulen der Gebäude sind korinthisch. Die antike Muschel umgibt das Gesicht
Tafel 25a der in der Mitte thronenden Jungfrau. Das Bild der Taufe illustriert das antike ikonographische Modell, bei dem das Wasser des Jordan den noch jugendlichen Christus bis zum Ellenbogen bedeckt. Ein breites verziertes Band rahmt die Szene. In den vier Ecken sind vier mit Kreisen umfangene Gesichter zu sehen, wahrscheinlich die Evangelisten. Ein mehrfach wiederholtes Motiv auf dem Rahmen symbolisiert die Eucharistie: ein Pelikan, der aus einem goldenen, auf einem Hostienteller stehenden Kelch erscheint und seine Jungen mit seinem Blut nährt.

Das Bild und das Kreuz

Die großen Strömungen der armenischen Kunst zeichnen sich zu Beginn des Mittelalters ab. Die theologische Auseinandersetzung in Byzanz konzentriert sich unter der syrischen und der amorischen Dynastie auf den Bilderstreit. Der Triumph der Orthodoxie bringt den Sieg der Ikonodulen. Ostrom stellt die monophysitischen Armenier auf eine Stufe mit den Ikonoklasten. Das nicht-chalkedonensische Armenien bezichtigt die Griechen der «Ikonolatrie». Die dogmatische Debatte ist nicht von den vielfältigen Konflikten zu trennen, die Armenier und Griechen zu Widersachern machen. Wie die verschiedenen Regionen des christlichen Orients lehnen anfangs auch die Armenier das Hochrelief ab und beschränken sich auf Gemälde oder Flachreliefs. Hypatios von Edessa formuliert diese verbindliche Position wie folgt: «Wir erlauben, daß auf Holz und Stein gezeichnete Bilder verehrt werden, aber keine skulptierten Bilder.»[5] Die Lehrsätze von Chalkedon trennen Byzanz vom Orient. Die Armenier bekunden häufig eine deutliche Abneigung gegenüber Byzanz. Dennoch werden die Bande niemals zerschnitten. Mehr als einmal gelingt es der kaiserlichen Macht, in Armenien eine Hierarchie einzusetzen, die sich zur Lehre der Reichskirche bekennt. Doch eine Union mit den «Römern» wird stets abgelehnt. Diese Zurückweisung geht immer mit einer großen Faszination einher. Gegen Ende des sechsten Jahrhunderts verbietet der Katholikos Mose II. seinen Gläubigen, aus Byzanz Bücher, Bilder und Reliquien zu beziehen. Auf einer 632 in Karin abgehaltenen armenisch-byzantinischen Synode erklärt Theodor von Siunik unmißverständlich: «Wir sind ein Wir und ein Sie; sie sind der wahre Stamm und wir ein Ast, der aus ihm sprießt und der von ihm den Glauben und alle christliche Ordnung erhalten hat.»[6] Im Gegensatz zu solchen Äußerungen führt der Katholikos Eghia Ardjischetsi zu Beginn des achten Jahrhunderts einen erbitterten Feldzug gegen die Lehre von Chalkedon. Sein Nachfolger, der Katholikos Simeon, läßt sogar die Bücher aus Eghias Bibliothek in den Fluß werfen, weil er sie für «chalkedonensisch» hält! In der gleichen Epoche schreibt Vranes Kertogh eine Abhandlung, die der Verteidigung der Bilder gewidmet ist. Die Armenier, so schreibt er, seien unfähig, Bilder anzufertigen, und benützten deshalb die der Griechen für ihre Zwecke. Zu der Zeit, als der Bilderstreit aufflammt, bricht Armenien unter dem Druck von Griechen und Arabern zusammen. Gegen Ende des zehnten Jahrhunderts nimmt das Land aus Widerstand gegen die wachsende Bedrohung durch Byzanz offenbar eine ablehnende Haltung gegenüber der Ikone ein, die zum Symbol des chalkedonensischen Glaubens der Griechen

61. *Verkündigung an Zacharias,* Etschmiadsin-Evangeliar, 7. Jh., Matenadaran, Erewan.

62. *Verkündigung Mariä,* Etschmiadsin-Evangeliar, 7. Jh., Matenadaran, Erewan.

63. *Anbetung der Heiligen Drei Könige,* Etschmiadsin-Evangeliar, 7. Jh., Matenadaran, Erewan.

geworden ist. Auf der Synode von Ani im Jahr 969 wird der Katholikos Vahan I. abgesetzt, weil er mehrere georgische Ikonen auf dem Altar ausgestellt hat: In Armenien war es üblich, den Altar nur mit einem Kreuz und einer einzigen Ikone zu schmücken. Vahan hatte gegen diesen «Kanon» verstoßen und sogar verboten, den Gottesdienst ohne eine Ikone zu feiern. In ähnlicher Weise hatte er die Kirchen nach griechischem Vorbild mit einer Fülle von Ikonen ausstatten lassen.

Die Absetzung dieses bilderfreundlichen Bischofs bleibt ein Zwischenspiel, das im Zusammenhang mit der byzanzfeindlichen Politik der Zeit zu sehen ist. Wie die anderen nicht-byzantinischen Ostkirchen formuliert auch die armenische Kirche kein Dogma, das den Umgang mit Bildern regelt. Der armenische Patriarch von Konstantinopel, Malachias Ormanian, sagt dazu: «Der Bilderkult hat, wie auf dem zweiten Konzil von Nicäa klargestellt wurde, eher einen zeremoniellen denn dogmatischen Charakter. Die armenische Kirche hat diesen Kult nie ganz verboten, sondern stets nur auf ein kleines Maß beschränkt. Statuen kommen in Erinnerung an die Abgötterei der Antike nicht in Betracht. Gemälde und Flachreliefs hingegen werden gesegnet und mit geweihtem Öl gesalbt, um sie von Gegenständen der gewöhnlichen Kunst zu unterscheiden. Und sie werden erst nach ihrer Einsegnung auf den Altären aufgestellt. Im Gegensatz zu der Gepflogenheit anderer Glaubensgemeinschaften, das Innere ihrer Häuser mit Ikonen zu schmücken, hat kein Armenier ein heiliges Bild bei sich zu Hause.»[7] Der armenische Kult ist weder bilderfreundlich noch bilderfeindlich. Er hält sich stärker an das Kreuz als an das Bild, ohne das Bild jemals abzulehnen und die Rolle, die es im religiösen Leben spielt, anzufechten, eine Rolle, die namhafte Vertreter der gregorianischen Kirche bis heute immer wieder zu Recht unterstrichen haben. Die Kirche fügt das Bild in ihre Monumentaldekors ein, ohne aber seine Verbreitung zu fördern. Das stets verklärende Bild wird auf verschiedenen Materialien sichtbar. Die Kreativität der Maler und Bildhauer bleibt ungebrochen, in der Zeit der «kümmerlichen Ähren» wie in der Zeit der «schönen Ähren». Die Charakteristika dieses künstlerischen Schaffens zeigen sich unabhängig von politischen Konjunkturen. Die «auf Stein gezeichneten» Bilder fügen sich dem bildhauerischen Schmuck der Sakralbauten ein. Die eigentliche figürliche Komponente ist offenbar immer auf das Wesentliche reduziert. So sind die wenigen «ikonisierten» porträtartigen Figuren in den wichtigsten Bauwerken Armeniens einem ornamentalen, anikonischen Dekor einverleibt. Ähnlich reserviert scheint man gegenüber der Wandmalerei gewesen zu sein. Die wenigen Freskenzyklen, die in bestimmten Kirchen zu sehen sind, stammen oft von georgischen oder griechischen Künstlern. Die Ikone, das Sinnbild und Paradigma der byzantinischen Kirche, scheint in Armenien ohne Bedeutung zu sein. Ihr Hauptbetätigungsfeld findet die Malerei in der Buchkunst. Ob Evangeliare, Bibeln, Lektionare, Hymnare, Synaxare oder Homiliare: Die Handschriften werden religiös kalligraphiert und mit Bildern geschmückt. Sie genießen eine tiefe Verehrung, und die frommen Armenier schreiben ihnen unheilabwehrende Kräfte zu. C. Delevoye schreibt dazu: «Das Buch hatte in der Frömmigkeit der Armenier einen ähnlichen Stellenwert wie die Ikone in Griechenland. Die Armenier führten auf ihren militärischen Feldzügen eine Handschrift des Evangeliums mit sich.»[8] In Armenien selbst wie auch in seinen nahen und fernen Kolonien erlebt die Buchkunst eine eindrucksvolle Blüte. Die Ikonographie verbindet sich mit der Schrift. Von Epoche zu Epoche bringt sie in Osmose mit der Tradition und mit den benachbarten Kulturen und Künsten stilvolle Schriften hervor.

Das abbasidische Armenien

In der zweiten Hälfte des siebten Jahrhunderts gerät das christliche Armenien in die Einflußsphäre des Islam und wird einer riesigen «Provinz» eingegliedert, die vom Kaukasus bis zum Taurus reicht. «Dieses Gebiet, dessen zentrale Region dem historischen Großarmenien entspricht, wird von den Arabern ‹arabische Provinz Armenien› genannt. Diese Provinz war anfangs eine von neun Provinzen und später eines von fünf Vizekönigtümern, die das Reich des ersten osmanischen Kalifen bildeten. In ihm lebten Angehörige verschiedener Völker: Griechen, Juden, Syrer, Kurden, Perser, Georgier, Aghulen, Alanen,

Chasaren und diverse Bergstämme. Die Armenier, so scheint es, bildeten den größten und rührigsten Bevölkerungsteil. Daher auch der Name Armenien, den dieses riesige Gebiet im übrigen seit jeher trug, zumindest sein größter zentraler Teil.»[9] Armenien wird nicht so bald in den Genuß eines «arabischen Friedens» kommen. Die islamischen Eroberer träumen von Byzanz und seiner königlichen Stadt. Armenien bildet das Schlachtfeld, auf dem die beiden Kontrahenten ihre Kriege austragen. Byzanz versucht, es zurückzuerobern. Armenien lehnt es ab, das Dogma von Chalkedon anzuerkennen, und hält hartnäckig an seinem Bekenntnis und seiner religiösen Unabhängigkeit fest. Für die Kirche brechen schwere Zeiten an. Zwischen 728 und 755 wechseln sich zwölf Oberhäupter auf dem Stuhl des Katholikos ab. Im neunten Jahrhundert verliert das Kalifat an Macht. Zwischen den beiden Reichen im Osten stellt sich ein Kräftegleichgewicht her. «Die Eroberung Konstantinopels verschwindet aus der Politik und der Propaganda und geht in den Bereich der Legende und der Eschatologie ein. Sie wird fortan ans Ende der Tage verschoben und zum Vorzeichen des Jüngsten Gerichts.»[10] Das abbasidische Armenien besitzt eine unabhängige Verwaltung. Das Kalifat setzte Vasallenfürsten ein. Im Jahr 862 wird Aschat der Bagratide als «Fürst der Fürsten Armeniens, Georgiens und der Kaukasusländer» anerkannt. Sein Neffe Aschot wird 886 vom Kalifat zum König ernannt. Kaiser Basileios I. sendet ihm seinerseits eine Königskrone. Das stillschweigende Einvernehmen zwischen den beiden Mächten macht aus Armenien einen Pufferstaat, der offen ist für den vielfältigen Austausch der beiden Reiche.

Das monumentale Symbol dieser Epoche ist die berühmte, Anfang des zehnten Jahrhunderts von Gagik I. erbaute Kreuz-Kirche auf der Insel Ahtamar. Die Außenfassaden sind mit einem ungewöhnlich reichen Reliefdekor geschmückt. Die Fresken im Inneren der Kirche bieten einen umfassenden ikonographischen Zyklus. Die Thematik der Reliefs ist vielfältig und kosmopolitisch. Religiöse und höfische Szenen bilden ein einheitliches, homogenes Programm. Die ganzfigürlich dargestellte Gestalt eines Evangelisten überragt den Zentralgiebel jeder Fassade. Auf der Westfassade ist König Gagik dargestellt. Mit einer Gloriole umgeben und mit einem mit Vögeln verzierten Königsmantel bekleidet, übergibt er nach byzantinischer Regel Christus die Kirche. Auf der Ostfassade erkennt man einen König, der in orientalischer Haltung zwischen Angehörigen seiner Garde sitzt, die Kaftane tragen. In der einen Hand hält er den Weltenbecher, in der anderen eine Traube. Isporuglu hat das Werk in seinen historischen Kontext gestellt und in dem Herrscher den Kalifen gesehen, der die Königswürde seines Vasallen Gagik bestätigt hat. K. Otto-Dorn übernimmt diese Interpration und betrachtet das Werk von Ahtamar, das «al-Muk-

64. *Der speisende König,* Kreuzkirche, Ahtamar.
65. *Phantasietier,* Kreuzkirche, Ahtamar.

66. *Heiliger Georg der Erleuchter,* Kreuzkirche Ahtamar.

67. *Jonas wird dem Wal vorgeworfen,* Kreuzkirche Ahtamar.

68. *Jungfrau mit dem Kind,* Kreuzkirche Ahtamar.

69. *Daniel in der Löwengrube,* Kreuzkirche Ahtamar.

70. *Adam,* Kreuzkirche Ahtamar.

tader in thronender Majestas-Haltung zeigt, gewissermaßen als Huldigung des armenischen Fürsten an die Loyalität des abbasidischen Kalifen».[11] S. Der Nercessian widerspricht dieser Interpretation: «Der speisende König von Ahtamar ist wie der an die Decke der Cappella Palatina in Palermo gemalte Herrscher durch die muslimische Kunst inspiriert, und kein Porträt.»[12] Ob symbolische Figur oder idyllisches historisches Porträt, der speisende König ist in eine quasi-islamische Umgebung eingebettet. Das Jagddekor zeigt eine weitere Königsfigur: In militärischer Uniform und zu Pferde erlegt der königliche Jäger mit einem Pfeil den Bären, der ihn bedroht. Zahlreiche Elemente sind auf abbasidischen Einfluß zurückzuführen: die Musiker und Tänzerinnen, die Ringkämpfe, die Tierdarstellungen oder die menschlichen Masken. Die gehenden Frauenfiguren erinnern an die berühmten Krugträgerinnen der Gemälde in Samarra. Dem Gazellenträger liegt ein iranisch-arabischer Prototyp zugrunde. Das Tierreich ist zahlreich vertreten, durch «reale» Tiere wie Hund, Hase, Gazelle, Stier, Fuchs, Löwe, Wildschwein, Hahn und anderes Geflügel, aber auch durch Fabeltiere wie den Greif, die Sphinx, den Vogel-Widder und den geflügelten Fisch. Die religiöse Thematik umfaßt Szenen aus der Bibel, dem Evangelium und der Hagiographie. Die Heroen des Alten Testaments nehmen den größten Teil des Ensembles ein. Man erkennt Adam und Eva im Paradies, Abrahams Opfer, Daniel in der Löwengrube, die drei Jünglinge im Feuerofen, den Kampf zwischen David und Goliath, Samson, der einen Philister niederschlägt, die Zyklen von Jonas, Mose, Saul, Elija, Jesaja und Ezechiel. Die Szenen aus dem Evangelium beschränken sich auf zahlreiche Darstellungen Christi und der Jungfrau, in ganzer Figur, als Medaillon oder in thronender Haltung. Die Heiligendarstellungen schöpfen aus der armenischen Geschichte. Man erkennt die drei Apostel Thaddäus, Bartholomäus und Gregor den Erleuchter, die heiligen Krieger Georg, Sergius und Theodor sowie die beiden Artsruni-Fürsten Sahak und Hamazasp, die 786 durch arabische Hand den Märtyrertod starben. Engel, Seraphim und Kreuze umgeben die verschiedenen Protagonisten. Auch hier finden sich wieder Tiere. Ein gemessen-feierlicher Charakter prägt die zahlreichen Figuren. Die Bewegung in den narrativen Szenen bleibt auf stereotype Gesten beschränkt. Die antiken Gewänder sind luftiger, ihre Falten sind extrem schematisch und abgeflacht dargestellt. Die Artsruni-Fürsten tragen Kaftane mit reichverzierten Gürteln. König Saul ist mit einem ähnlichen orientalischen Gewand und einem Turban bekleidet. Der König von Ninive nimmt eine orientalische Sitzhaltung ein. Ein Seeungetüm ersetzt den Wal des Jonas. Obwohl die abwechslungsreiche und komplexe Komposition sich von jeder liturgischen Ordnung löst, bewahrt sie ihre Einheit, und ihre verschiedenen Elemente harmonieren eindrucksvoll mit dem Ensemble der Fassaden.

Die Wandmalereien im Innenraum stellen auf drei Feldern den großen Evangeliumszyklus dar. Die traditionellen Kirchenfeste werden durch andere Episoden aus dem Leben Christi ergänzt. Fünfundzwanzig aneinandergereihte Szenen erzählen von der Kindheit des Gottessohnes, seinen öffentlichen Auftritten, seiner Leidensgeschichte, seiner Auferstehung und seinem zweiten Kommen. Ein Zyklus, der die Genesis behandelt, ist auf dem Tambour zu sehen, ganzfigürlich dargestellte Bischöfe schmücken die Brüstungen. Der Stil der Fresken befindet sich in einem vollkommenen Gleichgewicht mit dem Stil der Reliefs an den Außenfassaden. In den figurenreichen Szenen sind die Nebenfiguren und die räumlichen Elemente auf einer Bildebene angesiedelt. Die Behandlung der Drapierung ist ähnlich wie bei den Reliefs. Das Werk ist Ausdruck mittelalterlicher mesopotamischer Kunst. «Die runden Gesichter und die Schmachtlocken der weiblichen Figuren spiegeln ebenso den zeitgenössischen abbasidischen Geschmack wider wie die fein gezeichneten Bärte unter den winzigen Nasen der männlichen Gesichter. Das bewegliche Inventar, die hängenden Lampen, die Schemel, die Kannen, Becher und Krüge sowie das architektonische Dekor, die luftigen Galerien und vor allem das Mausoleum aus Backsteinen und Stuck, welches das Grab Christi darstellt, alle diese Elemente entführen uns in ein muslimisches Milieu.»[13]

Kosmopolitisch und anspruchsvoll schmücken sich die armenischen Königreiche mit allen Stilen. In Tatew werden westliche Künstler beauftragt, die Innenwände der Kirche zu bemalen, die dem heiligen Petrus und dem heiligen Paulus geweiht ist. Nach Stefan Orabalian läßt Bischof Johannes «von weither, vom Volk der Franken, Zeichner und *zoracs* oder Bildermaler kommen, denen er den kostspieligen

Auftrag erteilt, die Kuppeln des Tempels auszumalen».[14] Ursprünglich waren in der Apsis der thronende Christus, die Propheten sowie die Jungfrau und Johannes der Täufer, umgeben von den Aposteln, zu sehen. Eine große *Geburt Christi* prangte an der Nordwand. Das *Jüngste Gericht* schmückte zusammen mit der *Auferstehung der Toten* die Westwand. Die Reste dieser Fresken lassen einen kraftvollen und lebendigen Stil erahnen. Die Gesten der Figuren sind ausdrucksstark und verraten lebhafte Bewegung. Die Inschriften auf den Schriftrollen sind armenisch. Das Werk steht in der nachkarolingischen byzantinischen Tradition und läßt eine «Mischkunst» erkennen, «die an die römische und norditalienische Kunst des achten bis zehnten Jahrhunderts erinnert, an die Miniaturen der Adagruppe, der Schule von Tours und der Reichenauer Schule vom Ende des zehnten Jahrhunderts».[15]

Die zwischen dem neunten und zwölften Jahrhundert angefertigten Handschriften zeigen dieselbe Stilvielfalt. Das Evangeliar der Königin Mlke[16] ist die älteste. Die Gemahlin Gagiks I. soll es 862 in Auftrag gegeben haben, um es dem Kloster Varag zu schenken. Seine Miniaturen sind in antikem Stil gehalten. Wasserszenen schmücken die Konkordanztafeln, die vier Evangelisten sind nach dem Vorbild der klassischen Autorenporträts gemalt, und die Himmelfahrt entspricht der im fünften und sechsten Jahrhundert formulierten Typologie: Christus in der Mandorla im oberen Feld, die Jungfrau zwischen den Aposteln im unteren Feld. Das aus dem Jahr 989 stammende Etschmiadsin-Evangeliar[17] ist mit Initialen in vorbyzantinischem Stil geschmückt. Die Spalten der Kanones sind von Vögeln, Granatäpfeln, Blumen und Geflügel umgeben. Der bartlose und jugendliche Christus thront zwischen Petrus und Paulus. Die Jungfrau mit dem Kind sitzt, betend die Arme erhoben, in einem Raum, der von zwei geschlossenen Vorhängen gerahmt wird. Das Evangeliar von 1038[18] weist einen ganz anderen Stil auf. Der Maler arbeitet mit stark reduziertem Material. Die Protagonisten der Sujetbilder werden auf leerem Grund dargestellt. Gold fehlt völlig. Das zeichnerische Element dominiert. Die Temperafarbe wird verdünnt und wie Aquarellfarbe verwendet. Die Komposition besticht durch ihre Originalität und Kühnheit. Die Prototypen der Feste sind spürbar modifiziert, und der Künstler schreckt nicht davor zurück, die Erscheinung des Herrn, das Heilige Abendmahl, die Kreuzigung und die Auferstehung «neu zu erfinden». Die traditionellen Vorlagen der Feste finden sich im Moghni-Evangeliar[19], dessen Malereien an die byzantinischen Felsfresken erinnern. Der Maler hält sich zwar getreu an die Komposition der Geburt Christi, schreibt aber den Namen Eva über die Hebamme, die das Christuskind hält, und erinnert mit dieser simplen Namensnennung an die apokryphe armenische Geschichte, nach der Joseph auf der Suche nach einer hebräischen Hebamme unterwegs eine Frau traf, «die aus den Bergen kam». Er fragte sie nach ihrem Namen, und sie entgegnete: «Warum fragt Ihr mich nach meinem Namen? Ich bin Eva, die Stammutter aller Menschen, und ich bin gekommen, um mit eigenen Augen zu sehen, wie meine Erlösung vonstatten geht.»[20]

Obwohl die armenische Buchmalerei sich auf eine sehr enge religiöse Thematik beschränkt, zeigt sie eine stilistische Vielfalt. Sie enthält antike, byzantinische, volkstümliche und naive Elemente und wagt zugleich kühne Neuerungen. Zuweilen findet sich diese Vielfalt in ein und derselben Handschrift. Das Evangeliar[21], das im elften Jahrhundert für König Gagik von Kars angefertigt wurde, ist dafür ein treffendes Beispiel. Eine durch ihre gekonnte Ausführung besonders beeindruckende Miniatur stellt die Königsfamilie dar. Mit ungewöhnlicher Kraft und Meisterschaft bedient sich der Künstler der islamischen Malweise. Der König, die Königin und ihre kleine Tochter «sitzen in orientalischer Haltung auf einem Diwan, über den ein roter Teppich gebreitet ist, den Elefanten mit langen Rüsseln, Vögel und Blumen in perlenbestickten Kreisen zieren. Auf dem purpurnen Mantel Gagiks sieht man Medaillons mit Steinböcken, eingefaßt in zwei Perlenreihen und mit einem Rankenornament aus Palmetten geschmückt. Kleine Kreise mit vier Palmetten, die in Form eines Kreuzes angeordnet sind, füllen die Fläche zwischen den großen Medaillons aus. Kufische Buchstaben sind in das Streichgarn des Mantels und in die weißen Streifen des roten Vorhangs im Hintergrund eingearbeitet.»[22] Miniaturen, die dem Evangelium gewidmet sind, halten sich an die byzantinische Tradition in ihrer ganzen Reinheit. Die Gesichter, die Gewänder, die Landschaften und die Architektur folgen getreu dem hellenisierenden Stil der makedonischen Epoche.

71. *Himmelfahrt,* Evangeliar der Königin Mlke, 862, Biblioteca di S. Lazzaro, Venedig.
72. *Ganzfigurenbild eines Evangelisten,* Evangeliar der Königin Mlke, 862, Biblioteca di S. Lazzaro, Venedig.
73. *Christus und Apostel,* Etschmiadsin-Evangeliar, 989, Matenadaran, Ahtamar.
74. *Tempel,* Etschmiadsin-Evangeliar, 989, Matenadaran, Ahtamar.

Mit dem elften Jahrhundert beginnt eine lange Zeit der politischen Wirren. Das in rivalisierende Fürstentümer zerstückelte Armenien wird zum Brennpunkt internationaler Auseinandersetzungen. Die Fürstentümer im Norden stehen unter arabischer Oberhoheit, die im Süden werden von Byzanz unterstützt. Die Seldschuken betreten die Bühne. Byzanz verstärkt den Druck: Seine Truppen annektieren 1054 das Bagratidenreich. Zehn Jahre später herrschen die Seldschuken über Armenien. Die Grenzen bleiben unsicher. Georgien erobert Nordarmenien. Das Land fällt an große Feudalherren. Die Herrschaft wird von armenischen Fürsten, Vasallen Georgiens, ausgeübt. Im Jahr 1220 fallen die Mongolen in das Land ein, 1237 erkennen die armenischen Feudalherren ihre Lehnsherrlichkeit an. Im Zuge dieser Ereignisse emigrieren Armenier in Richtung Norden, um in Georgien, auf der Krim, in Polen, Moldawien, in der Walachei und in Ungarn Zuflucht zu suchen. Andere wenden sich nach Süden und ziehen in die Kommagene, nach Syrien und Karaman. Im fatimidischen Ägypten formiert sich unter dem christlichen Wesir Bahram mit dem Beinamen «Schwert des Islam» eine Kolonie von dreißigtausend Armeniern. In Kilikien erlangen die Armenier ihre Souveränität: Die Rubenidendynastie gründet dort ein Königreich, das von 1087 bis 1375 bestehen bleiben wird.

Im Innern prägen die konfliktträchtigen Treueverhältnisse die Politik der rivalisierenden Feudalherrn. Die Kirche wird durch eine Reihe theologischer und juristischer Streitigkeiten erschüttert, die in der Abspaltung abtrünniger Patriarchate und in der Einrichtung neuer Bischofsstühle in Kilikien und Jerusalem gipfeln. Wie A. Brissaud unterstreicht, «erscheint das armenische Volk unerschütterlich wie ein Fels, aber dieser Fels hat Risse bekommen wegen der anhaltenden Differenzen, Rivalitäten und Spannungen im Innern».[23] Kleinere Kriege zwischen Armeniern begleiten die wechselhafte Bündnispolitik dieser Jahrhunderte. Zwei Armenien spielen dabei unabhängig voneinander eine Hauptrolle. Das östliche Großarmenien unterwirft sich den mongolischen Machthabern und verlegt den Sitz seiner Kirche nach Hromgla am Euphrat. Daneben entsteht in Kilikien, weit vom Mutterland entfernt, ein armenisches Königreich. Seine Gründung geht mit der Bildung der lateinischen Orient-Staaten in Edessa, Antiochia, Tripoli und Jerusalem einher. Seine Machthaber gehen zahlreiche Bündnisse ein, um ihre wackelige Souveränität zu festigen. Thoros II. nimmt den byzantinischen Statthalter von Kilikien gefangen und verbündet sich mit den Lateinern. Der «Abtrünnige» Mleh trägt Sultan Nuredin seine Unterstützung an und führt einen doppelten Krieg gegen Lateiner und Griechen. Ruben III. verfolgt eine entschieden lateinerfreundliche Politik, und Fürst Leon II. wird 1198 mit dem Segen der Kreuzfahrer unter dem Namen Leon I. zum König ausgerufen. Aus dem Baronat wird ein Königreich. Auch Alexis III. Angelos schickt dem armenischen König eine Krone und ruft ihn dazu auf, sich von den Lateinern abzuwenden: «Setze Dir nicht das Diadem aufs Haupt, das Dir die Römer gegeben haben», schreibt er, «denn Du bist uns viel näher als Rom.»[24] Im dreizehnten Jahrhundert setzt Hetum I. auf die mongolische Karte und wird «Kirchenberater» des Chans. Später kehrt er dem «Pomp des Jahrhunderts» den Rücken, tritt dem Franziskanerorden bei und überläßt den Thron seinem Sohn und Erben Leon II. Rom drängt auf die Rückkehr der häretischen Kirche zur Mutterkirche. Doch die Union wird immer auf Mißbilligung stoßen. Wie heute der Katholikos Karekin II. unterstreicht, «waren die Beziehungen zur lateinischen Kirche, der mächtigsten der Epoche, in politischer Hinsicht seitens des armenischen Volkes von dem Bemühen um Sicherheit und Schutz getragen, seitens der lateinischen Kirche von dem Wunsch nach Macht und Expansion».[25] Kleinarmenien widersetzt sich heftig den Bestrebungen der Lateiner. Im Lauf der Jahre lockern sich Bindungen zu Rom. Zu der Zeit, als das Königreich untergeht, bezeichnet ein Dominikaner die Armenier als die «schlimmsten Häretiker» von allen Orientalen. Da «der Klerus ebenso in Irrtümern befangen ist wie das Volk», würden sie sich niemals ändern, so wie auch «der Äthiopier nicht aus seiner Haut kann».[26] Die Mamelucken vernichten das armenische Heer 1262. Im Jahr 1307, als die geschlagenen Franken den Rückzug aus dem Orient antreten, beruft König Ochin das Konzil von Sis ein und unterzeichnet eine Zwangsunion mit Rom. Der Widerstand des Klerus und der Gläubigen wird in Blut ertränkt. Die Doctores werden eingekerkert, die Mönche nach Zypern deportiert.

75. *Kreuzigung,* Evangeliar aus Van, 1038, Matenadaran, Ahtamar.

76. *Die Taufe Christi,* Evangeliar aus Van, 1038, Matenadaran, Ahtamar.

77. *Porträt der Königsfamilie,* Evangeliar des Gagik von Kars, 11. Jh., armenisches Patriarchat, Jerusalem.

78. *Christus und der Reiche,* Evangeliar des Gagik von Kars, 11. Jh., armenisches Patriarchat, Jerusalem.

79. *Geburt Christi,* Mughni-Evangeliar, 11. Jh., Matenadaran, Erewan.

80. *Der Evangelist Johannes,* Horomos-Evangeliar, 1181.

Aus Protest gegen das unionistische Konzil von Sis nimmt der armenische Bischof Sarkis in Jerusalem mit dem Segen des Sultans von Ägypten, Nasser Mahomed, den Titel des Patriarchen an. 1439 bestätigt das Konzil von Florenz die in Sis verkündete Union: Ostarmenien fordert den Katholikos von Kilikien, Gregor IX., auf, die Entscheidung des Konzils zu mißbilligen und seinen Sitz nach Etschmiadsin zu verlegen. 1441 wählen die «Ostarmenier» einen Gegenkatholikos und richten in Etschmiadsin seine Residenz ein. Kilikien verläßt die Union, besteht aber darauf, seinen eigenen Katholikos zu behalten. Am Ende dieser turbulenten Epoche verfügt die armenische Kirche über drei Patriarchenstühle und drei Oberhäupter. Einige Jahre später, als die Osmanen erstarken und ihr Reich errichten, wird Armenien sogar einen vierten Bischof erhalten. Er wird auf dem «armenisch-orthodoxen Stuhl von Konstantinopel» Platz nehmen.

Allen politischen Wirren zum Trotz zeichnet sich die Kunst dieser Zeit durch eine große Vielfalt aus. Der architektonische Schmuck der Sakralbauten verändert und verfeinert sich. Der Sturz der Seldschuken-Dynastie und die Zerstückelung ihres Reiches wirken sich anscheinend nicht negativ auf die Kunst in Kleinasien aus. Ebensowenig hemmt der Einfall der Mongolen die Kreativität der Baumeister und Handwerker. Das transkaukasische Armenien partizipiert an den Neuerungen der Epoche. Die islamische Kunst drückt der Ornamentik ihren Stempel auf. Ob Sterne, Dreiecke, Polygone, Laubwerk oder Palmetten: Linien und Formen schlingen sich ineinander, überschneiden sich und vermehren sich endlos. Das Figürliche verschmilzt mit dem Geometrischen. Pflanzenornamente erfreuen sich größter Beliebtheit und werden mit neuen Früchten geschmückt. Verschiedenen antiken Kulturen entlehnte Tierfiguren bevölkern diese Welt der Zeichen. Obwohl sie weder der Bibel noch dem Koran entstammen, erscheinen sie in christlichen und muslimischen Dekors. Aus den bekannten Fabeltieren entstehen neue Zwitterformen. Da ist eine neue Chimäre zu sehen, die den Kopf einer Frau und den Rumpf einer Ziege hat, dazu Adlerschwingen und einen schlangenartigen Schwanz. Andere Beispiele sind ein Greif mit Adlerkopf, dessen Löwenkörper mit Flügeln versehen ist, oder ein geflügeltes Reptil, auf dessen Drachenkörper der Kopf eines Löwen sitzt. Diese heraldischen Geschöpfe verschmelzen, ob sie nun Glück bringen oder Unheil abwenden sollen, mit den Ornamenten, ohne daß ihnen eine genaue Funktion oder eine klare Bedeutung zuzuschreiben wäre. Die christliche Thematik verleiht diesem Dekor seine

81. Tür aus dem Kloster der heiligen Apostel in Musch, 1134, Museum für armenische Geschichte, Erewan.
82. Türsturz aus dem Kloster der heiligen Apostel in Musch, Ausschnitt: *Der heilige Theodor,* 1134, Museum für armenische Geschichte, Erewan.

Rechte Seite
83. Hatschkar, Noraduz.
84. Hatschkar, Geghard, 1213.
85. Hatschkar, Etschmiadsin.

religiöse Identität. Das Kreuz ist das wichtigste Zeichen. Die Darstellungen Christi, seiner Mutter und der «Glieder seines Körpers» sind stilisiert und fügen sich dem Dekor harmonisch ein. Die im Historischen Museum Armeniens aufbewahrte Tür aus dem Kloster der Heiligen Apostel in Musch ist ein typisches Beispiel für diese Kunst. Eine Inschrift datiert sie in das Jahr 1134. Die beiden Füllungen zeigen eine rein geometrische Komposition: Acht sternenübersäte Achtecke bilden ein Geflecht aus Bändern, die sich überkreuzen und dabei Rauten und Kreuze zeichnen. Der Rahmen zeigt ein gegenständliches Dekor: Im Innern eines anmutigen seldschukischen Rankenornaments nehmen menschliche Figuren und Tiere Gestalt an. Auf dem Sturz sind neben einem geflügelten Tier und einer Sirene fünf menschliche Silhouetten zu erkennen. In der Mitte bläst ein Fußgänger Trompete. Zwei Reiter flankieren ihn. Nur der Name des heiligen Theodor ist lesbar. Anikonische Fläche, ikonischer Rahmen: Dieses Muster findet sich in den spezifisch armenischen Kompositionen wieder, die von einem großen Kreuz in der Mitte beherrscht werden. Man sieht es regelmäßig im architektonischen Schmuck von Gebäuden wie auch auf den berühmten Grabsteinen, den sogenannten «Hatschkars».

Das Kreuz, mit dem bei Gott Fürbitte für das Seelenheil eines Verstorbenen eingelegt wird, wird von zwei großen, aus seinem Fuß sprießenden Blättern umfangen. «O, strahlendes Kreuz», preist Johannes Chrysostomos. «Die Sonne verdunkelt sich, die Sterne fallen wie die Blätter, aber das Kreuz strahlt heller als sie alle und nimmt den ganzen Himmel ein.»[27] Traditionelle ornamentale Motive überziehen die Fläche des Steins mit einem feinen Netzmuster in Relief. Figürliche Szenen sind in einem kleineren Maßstab gearbeitet und um das große Kreuz gruppiert, das die gesamte Komposition beherrscht. Zu sehen sind Evangelisten-Figuren, Silhouetten von Heiligen, Darstellungen der Kirchenfeste oder Stifter, Sterne, Blumen und Tiere. Alles und alle dienen der Verherrlichung des Kreuzes: «Das heilige, unbesiegbare Kreuz»[28], sagt Nerses der Anmutige, «strahlt aus dem Osten und verbreitet sich in alle vier Himmelsrichtungen.»[29] Die christliche Ikonographie wird orientalischer. Figuren von unbestreitbarer Originalität schmücken die Fassaden der Kirchen. Die hellenistischen Komponenten verblassen bis zur Unkenntlichkeit. Reliefs erscheinen auf einem Hintergrund aus Flechtwerk. Die Gestalten sind gedrungen, die Gesichter rund und stark überproportioniert. Die Körper sind in Gewänder gehüllt, deren Falten parallele Bögen bilden. Rankenornamente füllen den Raum der Szene aus. Manchmal scheut sich der Künstler nicht, neue Szenen aus dem Evangelium darzustellen. Auf den Fassaden der Mutter-Gottes-Kirche in Amaghu sind, in das Dekor integriert, mehrere Reliefs zu sehen. Zwei

86. *Christus und Apostel,* 14. Jh., Kirche der Gottesmutter, Amaghu.

87. *Erschaffung Adams und Kreuzigung,* 14. Jh., Kirche des Johannes des Täufers, Amaghu.

88. *Jungfrau mit dem Kind,* 14. Jh., Kirche des Johannes des Täufers, Amaghu.

Szenen schmücken die Westfassade: Im Bogenfeld des Portals erkennt man die thronende Jungfrau zwischen den beiden Erzengeln Gabriel und Michael. Christus erscheint in dem Bogenfeld über dem Fenster, flankiert von Petrus und Paulus. Die Apostel sind ganzfigürlich dargestellt. Ihre Gesichter sind im Dreiviertelprofil zu sehen, ihre Hände dem Meister zugewandt. Christus erscheint nach dem Vorbild des Pantokrator als Brustbild: Das Gesicht ist von vorn dargestellt, eine Hand ist zum Segnungsgestus erhoben, die andere hält das Evangelium. Beide Szenen gehorchen der herkömmlichen Ikonographie, aber die verkürzten Rümpfe und die Physiognomie der Gesichter stellen einen klaren Bruch mit dem byzantinischen Modell dar. In der Kirche des heiligen Johannes des Täufers ist das Bogenfeld über der Tür des Portalvorbaus der Jungfrau mit dem Kind gewidmet. Die thronende Mutter hält den Sohn auf ihrem linken Knie. Der Thron ist einem schönen Teppich gewichen, der, gemäß einer in der christlich-islamischen Kunst der Epoche gebräuchlichen Perspektive, detailliert in ebener vertikaler Fläche dargestellt ist. Der Hintergrund ist mit arabischen Blumenarabesken überzogen. Zwei im Profil dargestellte Propheten verschmelzen harmonisch mit diesem Garten aus Flechtwerk. Das Relief, das das Fenster über der Tür des Portalvorbaus schmückt, zeigt eine neuartige Ikonographie der Erschaffung Adams: Der in Frontalansicht als Brustbild dargestellte Alte der Tage erteilt mit einer Hand den Segen, in der anderen hält er den im Profil gearbeiteten Kopf Adams. Zwischen den beiden Köpfen erscheint, in ein Medaillon gefaßt, die Taube des Heiligen Geistes. Links findet eine in kleinerem Maßstab gearbeitete Kreuzigung Platz: Unter der großen segnenden Hand des Schöpfers richtet der gekreuzigte Christus sein von einer Gloriole umgebenes Antlitz zum Himmel. Der Prophet Daniel betrachtet den «Menschensohn», der «bis zu dem Hochbetagten» gelangte (Dan 7, 13).

Diese Reliefbilder führen uns weit von den byzantinischen Schöpfungen weg. Unter der Herrschaft der Feudalherren bringt die Kunst im transkaukasischen Armenien ihre am stärksten orientalisch geprägten Werke hervor. Überproportionierte Gesichter, dicke Backen, ausgeprägte Kinnpartien und Schlitzaugen. Gedrungene Körper, in starrer Haltung stehend oder mit gespreizten Knien sitzend. Hintergründe mit kunstvollen Verzierungen in flachem Relief. Anikonische Ornamente gehen mit einer

89. *Der jagende Amir Hasan,* Kirche der Weißen Jungfrau, 1321, Museum für armenische Geschichte, Erewan.

Fülle von Pflanzen- und Tiermotiven einher. Diese Kunst hat ein asiatisches Gepräge. Die Figuren der Spender spiegeln die Epoche wider: Fürst Eatschi und sein Sohn Amir Hasan sind, beide in mongolischer Kleidung, auf zwei skulptierten Platten in der Kirche der Weißen Jungfrau von Areni zu sehen: Die erste zeigt uns den Herrscher, wie er den Thronfolger in der Kunst des Jagens unterweist, die zweite den im Islam verbreiteten ikonographischen Typus der Jagdszene: Der mit abgewandtem Gesicht auf seinem Pferd reitende Amir Hasan schießt einen Pfeil auf eine flüchtende Hirschkuh ab.

Die zahllosen Hatschkars sind in gleicher Weise geschmückt. Auf dem Rahmen des Steinkreuzes wie auch auf der Fläche, die es umgibt, findet sich ebenfalls diese gegenseitige Durchdringung anikonischer und ikonischer Elemente. Obwohl die Vorliebe für das leere Kreuz bestehen bleibt, werden auch sehr schöne Kruzifixe geschaffen. Das zeichnerische Element dominiert. Der gekreuzigte Leib des Erlösers ist auf seine lineare Form reduziert. Das christliche Armenien nennt ihn den «Erlöser aller». Mit heiterem Gesicht und überlangem Oberkörper, die Arme in unendlicher Gelassenheit ausgebreitet, ruht Christus am Lebensbaum. «Mein Gott», heißt es in der Ode Paul Claudels, «ich seh' ihn ja, den vollendeten Menschen am Kreuz, vollendet am vollendeten Baum.»[30]

Die Wandmalereien zeigen die vertrauten byzantinischen Farben. Malstil, Thematik und Inschriften spiegeln die Identität der Künstler wider. Griechen und Georgier arbeiten mit armenischen Gehilfen. Die Kirche des Heiligen Gregor von Tigran-Honenc in Ani enthält ein eindrucksvolles Ensemble byzantinischer Fresken, die alle Wände bedecken. Den Evangeliumszyklus, der von der *Verkündigung Mariä* bis zur *Auferstehung* reicht, komplettieren ein Zyklus und ein Fresko: Ersterer ist dem heiligen Gregor, dem Erleuchter Armeniens, letzteres der heiligen Nino, der «Erleuchterin» Georgiens, gewidmet. Im südlichen Kreuzarm ist eine Reihe von Medaillons zu sehen, die typische Motive der islamischen Textilkunst in die Malerei übernehmen. In der Kirche des Heiligen Gregor in Kecaris sind in einem orientalisierenden Gemälde die Deesis und Pfingsten zu einer Szene vereint. Christus, die Jungfrau, Johannes der Täufer, die Apostel und die Engel nehmen das Tympanon und den Bogen ein. Der Stil ist eindeutig «asiatisch». Die Gesichter sind auf Kreise reduziert, denen keinerlei Modell zugrunde liegt, und ihre Züge sind durch eine scharfe, lineare Zeichnung geprägt.

Die Buchmalerei

Die Buchmalerei erlebt eine ungewöhnliche Blüte. In Großarmenien wie in den verschiedenen Kleinarmenien entstehen zahlreiche Schulen, die eine Fülle von Werken hervorbringen. In der Hauptsache handelt es sich um Evangeliare. Bibeln, Lektionare, Hymnare und Homiliare rangieren an zweiter Stelle. Miniaturen mit historischer Thematik scheinen lange überhaupt nicht existent – die älteste stammt von 1482 und stellt die Schlacht von Avrair dar. Das Dekor der Evangeliare gehorcht einer klassischen, vom Christentum der Antike ererbten Aufteilung. Das Buch beginnt mit zehn illustrierten Seiten, die dem Brief des Eusebius über die Einteilung der Evangeliumstexte gewidmet sind. Acht bis zehn illuminierte Kanontafeln führen die parallelen und abweichenden Stellen in den vier Evangelien auf. Eine bis sechzehn ganzseitige Miniaturen sind einem bestimmten Thema gewidmet. Sie sind entweder zusammengefaßt oder auf die gesamte Handschrift verteilt. Häufig enthalten sie auch die Porträts der vier Autoren. Eine Reihe von kleinen Randminiaturen begleitet den Text und setzt die Wunder, Heilungen oder Gleichnisse ins Bild. Eine große, reichverzierte Vignette nimmt den oberen Teil des Titelblatts ein. Der erste Buchstabe jedes Buches ist ein Großbuchstabe, der harmonisch mit dem Tiersymbol des jeweiligen Evangelisten verbunden ist. Die Kanontafeln und die Titelblätter sind mit Pflanzen- und Tiermotiven geschmückt, die allen Ikonographien der Welt entlehnt sind. Zuweilen sind solche Motive auch den ganzseitigen Szenen eingefügt. Der Aufbau der Hymnare und Lektionare ist freier gestaltet. Die Produktion läßt zwei Hauptströmungen erahnen. Eine erste, aristokratische Strömung ist von der byzantinischen Kunst geprägt und unterscheidet sich durch ihren Materialreichtum und ihre handwerkliche Meisterschaft. Sie wird vor allem durch die kilikische Malerei repräsentiert. Die Vertreter der zweiten

Strömung arbeiten für Käufer, die über bescheidenere Mittel verfügen. Gold fehlt hier häufig. Zeichnung und Ausführung lassen Raffinement vermissen. Dennoch zeugt der Stil von einer unbestreitbaren Kreativität, in thematischer wie künstlerischer Hinsicht. Die vielfältigen Richtungen dieser Schule verleihen der armenischen Miniatur ihre Eigenart und Originalität.

Das 1204 gemalte Frontispiz des *Homiliars* von Munch[31] vereint die Geburt Christi, die Taufe und den thronenden Christus in einer ganzseitigen Komposition. Die Behandlung in ebener vertikaler Fläche, die Stilisierung der verschiedenen Bildelemente und die Wand hinter der Krippe geben dem Werk einen orientalisierenden, kappadokischen Charakter. Das 1912 von einem Maler namens Margar illuminierte Haghbat-Evangeliar[32] enthält ein Bild vom Einzug Christi in Jerusalem, das an den Stil der zeitgenössischen arabisch-syrischen Malerei erinnert. Die ursprüngliche Komposition bleibt in ihren Grundzügen unverändert, doch die Behandlung der einzelnen Elemente weist großartige orientalisierende Züge auf. Die Handlung wird auf eine einheitliche Ebene gebracht. Vier Kinder empfangen Christus, und die Apostel werden lediglich durch zwei Protagonisten vertreten, die hinter der Eselin des Meisters stehen. Die beiden Bäume muten ebenso arabisch an wie der Phantasiepavillon. Das armenische Kreuz, das ihn überragt, verwandelt ihn in einen Sakralbau. In der traditionellen Ikonographie steht Christus einer Versammlung von Juden gegenüber. Margar läßt sie weg und betont dafür den pittoresken Charakter der Szene: Eine Frau und zwei Mädchen, alle drei armenisch gekleidet, finden auf der oberen Etage des Pavillons Platz. Vor dem Eingang des Gebäudes steht ein turbantragender armenischer Würdenträger. Er ersetzt die Juden von Jerusalem. Zeichen seiner Macht und seines Ranges ist die Anwesenheit eines schwarzen Dieners, der vor dem Messias einen roten Teppich ausbreitet.

Eine orientalische Richtung entsteht und setzt sich durch. Der Maler Ignatios von Ani hat sieben Handschriften hinterlassen, in denen er seinen Lokalstil mit der byzantinischen und der islamischen Tradition vermischt, indem er ihnen ein wunderbares Lokalkolorit gibt. In den figürlichen Szenen benutzt er byzantinische Kompositionen, verändert aber die Proportionen der Körper und Gesichter nach

90. *Der heilige Markus und zwei Stifter,* Werk des Ignatios von Ani, 1236, Neu-Dschulfa.
91. *Der Stifter Hovanes,* Werk des Kirakos von Urunkar, 1330, Neu-Dschulfa.

ARMENIEN
Farbtafeln 25–48

25.a *Taufe Christi,* Etschmiadsin-Evangeliar, 13. Jh., Matenadaran, Erewan.
25.b *Taufe Christi,* Werk von Toros Roslin, 1268, Matenadaran, Erewan.

26. *Brief des Eusebius,* Evangeliar von 1248, armenisches Katholikat von Kilikien, Antelias, Libanon.
27. *Brief des Eusebius,* Evangeliar von 1248, armenisches Katholikat von Kilikien, Antelias, Libanon.

28. *Heiliger Matthäus,* Evangeliar von 1248, armenisches Katholikat von Kilikien, Antelias, Libanon.
29. *Heiliger Markus,* Evangeliar von 1248, armenisches Katholikat von Kilikien, Antelias, Libanon.

30. *Heiliger Lukas,* Evangeliar von 1248, armenisches Katholikat von Kilikien, Antelias, Libanon.
31. *Heiliger Johannes,* Evangeliar von 1248, armenisches Katholikat von Kilikien, Antelias, Libanon.

32. *Verherrlichung des heiligen Kreuzes,* Vaspurakan-Evangeliar, 1450, Galerie Sam Fogg, London.
33. *Deesis,* Vaspurakan-Evangeliar, 1450, Galerie Sam Fogg, London.

34. *Verklärung,* Vaspukaran-Evangeliar, 1450, Galerie Sam Fogg, London.
35. *Fußwaschung,* Vaspukaran-Evangeliar, 1450, Galerie Sam Fogg, London.

36. *Heiliger Markus,* Evangeliar von 1454, armenisches Katholikat von Kilikien, Antelias, Libanon.
37. *Heiliger Johannes, der Evangelist,* Evangeliar von 1454, armenisches Katholikat von Kilikien, Antelias, Libanon.

38. *Verkündigung,* Hymnarium, 15. Jh., armenisches Katholikat von Kilikien, Antelias, Libanon.
39. *Auferstehung,* Evangeliar, 15. Jh., armenisches Katholikat von Kilikien, Antelias, Libanon.

40. *Verkündigung an Anna,* Hymnarium von 1591, Armenisches Museum, Paris.
41. *Pfingsten,* Hymnarium von 1591, Armenisches Museum Paris.

42.a *Cherub,* Hymnarium von 1591, Armenisches Museum Paris.
42.b *Die vierzig Märtyrer von Sebaste,* Hymnarium von 1591, Armenisches Museum, Paris.
43.a *Johannes der Täufer,* Hymnarium von 1591, Armenisches Museum, Paris.
43.b *Christus,* Hymnarium von 1591, Armenisches Museum Paris.

44.a *Zierkreuz,* Hymnarium von 1591, Armenisches Museum, Paris.
44.b *Zierkreuz,* Hymnarium von 1591, Armenisches Museum, Paris.
44.c *Christus,* Hymnarium von 1591, Armenisches Museum, Paris.
45.a *Adam und Eva,* Hymnarium von 1591, Armenisches Museum, Paris.
45.b *Jonas,* Hymnarium von 1591, Armenisches Museum, Paris.

46. *Der heilige Georg der Erleuchter,* Synaxarion von 1658, armenisches Katholikat von Kilikien, Antelias, Libanon.
47. *Die Auferstehung Christi,* Synaxarion von 1658, armenisches Katholikat von Kilikien, Antelias, Libanon.

48. *Der heilige Nerses der Anmutige,* Rolle, 16. Jh., Armenisches Museum, Paris.

ՄԱՏԹԷ
ՈՍ

ՍԲՄԱՐԿՈՍ

ՍԲ ՂՈՒԿԱՍ:

Աւետիք

[illegible]

[illegible]

[illegible]

[illegible]

[illegible]

[illegible]

[illegible]

...ադզիա
եզմա
-ցերեա
ուցեե
կերաշքն
ամնայ
Լամեն
րշեա
ոեամի
վէն ե
մորր
եա ը
աշերն
տսայէ

զգոհ հայցանձերեզ
մանեն. եւ նորքեցեն
ըզ վէմն հանողէր
ի դարակաւանաչն։

92. *Verkündigung*, Vaspukaran-Evangeliar, 1330, Matenadaran, Erewan.
93. *Einzug in Jerusalem*, Vaspukaran-Evangeliar, 1330, Matenadaran, Erewan.
94. *Jungfrau mit dem Kind und Stifter*, Khizan-Evangeliar, 1368.
95. *Taufe Christi*, Khizan-Evangeliar, 1368.

orientalischem Geschmack. Die Heroen des Evangeliums behalten ihre antike Kleidung. Die Stifterfiguren tragen kostbare zeitgenössische Gewänder. In einer aus zwei Feldern bestehenden Miniatur vereint der Maler den heiligen Markus mit den beiden Auftraggebern des Evangeliars.[33] Der Evangelist ist im Stil des klassischen Autorenporträts dargestellt. Unter ihm sieht man das Ehepaar. Die beiden knien und erheben die Hände in Richtung eines Evangeliars, auf dem ein armenisches Kreuz prangt: Brnavor trägt eine große Kopfbedeckung und einen prächtigen Mantel mit weiten Ärmeln; seine verschleierte Frau trägt ein orientalisches, mit goldenen Ornamenten verziertes Kleid. Die berühmte Schule von Van verstärkt die Tendenz zur Orientalisierung. Die mehrfach zusammengesetzten Bögen häufen sich. Vegetabilische Elemente verwandeln sich in Rankenornamente, Bauwerke sind mit einheitlichen Backsteinen verkleidet, und die Dächer haben konische Formen. Die Gesichter sind rund, die Augen haben enge Lidspalten. Die Gebärden der Figuren sind typisch armenisch. Die asymmetrische Komposition der Zeichnung ist oft ungewöhnlich kühn. Die Miniaturen des Kirakos von Urunkar sind Meisterwerke dieser lokalen Schule. In dem Evangeliar, das er 1130 illuminiert hat, sind drei Blätter dem Stifter gewidmet: «Hovanes, der Sohn der Stifter, ist ein stolzer Reiter. Er wird wie die Reiter in den muslimischen Handschriften dargestellt: über der Schulter den Streitkolben, am Gürtel den mit Pfeilen gefüllten Köcher. Seine rote, mit Pelz verbrämte Kappe ist mit einer Aigrette geschmückt, und Inschriften, die arabische Schriftzüge imitieren, zieren den Stoff seiner roten Tunika. Auf der gegenüberliegenden Seite sind in einer familiären Szene Hovanes' Frau und Schwester zu sehen. Sie sitzen am Boden. Die eine spinnt, die andere hält sein kleines Kind in den Armen.»[34] Die Kleidung entpricht der Zeit, doch der Malstil bleibt jeder naturalistischen Tendenz verschlossen. Der Mensch, die Natur und die Gegenstände entsprechen idealisierten Prototypen, an denen von Generation zu Generation festgehalten wird. Die Maler fügen den religiösen Szenen weltliche Elemente hinzu und integrieren sie, indem sie sie «vergeistigen». Die Weisen aus dem Morgenland sind orientalisch gekleidet, und in ihre Gewänder sind pseudoarabische Schriftmotive eingewebt. Der Bräutigam in der Szene von der Hochzeit zu Kana ist ein junger Armenier, der stolz einen Säbel in der Hand hält. Als Bischof der Bischöfe wäscht der mit einem

96. *Gregor von Narek,* Das Buch der Gebete, 1173, Matenadaran, Erewan.
97. *Gregor von Narek vor Christus,* Das Buch der Gebete, 1173, Matenadaran, Erewan.

armenischen Meßgewand bekleidete Christus den Jüngern die Füße. Die aquarellartig ausgemalte Zeichnung verstärkt die Frische der Szenen, die sich von Seite zu Seite und Handschrift zu Handschrift aneinanderreihen.

Parallel zu dieser Entwicklung schöpft die Malerei auch weiterhin aus der großen byzantinischen Tradition. Zwar wird diese Richtung auch in Großarmenien nicht ignoriert, doch ihr eigentliches Zentrum liegt im Kleinarmenien Kilikiens. Dort steigt die Miniatur, kunstvoll verfeinert und perfektioniert, in den Rang der großen Malerei des dreizehnten und vierzehnten Jahrhunderts auf. Eines der ersten repräsentativen Werke dieser Schule dürfte eine Handschrift sein, die den Elegien des Gregor von Narek gewidmet ist. In das Jahr 1173 datiert, ist sie mit vier Porträts des großen armenischen Dichters geschmückt. Gregor, der sich selbst als «den letzten Verfasser und unbedeutendsten Lehrer» betrachtete, erscheint dort zunächst als Schriftsteller in sitzender Haltung, dann stehend mit einem Buch in der Hand, drittens im Ergebenheitsgestus mit ausgebreiteten Armen und schließlich zu Füßen des thronenden Sohnes. Der Körper des Heiligen ist gedrungen. Demütig erhebt er Kopf und Hände zum lebenden Sohn Gottes: «Es genügt, wenn Du mich mit deiner gewohnten Güte betrachtest, damit ich meinerseits sogleich Dich betrachte und zu Dir flehe.»[35] Die Kompositionen haben monumentalen Charakter. Die Ausführung verrät byzantinisch-orientalischen Stil: Der Künstler malt die Gesichter größer und die Körper kleiner, bewahrt aber, was Gesichtsfarbe, Drapierung und architektonische Elemente anbelangt, die Ausgewogenheit der griechischen Manier. Der von einem Goldgrund beherrschte Raum verstärkt den byzantinischen Charakter dieser stilisierten Porträts. Nur der rote Phantasiebaum, der hinter dem sich niederwerfenden Dichter wächst, dürfte eine Anleihe bei der arabischen Malerei sein.

Im dreizehnten Jahrhundert gelangt die großartige Malerei Kilikiens zur Reife. Die Miniaturmaler beherrschen ihr Handwerk und arbeiten sehr nuanciert. Der führende Kopf dieser Malergeneration ist wohl Kirakos. Ein 1248 von ihm illuminiertes Evangeliar[36] offenbart die ganze schöpferische Kraft seiner Kunst. Der Meister gestaltet seine Bilder und Ornamente mit großer Sorgfalt und Fertigkeit. Der Brief des Eusebius, die zehn Kanontafeln, die in Verse gefaßte Widmung und die Randverzierungen *Tafel 26, 27*

98. *Durchzug durch das Rote Meer,* Rituale von 1266, von Toros Roslin, armenisches Patriarchat, Jerusalem.
99. *Das Jüngste Gericht,* Evangeliar von 1268, von Toros Roslin, Matenadaran, Erewan.

des Textes sind Meisterwerke der ornamentalen Malerei. Die vier Porträts der Evangelisten verkörpern in trefflicher Weise die große byzantinische Tradition. Mit seinem prunkvollen, verfeinerten und aus-
Tafel 28, 29, 30,31 gefeilten Stil leitet Kirakos die Glanzzeit der kilikischen Schule ein. Hauptvertreter dieser Strömung bleibt der große Toros Roslin. Das Leben dieses Mönches, dessen Name auf eine fremde Herkunft schließen läßt, liegt weitgehend im dunkeln. Er arbeitete als Schreiber und Maler in Hromkla und leitete im dritten Viertel des dreizehnten Jahrhunderts das Skriptorium des Patriarchen. Sein Werk umfaßt
Tafel 25b sieben Handschriften, die zwischen 1256 und 1268 angefertigt wurden. Drei weitere werden ihm zugeschrieben. Der Maler hält sich eng an die byzantinische Kunst, die sich in der Zeit zwischen den Komnenen und den Paläologen erneuert und dem Menschlichen mehr Raum gewährt, dabei aber tief in der Tradition verwurzelt bleibt, die unter der mazedonischen Dynastie begründet wurde. Die Figuren heben sich von einem goldenen Himmel ab. Die Herausarbeitung der Formen und der Bewegung wird freier. Haltung und Gestik werden lebendiger. Ein Hauch Dramatik beseelt den hieratischen Charakter. Die Plastizität der Farben läßt ein subtiles, verhaltenes Spiel mit Licht und Schatten erahnen. Die Körper sind schlank, und die ernsten, würdevollen Gesichter spiegeln die Psyche in ihrer ganzen Tiefe wider. Toros arbeitet mit den traditionellen Kompositionen und erschafft sie auf seine Art neu. So ist der Christus der Auferstehung bei ihm in leuchtendes Weiß gehüllt und schwebt allein über einem reinen Goldgrund: Die Hölle verwandelt sich in eine befestigte Stadt, deren Einwohnerschaft lediglich aus fünf Protagonisten besteht. Die Flucht durch das Schilfmeer ist gemäß dem kontinuierenden Stil mit den anschließenden Wundern verknüpft: Die ägyptische Streitmacht und das Volk der Juden stehen sich in zwei Gruppen gegenüber, die durch einen Streifen blauen Wassers getrennt sind. Mose streckt seinen Stab über das Meer, um es zu teilen. Über ihm schwebt der Engel Gottes und schwingt ein Schwert. Die dunkle Wolkensäule hebt sich scharf gegen den goldenen Hintergrund ab und bedeckt

100. *Vasak und seine Söhne vor Christus und der Jungfrau,* Evangeliar des Vasak, 13. Jh., armenisches Patriarchat, Jerusalem.
101. *Kreuzabnahme,* Evangeliar der Königin Mariun, armenisches Patriarchat, Jerusalem.

die ägyptische Streitmacht mit einer schwarzen Fläche. Der wie ein Basileus in Purpur gekleidete Pharao überschlägt sich mit seinem Pferd mitten im Meer. Hinter Mose stehen Israelitinnen und erheben zum Zeichen des Sieges ihre Trommeln. Die in mehreren Feldern dargestellten Szenen warten mit erstaunlichen Details auf. So schafft der Maler im unteren Teil des Jüngsten Gerichts eine erschütternde Verdammungsszene: Von den Flammen verzehrt, fleht der mitleidlose Reiche Abraham an, Lazarus zu ihm zu schicken, damit dieser ihm Kühlung verschaffe. Zwischen zwei Protagonisten erhebt ein Cherub sein Schwert, um den Verdammten daran zu hindern, die zwischen den Böcken und Schafen gezogene Grenze zu überschreiten.

Die Miniaturmaler zeigen eine wahre Begeisterung für Verzierungen. Die Initialseiten, die Kanontafeln und die Randleisten sind mit neuartigen Blumenmustern überzogen. Kufische Arabesken schmiegen sich an Lilien. Blau verbindet sich mit Gold auf eine Weise, die an islamische Buchmalerei erinnert. Das Kreuz ist überall. Girlanden schmücken sich mit Palmetten, Mäandern, Akanthusblättern, Blümchen und Festons. «Herrlich ist der Ort deines Paradieses», heißt es in einem christlichen Psalm, «nichts ist unfruchtbar, alles trägt reiche Früchte.»[37] Eine Vielzahl von Tieren bewohnt diesen wiedergefundenen Garten Eden: «die Vierfüßler mit ihren Arten und die Geflügelten, die in den Lüften leben.»[38] Viele sind uns vertraut, andere sind merkwürdige Fabeltiere, phantastische Mischwesen. Pfaue umschlingen das lebenspendende Kreuz. Tauben trinken aus einem Brunnen. Reiher stehen um eine große Vase. Hähne kämpfen gegeneinander. Der Falke schlägt die Ente. Und auch aus China stammende Hunde-Löwen und Drachen-Schlangen finden in diesem antiken Bestiarium Platz.

Von Anfang an unterhält das Königreich Kilikien sehr enge Beziehungen zur lateinischen Welt. Doch paradoxerweise hat diese gemeinsame Geschichte wenig Spuren in der Arbeit der armenischen Künstler hinterlassen. Die kilikischen Miniaturmaler sind von der romanischen Bibel ebensowenig beeindruckt wie von den Psaltern, den Brevieren und den gotischen Chroniken. Das Abendland, das sie beeinflußt, ist das des «griechischen Malstils», das die Künstler des dreizehnten und vierzehnten Jahrhunderts so meisterhaft repräsentieren. Die spezifisch lateinischen Anleihen beschränken sich auf einige symbolische Zeichen. Im Evangeliar des Fürsten Vasak[39] hebt die Königinmutter, dem Typus der Madonna della misericordia folgend, ihren Mantel und breitet ihn über Fürst Vasak und seine beiden Söhne, die vor dem Thron Christi knien. In einem 1287 entstandenen Evangeliar[40] trägt die Theotokos nicht mehr das traditionelle Maphorion, sondern die Krone und das gotische Gewand «Unseren Lieben Frau». In einem anderen Evangeliar[41] aus dieser Zeit tragen der gekreuzigte Jesus und der gute Schächer lateinische Kronen. Doch trotz dieser Anleihen bleibt der Stil der Maler stark der byzantinischen Tradition verhaftet.

Die orientalische Strömung findet in den Werken des überaus produktiven Malers Sarkis Pitsak ihren Ausdruck. Als letzter Vertreter der kilikischen Schule malt er in der ersten Hälfte des vierzehnten Jahrhunderts insgesamt vierzig Handschriften aus. Sein Stil wird im Evangeliar der Königin Mariun[42] deutlich, das 1346 in Sis illuminiert wird. Zeichnung und Farbgebung lassen eine deutliche Vorliebe für das Orientalische erkennen. In der byzantinischen Maltradition entspricht die Größe des Kopfes im allgemeinen einem Neuntel des Körpers. In den Miniaturen des Sarkis macht sie nur zwischen einem Sechstel und einem Fünftel des Körpers aus. Die Gesichter sind vergrößert dargestellt. Die Schultern sind schmaler, die Beine kürzer. Der hintere Bildraum ist auf eine zweidimensionale Fläche verkürzt. Der horizontale Streifen, der im Vordergrund den Boden bildet, geht in den gemalten Hintergrund über. Wie auf Teppichen wird die Tiefe des Raums außer Kraft gesetzt und wie eine ebene vertikale Fläche behandelt. Reine Farben dominieren: Rot, Blau und Grün verteilen sich ohne Abstufungen in breiten Streifen. Die riesigen Figuren sind in diesen Raum integriert. Die Bewegungen wirken starr, und die Handlung beschränkt sich auf einfache Gesten. In der Szene von der Kreuzabnahme hält die Mutter die Hand des Sohnes vor ihr Gesicht. Die kniende und die Hände zu Christus erhebende Königin Mariun nimmt den traditionellen Platz des Apostels Johannes ein. Das Kreuz erstreckt sich über die ganze Vertikale und teilt die Komposition des Bildraumes symmetrisch: Aus seinen Balken sprießen vier Blätter, die zu Blumenarabesken stilisiert sind.

Die politische Landkarte des Orients nimmt im fünfzehnten Jahrhundert dauerhafte Gestalt an. Die internationalen Konflikte finden ein Ende. Unter der Herrschaft der Osmanen werden die Grenzen stabil. Das neue Reich dehnt seinen Machtbereich weiter aus. Im siebzehnten Jahrhundert überqueren die Osmanen die östliche Adria und überschreiten somit die Grenzen des Gebietes, das einst von Byzanz beherrscht wurde. Eine Gruppe von Armeniern läßt sich in Konstantinopel nieder. 1461 wird hier ein armenisches Patriarchat gegründet: Auf Anordnung von Sultan Mohammed II. dem Eroberer erhält der Bischof von Brussa, Metropolit der armenischen Kolonien in Kleinasien, die Titel und Befugnisse, die 1453 dem griechischen Patriarchat zugestanden worden sind. Die Hohe Pforte erkennt den «orthodoxen armenischen Patriarchen von Konstantinopel» als religiöses und ziviles Oberhaupt aller Armenier und aller «monophysitischen» Untertanen des Reiches an. «Von dem Tage an», so der Patriarch Ormanian, «als der Patriarchenstuhl in der Hauptstadt der Türkei eingerichtet wurde und sich dort eine starke Kolonie niederließ, wurde die Stadt zum Zentrum der armenischen Nation.»[43] Im sechzehnten Jahrhundert gerät Armenien erneut zwischen die Fronten zweier kriegführender Reiche. In den Kriegen zwischen den Osmanen und den persischen Safawiden wird das Land verwüstet. Ein Großteil des Staatsgebiets fällt an die Osmanen. Chan Abbas holt Anfang des siebzehnten Jahrhunderts zum Gegenschlag aus und erobert Ostarmenien. Eine große Gruppe von Armeniern, die teilweise aus Dschulfa stammen, wird deportiert und in der Gegend um Isfahan angesiedelt. «Neu-Dschulfa» wird gegründet. Bald beherrschen die Armenier den iranischen Seidenhandel und sind im Handel mit anderen Ländern aktiv. Ihr Siedlungsgebiet umfaßt nun neben Großarmenien auch Türkisch- und Persisch-Armenien sowie die Krim und kleinere Kolonien in Thrakien, Bulgarien, Transsylvanien, Polen, Italien und Frankreich.

Die Kunst bringt unentwegt neue Früchte hervor. Ob Malerei, Relief, Keramik-, Metall- oder Textilkunst: Überall repräsentiert sich die alte Ikonographie in einer Stilvielfalt, die von den Traditionen der benachbarten Kulturen geprägt ist. Zu den mediterranen, iranischen, kaukasischen und asiatischen Einflüssen treten nun westeuropäische hinzu. Der Okzident verlockt den Orient, und die Staffeleimalerei kommt auf. Das Dekor an den Fassaden und im Innern der Kirchen zeugt von einem überbordenden Eklektizismus. So sind armenische Heilige zu sehen, die, in dürftigem westlichem Stil gemalt, einen islamischen Raum bewohnen, der mit Blumengittern ausgestattet ist. Die kosmopolitische arme-

102. Kuppel der Betlehem-Kirche, Neu-Dschulfa, Isfahan.
103. Jungfrauenkirche, 1610–1613, Neu-Dschulfa, Isfahan.

nische Kunst der Neuzeit zeigt viele Facetten. Ihre gelungensten Werke sind diejenigen, die an ihre beiden großen Traditionen anknüpfen, die Buchmalerei und das Grabrelief.

Die immer noch auf das Relief beschränkte Bildhauerei dient ausschließlich der Verzierung von Bauwerken und Grabsteinen. Nach wie vor meißeln die Bildhauer an den Stein gebundene Figuren aus einer mit geometrischen und vegetabilischen Arabesken überzogenen Fläche. Der Ornamentschmuck bewahrt seine Kraft und seine Größe. Dagegen erreicht das «lebende» Dekor nur noch selten die Qualität von einst. Es ist schematisch und grob gearbeitet und degeneriert mitunter zu einem abgeflachten Relief, das mehr an eine Gravur als an eine Skulptur erinnert. Die immer noch der Klassik verbundene profane Thematik greift auf Jagdszenen, Festgelage oder musikalische Motive zurück. Im Mittelpunkt der religiösen Szenen stehen große Figuren der Evangelisten, denen die der betenden Stifter beigefügt sind. Blumen- und Tiermotive sind in ein Gespinst aus Laubwerk, Flechtbändern, Spiralen und Sternen eingebunden. Man findet sie auf großflächigen Fassaden ebenso wie auf den begrenzten Flächen der Hatschkars. In ihren monumentalen Formen finden sie sich in vielen Landstrichen Armeniens, so etwa im Kloster des Heiligen Stephanus westlich von Dschulfa, in der großen Kirche von Ananuri in Georgien, in der Kathedrale von Etschmiadsin oder in der Mutter-Gottes-Kirche von Kanaker im Ararat-Hochland. Die Hatschkars behalten das Kreuz, entwickeln aber neue Formen. Der Netzmusterschmuck verwandelt die Fläche in einen Teppich aus Stein. Die figurativen Elemente sind nur noch lineare, in parallelen Linien eingeritzte Silhouetten. Die Spender heben, ob kniend oder zu Pferde, andächtig den Kopf, um dem Kreuz zu huldigen.

Die Miniatur setzt ihren Höhenflug fort, indem sie byzantinische mit orientalischen Elementen verbindet. Die wissenschaftlichen Handschriften bewahren ihren traditionellen Aufbau. Überall dominieren die Zeichen des Paradieses. Das Dachfenster öffnet sich für die «heilige Taube in goldener Farbe».[44] Der Maler beschreitet den «schmalen und engen Weg» und tritt durch die «erhabene Pforte»[45], «so wie die Arbeiter der elften Stunde den Weinberg im Garten Eden betreten»[46]. «Die Erleuchteten» beherrschen diese erneuerte Welt. Die Stifter werden betend dargestellt, mal unter dem *Tafel 32, 33* Feld der Deesis, mal vor dem stets siegreichen Kreuz. Statt zu erzählen, reduziert der Künstler die narrativen Szenen auf Bild-Zeichen, womit er der begrenzten Fläche am Rand der Handschrift Rechnung trägt. Die Brustbilder heben sich von einem leeren Grund ab. Der Kindermord zu Betlehem wird durch einen mit einem Säbel bewaffneten Soldaten dargestellt, der ein Kind an den Füßen hält.

104. *Kaiser Theodor,* Synaxarion von 1658, armenisches Katholikat von Kilikien, Antelias, Libanon.
105. *Kindermord zu Betlehem,* Synaxarion von 1658, armenisches Katholikat von Kilikien, Antelias, Libanon.
106. *Heiliger Stephanus,* Synaxarion von 1658, armenisches Katholikat von Kilikien, Antelias, Libanon.

Simeon trägt den Gottessohn auf verhüllten Händen. Christus heilt durch Handauflegen den blind Geborenen. Jonas erscheint im Maul des Walfisches. In übereinanderliegenden Reihen angeordnete Kronen bekrönen die winzigen Köpfe der Märtyrer von Sebaste, die in einem großen Pokal aufgehäuft sind. Ein Feigenbaum symbolisiert den unfruchtbaren Baum, den Christus verdorren ließ, ein Hahn die Verleugnung durch Petrus, ein von Mauern umschlossenes Gebäude den Tempel zu Jerusalem, ein Fisch den See von Tiberias.

Die orientalisierenden Miniaturen erinnern entfernt an die timuridische Malkunst, und die byzantinisierenden Bilder zeigen eine wachsende Vorliebe für die Illusion der räumlichen Tiefe. *Tafel 36, 37* Mitunter vermischen sich beide Strömungen und durchdringen sich gegenseitig. Zwei Miniaturen aus einem Synaxarion[47] von 1658 sind bewundernswerte Beispiele für diese überraschende Osmose. Der Künstler der ersten kleidet Gregor den Erleuchter in den Mantel der Mutter des Erbarmens. *Tafel 46* Mit ausgebreiteten Armen hält der Heilige den Mantel über König Tiridates und die Hofleute, die zu seinen Füßen versammelt sind. Das Thema beruht auf einer abendländischen Vorlage, doch der Stil behält einen orientalischen Anstrich. Die zweite Miniatur vereint die beiden Ikonographien der Auferstehung. So übernimmt der Künstler das orientalische Modell von den Frauen vor dem leeren Grab, das von dem Engel des Herrn bewacht wird, *Tafel 47* verwendet aber auch das abendländische Bild des Auferstandenen und plaziert es in die Mitte des Hintergrunds. Die Behandlung des Themas ist rein orientalisch. Der Felsen des Engels ist durch einen Teppich ersetzt, der detailliert in ebener vertikaler Fläche gemalt ist. Vier große Rosetten mit jeweils acht Blütenblättern heben sich gegen das Blau des Grundes ab.

Die akademische Malerei macht weitgehend der volkstümlichen Tradition Platz. Eine grobe und lineare Zeichnung in den Grundfarben beherrscht die späten Handschriften ebenso wie die zahllosen Phylakterien des neunzehnten Jahrhunderts. Parallel zu diesen breiten Strömungen drückt die im eigentlichen Sinne westliche Malerei der Buchkunst ihren Stempel auf. Im Mittelalter tauscht sich Armenien mit Europa aus, ohne an seiner Kunst zu partizipieren. Die wenigen italisierenden Bilder werden in Italien angefertigt, wie etwa das von dem Priester Timot 1310 in Rom kopierte Evangeliar, das 1324 in Bologna abgeschriebene Lektionar und das 1331 in Perugia kopierte Evangeliar. In der zweiten Hälfte des siebzehnten Jahrhunderts beginnen die Miniaturmaler in der Türkei wie im Iran, sich mit der abendländischen Schule zu befassen, und übernehmen ihrerseits italienische und flämische Gemälde, die in popularisierter Form als Graphiken aus Europa in den Orient gelangen. Bei der Darstellung von Figuren, Landschaften und architektonischen Elementen verzichten die Künstler bewußt auf die antiken Prototypen und übernehmen, freilich ohne großen Erfolg, die eines Dürer oder eines de Bry.

Der Grüne Sonntag

Die Armenier bezeichnen sich als «christlich-armenische Anbeter des Kreuzes». Die Visionen ihrer Heiligen werden von der Gegenwart eines himmlischen Kreuzes beherrscht, das, im Lichterglanz strahlend, zwischen den Säulen einer immateriellen Kirche aufragt. In den Gebeten wird die «Unbefleckte» um Fürsprache angerufen, die «jungfräuliche Mutter des einzigen Gottessohns und sein heiliges und kostbares Kreuz». Bei der Epiphanie-Feier wird das Kreuz im Gedenken an die Taufe Christi in Weihwasser getaucht. Die armenische Kunst bekennt sich zu ihrem Glauben und erhebt das Kreuz zu seinem Sinnbild und seiner «Ikone». In der armenischen Tradition wird die Verklärung Christi das «rosengeschmückte» Fest genannt. Der dritte Sonntag nach der Auferstehung ist der «Grüne Sonntag». Eine Handschrift erinnert an das Exil, «wo das Brot bitter ist und das Wasser nach Blut schmeckt».[48] Die Malerei bezieht sich darauf nicht. Ganz der Huldigung des Ewigen hingegeben, vervielfacht sie die Symbole und Bilder des inneren Paradieses. «Ein Garten voller Rosen», schreibt der Maler Hagob Tjughastsi, «blühend wie das Paradies im Frühling.»[49] Ein Garten, den alle Flüsse der Welt speisen. Ein Ort, an dem der «Erlöser aller Menschen» herrscht, «Jesus Christus, der Spender allen Reichtums»[50], seine Mutter, die «wahre Königin», seine Apostel, «die die Erde in den Himmel einluden», und seine

Heiligen, «Engel mit Körpern und die Erde erhellende Sterne». Armenien verschwindet hinter seinem Garten, den «die unauslöschliche Lampe des Erleuchters» erhellt:

> Die nie verlöschende Lampe, Fackel
> Armeniens – das klare Auge Gottes,
> das über die Welt wacht.[51]

Anmerkungen

1. Zitiert nach Karekin II., *Histoire vécue, nullement fictive (Erlebte Geschichte, ganz und gar nicht fiktiv),* Antelias 1992, S. 42.
2. K. Chahinian, *Œuvres vives de la litterature arménienne (Lebendige Werke der armenischen Literatur),* Libanon 1988, S. 29.
3. M. Ormanian, *L'Église arménienne (Die armenische Kirche),* Libanon 1954, S. 19.
4. J. M. Thierry, *Les arts arméniens (Die armenische Kunst),* Paris 1987, S. 48.
5. Zitiert nach J. M. Thierry, op. cit., S. 40.
6. Zitiert nach J. Mécérian, *Histoire et institutions de l'Église arménienne,* Beirut 1965, S. 77.
7. M. Ormanian, *L'Église arménienne,* op. cit., S. 84.
8. C. Delevoye, *L'art byzantin (Die byzantinische Kunst),* 1967, S. 84.
9. J. Mécérian, *Histoire et institutions de l'Église arménienne,* op. cit., S. 84.
10. E. Sivan, *L'art et la croisade (Die Kunst und der Kreuzzug),* Paris, S. 10.
11. K. Otto-Dorn, *L'art de l'islam (Die Kunst des Islam),* Paris 1967, S. 85.
12. S. Der Nercessian, *L'art arménien (Die armenische Kunst),* Paris 1989, S. 247.
13. J. M. Thierry, *Les arts arméniens,* op. cit., S. 173.
14. Zitiert nach S. Der Nercessian, *L'art arménien,* op. cit., S. 93.
15. J. M. Thierry, *Les arts arméniens,* op. cit., S. 179.
16. Bibliothek des San-Lazzaro-Klosters, Venedig, Nr. 1144.
17. Matenadaran, Nr. 2374. 18. Matenadaran, Nr. 6201. 19. Matenadaran, Nr. 7736.
20. *Les enfances du Christ (Die Kindheiten Christi),* Texte vorgestellt von A. Micha, 1993, S. 180.
21. Armenisches Patriarchat von Jerusalem, Nr. 2556.
22. S. Der Nercessian, *L'art arménien,* op. cit., S. 107.
23. A. Brissaud, *Islam et Chrétienté (Islam und Christentum),* Paris 1991, S. 240.
24. Zitiert nach J. Mécérian, *Histoire et institutions,* op. cit., S. 109.
25. Karekin II., *L'église: l'Arménie œcumenique (Die Kirche: das ökumenische Armenien),* in: C. Mutaffian, *Le Royaume arménien de Cilicie,* Paris, 1993, S. 151.
26. Zitiert nach C. Mutaffian, ibid., S. 84.
27. Johannes Chrysostomos, *Homilie über die göttliche Vorsehung,* in: G. Peters, *Lire les Pères de l'Église,* 1981, S. 609.
28. Nerses Schnorhali (Nercès Snorhali), *Jésus Fils unique du Père,* (734), S. C. Nr. 203, Paris 1973, S. 182.
29. Ibid., S. 210.
30. P. Claudel, *Fünf große Oden,* (Ode 2: Der Geist und das Wasser), Freiburg 1954, S. 47, übertragen v. Hans Urs von Balthasar, *Zeugen des Wortes,* Bd. 16.
31. Matenadaran, Nr. 7729. 32. Matenadaran, Nr. 6288.
33. Evangeliar von 1236, Neu-Dschulfa, Nr. 36.
34. S. Der Nercessian, *Miniatures arméniennes d'Isphahan (Armenische Miniaturen aus Isfahan),* Brüssel o.J., S. 93.
35. Gregor von Narek (Grégoire de Narek), *Prières (Gebete)* (27), 1990, S. 79.
36. Sammlung am Sitz des armenischen Katholikos von Kilikien, Antelias, Libanon.
37. A. Hamman, *Livre d'Heures des premiers chrétiens (Stundenbuch der ersten Christen),* Paris 1982, S. 36.
38. Nerses Schnorhali, *Jésus Fils unique du Père,* op. cit. (45), S. 47.
39. Armenisches Patriarchat von Jerusalem, Nr. 2568.
40. Matenadaran, Nr. 197. 41. Matenadaran, Nr. 7651.
42. Armenisches Patriarchat von Jerusalem, Nr. 1973.
43. M. Ormanian, *L'Église arménienne,* op. cit., S. 68.
44. Nerses Schnorhali, *Jésus Fils unique du Père,* op. cit. (49), S. 48.
45. Ibid. (432), S. 125. 46. Ibid. (638), S. 171.
47. Sammlung am Sitz des armenischen Katholikos von Kilikien, Antelias, Libanon.
48. Zitiert nach L. Dournovo, *Miniatures arméniennes (Armenische Miniaturen),* 1967, S. 35.
49. Zitiert nach L. Dournovo, op. cit., S. 176.
50. V. Godel, *La poésie arménienne (Die armenische Dichtkunst),* Paris 1990, S. 19.
51. H. Toumanian, *La lampe de l'Illuminateur,* in: V. Godel, *La poésie arménienne,* op. cit., S. 109.

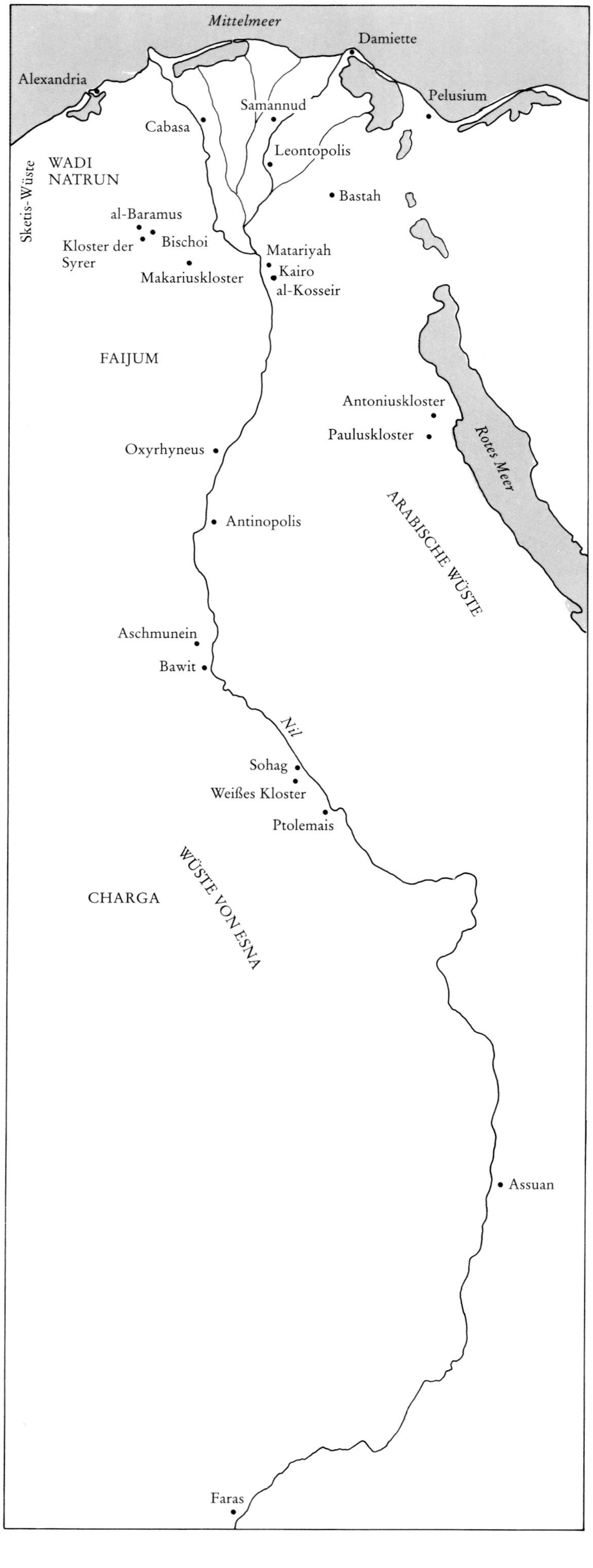

Mittelmeer
Damiette
Alexandria
Pelusium
Samannud
Cabasa
Leontopolis
WADI
NATRUN
Sketis-Wüste
Bastah
al-Baramus
Kloster der
Syrer
Bischoi
Makariuskloster
Matariyah
Kairo
al-Kosseir
FAIJUM
Antoniuskloster
Pauluskloster
Rotes Meer
Oxyrhyneus
Antinopolis
ARABISCHE WÜSTE
Aschmunein
Bawit
Nil
Sohag
Weißes Kloster
Ptolemais
WÜSTE VON ESNA
CHARGA
Assuan
Faras

Die Ägypter

Auf Geheiß Jahwes verläßt Abraham seine Heimat und wandert im Lande Kanaan «von einem Lagerplatz zum anderen», bis er schließlich hinab nach Ägypten zieht und dort verweilt (Gen 12). Josef wird vom Pharao «über ganz Ägypten» gestellt. «Gott», so sagt er, «hat mich fruchtbar werden lassen im Lande meines Elends» (Gen 41, 52). Mose, von der Tochter des Pharaos als Sohn angenommen, wird «in aller Weisheit der Ägypter ausgebildet» (Apg 7, 22). Jesus wird als Kind nach Ägypten gebracht, um der Verfolgung durch Herodes zu entkommen. «Der, den die Engel preisen», heißt es in der Liturgie, «ist heute in die Provinzen Ägyptens gekommen, um uns, sein Volk, zu erretten. Freue dich und frohlocke, Ägypten, mit deinen Kindern und bis in deine hintersten Winkel, denn der Menschensohn ist zu dir gekommen, Er, der vor der Welt war.»[1] Nach koptischer Überlieferung dauerte dieser Aufenthalt dreieinhalb Jahre. In den apokryphen Texten werden seine Etappen detailliert nachgezeichnet. Die Heilige Familie flieht nach Kairo. Sie zieht von Bastah nach Samannud und gelangt schließlich nach Qusqam. In Al Matariyah ruht sich Maria mit dem Kind unter einem Baum aus, aus dessen Balsam man lange Zeit das Salböl herstellen wird. In dem Tempel, der das «Kapitol Ägyptens» genannt wird, fallen, als der Immanuel vorübergeht, die Götzenbilder zu Boden. «Vor seinem Angesicht zittern die Götter Ägyptens, den Ägyptern verzagt das Herz in der Brust», sagt der Prophet Jesaja (19, 1). Gott gibt sich den Ägyptern zu erkennen. Von ihm erleuchtet, verschont ein Räuber namens Titus die flüchtende Familie: In der Überlieferung wird er mit dem guten Schächer auf Golgotha gleichgesetzt und als «Dieb des Gottesreiches» bezeichnet. Bezaubert von der unbeschreiblichen Schönheit des Kindes, verkündet ein Mann aus Hermopolis seinen Begleitern das Kommen eines Königssohns, der die Götterbilder stürzen werde. Er wird gemeuchelt und erringt als erster, noch vor dem heiligen Stephanus, die Märtyrerkrone. Das Orakel Hoseas geht zweimal in Erfüllung. Nach dem Tod des Herodes ruft Gott seinen Sohn aus Ägypten zurück. Und nach seiner Auferstehung begibt sich Christus noch einmal zu dem Berg Qusqam, nahe dem Haus, in dem er als Kind lebte. Dort versammelt er seine Mutter und seine Apostel und gibt ihnen letzte Anweisungen vor seiner Himmelfahrt.

Der heilige Markus gründet nach apokrypher Tradition die ägyptische Kirche. «Die Stadt Alexandria ist die Mutter aller Städte Ägyptens geworden, denn sie hat Markus, den Vater, den Verkünder, den Evangelisten, den Apostel, den Stifter des Glaubens seiner Bewohner aufgenommen.»[2] Nach Aufenthalten in Rom, in Venetien und in der libyschen Stadt Pentapolis kehrt der «Schauer Gottes» nach Alexandria zurück, wo er am Tag nach Pfingsten stirbt, ermordet von den Anhängern des Sarapis-Kultes. Die kosmopolitische und multikulturelle Metropole des hellenistischen Orients wird eines der wichtigsten Zentren des erstarkenden Christentums. Die berühmte Theologenschule öffnet im Jahr 180 ihre Pforten und widmet sich der tieferen, sinnbildlichen Auslegung der Schrift. Griechische Weisheit und jüdische Wunder werden im Lichte Christi interpretiert. Die dogmatische und mystische «wahre Gnosis» bekämpft das Heidentum ebenso wie die zahlreichen gnostischen Lehren. Alexandria schenkt der Kirche ihre «griechischen» Väter: Clemens und Origenes suchen nach den verborgenen Mysterien hinter der Realität der biblischen Geschichte. Athanasius bekennt sich zur Göttlichkeit des Sohnes und seiner

107. *Der Gott Nil,* 2.-3. Jh., Puschkin-Museum, Moskau.
108. *Die Göttin Ge,* 2.-3. Jh., Puschkin-Museum, Moskau.
109. *Dionysos,* 5. Jh., Louvre, Paris.
110. *Ariadne,* 5. Jh., Louvre, Paris.

Wesensgleichheit mit dem Vater, und Kyrill insistiert auf der hypostatischen Einheit des fleischgewordenen Wortes. Parallel zu diesem dogmatischen Streit entsteht das Mönchtum mit dem Auszug in die Wüste der großen Asketen. Der heilige Paulus von Theben kehrt der Welt den Rücken, um fortan als Eremit zu leben. Antonius wählt den Weg in die Abgeschiedenheit («anachoresis»). Pachomius organisiert das Koinobitentum. Die Wüstenväter führen einen spirituellen Kampf mit dem Ziel, das «göttliche Maß zu erreichen».[3] Auf der Suche nach der Parusie widmen die Einsiedler ihr Leben ganz dem Gebet, bevor sie sich in Richtung Osten niederlegen und ihre Seele Gott befehlen.

Im sechsten Jahrhundert verschärfen sich die Gegensätze zwischen Alexandria und Konstantinopel. Auf dem Konzil von Nicäa 352 wurde Alexandria noch gleich nach der Kirche von Rom genannt. Das II. Ökumenische Konzil von 381 räumt dem Bischof von Konstantinopel den Ehrenplatz hinter dem römischen Bischof ein. Alexandria triumphiert auf dem Konzil von Ephesus: Nestorius wird abgesetzt und in die ägyptische Wüste verbannt. Zu den christologischen Streitigkeiten kommen innerkirchliche Rivalitäten und nationale Bestrebungen hinzu. Die Beschlüsse von Chalkedon spalten das orientalische Christentum. Alexandria und Antiochia schließen sich zu einem gemeinsamen Kampf zusammen. Severus von Antiochia bekennt sich zu der «einen Natur» des fleischgewordenen Wortes, doch reinigt er die alexandrinische Christologie von der Lehre des Eutyches. Der Syrer Jakob Baradai weiht in Ägypten ein Dutzend Bischöfe und Tausende von Priestern. Der Einfall der Araber besiegelt den Bruch mit Byzanz. Ägypten wird dem Reich der in Damaskus residierenden Omaijaden einverleibt. Seine Bewohner werden von den Eroberern «Kopten» genannt. Das Wort bedeutet nichts anderes als Ägypter – eine arabische Abkürzung des ursprünglich griechischen Wortes «Aigyptioi». Mit der Islamisierung des Landes wird es zum Synonym für die ägyptischen Christen.

Die Anfänge der koptischen Kunst

Das byzantinische Ägypten hinterläßt ein überaus reiches künstlerisches Vermächtnis. Die griechisch-römische Tradition hat das Land tief geprägt. Erinnerungen an die Pharaonenzeit sind rar. Das Henkelkreuz überlebt: Die Hieroglyphe, die «Leben» bedeutet, wird zum Sinnbild für das «unvergängliche Holz, das Leben schenkt». Es findet sich auf christlichen Grabstelen und bekrönt dort das Epigraph, in dem man das «lebenspendende Kreuz» um «Leben und Ruhe» für die Seelen der Verstorbenen bittet. Das hellenistische Erbe bleibt lebendig. Weiterhin inspirieren Helden, Mythen und Legenden die Künstler. Maler, Bildhauer und Weber bedienen sich der zeitlosen Bilder des griechisch-römischen Erbes: Dionysos, Aphrodite, Leda, Apollo, Daphne, Orpheus, Artemis und Pan bleiben bis ins siebte Jahrhundert gegenwärtig. Nereiden, Tritonen, Grazien, Faune und Chimären bevölkern die Flächen der Dekors. Parthische Reiter erscheinen auf der Bildfläche. Die künstlerische Koine vermischt die Themen, Symbole und Sinnbilder des gesamten Mittelmeerraumes. Die Themen sind zwar noch der Antike verhaftet, doch ihre Behandlung führt zu einem neuen Stil. Parallel zu der akademischen Tradition entwickelt Ägypten allmählich eine orientalische Ausdrucksform, die von Schematismen und einem hieratischen Charakter geprägt ist. In der Eremitage in Sankt Petersburg werden zwei Wandteppiche aus dem dritten Jahrhundert aufbewahrt, auf denen die Erdgöttin Ge und der Flußgott Nil dargestellt sind: Anatomie, Gestaltung und Drapierung entsprechen noch dem Kanon des römischen Porträts. Auf einem Gewebe aus dem fünften Jahrhundert, das im Louvre zu sehen ist, zeigen Dionysos und Ariadne ein neues Gesicht: Die Arbeit trägt Merkmale eines spezifisch koptischen Stils. Die Formen sind geometrischer, und die Farben verlieren ihre Schattierungen. Der auf eine flache Scheibe reduzierte, mit einem Nimbus umgebene Kopf ruht auf schmalen Schultern. Große, hervortretende und durch breite schwarze Brauen betonte Augen beherrschen die einfachen Züge des Gesichts. Obwohl noch dem hellenistischen Andenken verhaftet, partizipiert das künstlerische Schaffen der Kopten an jener Kunst des Übergangs, in der sich die große Tradition des christlichen Orients ankündigt. Dies gilt auch für die zahlreichen Skulpturen. Der palmyrenische Charakter wird auf die Spitze getrieben. Die Künstler verkleinern die

Proportionen des Körpers zugunsten des Gesichts. Die Modellierung wird flacher und einfacher. Die Bildhauer verzichten auf die Freiplastik und beschränken sich auf das Relief. Die sterbenden Götter der ausgehenden Antike werden orientalisiert, bevor sie den Helden Gottes weichen.

Die Menschenporträts werden sakraler. Die im Faijum, am Rande der christianisierten Welt, entstehende Grabkunst wird zum Wegbereiter der künftigen christlichen Kunst. Die Galerie dieser «Totengesichter» läßt zwei Strömungen erahnen. Die erste bleibt dem klassischen Kanon treu und stellt ein präzises ethnographisches Zeugnis der Antike dar. Die zweite zeichnet sich dadurch aus, daß die Physiognomie der Modelle «idealisiert» wird. Der starre Blick, die großen Augen, die spitze Nase und der geschlossene Mund, alle diese Merkmale des vergeistigten Porträts weisen auf das spätere Ikonengesicht voraus. Die Züge «gehören der Person des Verstorbenen, aber in der Art ihrer Behandlung deutet sich eine Transzendenz an, die offen ist für den Gedanken der Inkarnation, ihn möglicherweise sogar befördert. Die byzantinische Kunst wird diese Entwicklung mit Hilfe des unvergänglichen Goldes vollenden.»[4] Die ältesten Ikonen, die uns erhalten geblieben sind, wurden im enkaustischen Verfahren gemalt, eine Eigenschaft, die sie mit den römisch-ägyptischen Porträts aus dem Faijum gemein haben. Die Malweise ist jedoch noch weit davon entfernt, das reine Ikonenmodell zu vollenden, und spiegelt dieselben zwei Strömungen wider. Die Identität der Maler ist uns unbekannt. Die Künstler im Mittelmeerraum schlagen unterschiedliche Wege ein, ohne sich ganz zu trennen. Die antiken Werke sind der Schule von Konstantinopel, die griechisch-orientalischen der syrisch-palästinensischen Schule verpflichtet. Die spezifisch koptischen Arbeiten unterscheiden sich deutlich von ihnen. Das originellste Werk trägt den Titel *Christus und der Heilige Menas* und wird im Louvre verwahrt. Der «große Bruder» legt dem Prior den Arm um die Schultern und präsentiert ihn dem Betrachter. Die Geste erinnert an die des pharaonischen Gottes, der den Pharao ins Jenseits führt. Die beiden in strenger Frontalität dargestellten Protagonisten heben sich von einem hügeligen Hintergrund ab, der auf eine ocker-orangefarbene Fläche gemalt ist. Die Tunika Christi, sein Kreuznimbus und sein mit Perlen besetztes Evangeliar erinnern an das zur Tradition gewordene Modell des Pantokrators. Die zu weiten Bögen vereinfachten Falten gehen auf die hellenistische Drapierung zurück. Die Proportionen sind typisch koptisch. Die Gestalten sind klein, die Gesichter im Vergleich dazu riesig. Das Haupt Christi ist etwas größer als das

111. Stele, 4.-5. Jh., Koptisches Museum, Alt-Kairo.
112. *Zwei heilige Legionäre,* 5.-6. Jh., Koptisches Museum, Alt-Kairo.

113. Porträt eines Mannes, Koptisches Museum, Alt-Kairo.

114. Porträt eines Mannes, Ägyptisches Museum, Kairo.

115. Frauenporträt, Ägyptisches Museum, Kairo.

116. *Heiliger Petrus,* 6.-7. Jh., Katharinenkloster, Sinai.

117. Doppelseitige Ikone, *Erzengel,* 6. Jh., Koptisches Museum, Alt-Kairo.

118. Doppelseitige Ikone, *Heiliger Theodor,* 6.-7. Jh., Koptisches Museum, Alt-Kairo.

119. *Christus und der heilige Menas,* 6.-7. Jh., Louvre, Paris.

des Menas. Die schematisierten Gesichtszüge konzentrieren sich auf den Blick. Die Augen sind mandelförmig und von zwei Ringen umgeben. Die schwarzen Brauen betonen die Starrheit des Blicks. Der hieratische Ausdruck der Gesichter läßt leidenschaftslose Ruhe und Sanftmut durchscheinen.

Das christliche Ägypten entwickelt fern der alexandrinischen Schule seinen Stil. Ohne den Anspruch, große, erlesene Werke zu schaffen, setzt sich die koptische Kunst durch. Sie ist ländlich geprägt, aber nicht volkstümlich, und läßt den Betrachter die enorme spirituelle Kraft spüren, die sie beseelt und stärkt. Die Grabkapellen von El Bagawat in der Oase Kargeh enthalten die ältesten koptischen Wandmalereien. In das fünfte Jahrhundert datiert, bieten sie einen biblischen Zyklus, der durch seinen einzigartigen Stil besticht. Man erkennt den *Auszug der Hebräer aus Ägypten,* den *Sündenfall von Adam und Eva, Daniel in der Löwengrube,* die *drei Jünglinge im Feuerofen,* die *Geschichte des Jonas,* das *Opfer Abrahams,* die *Arche-Noah* und andere, nicht identifizierte Szenen. Die Auswahl der alttestamentlichen Szenen ist typisch für die christliche Kunst. Die Ereignisse des Alten Testaments gehen denen des Neuen voraus und kündigen sinnbildlich die heilbringenden Werke des dreieinigen Gottes an. Die Inschriften sind in griechischer Sprache. Die Protagonisten verlieren sich in einer weiten Landschaft, die locker mit Weinlauben, Trauben, Blumen und Vögeln geschmückt ist. Die Malweise ist zuweilen sorgfältig, häufig verrät sie jedoch Unbeholfenheit und mangelnde Übung. Die Künstler lassen sich von der frühchristlichen Kunst inspirieren und versuchen, einen zweidimensionalen Raum darzustellen, ohne ihn allerdings ausgewogen gestalten zu können. Nach O. Wulff entstammen die in ihrer «Suggestivkraft lebendigen» Werke einer «ländlichen Kunst, die wohl primitiv, aber voller Frische ist».[5]

Die Wandmalerei im vorislamischen Ägypten kennen wir von den berühmten Fresken im oberägyptischen Bawit. Im Vergleich zu den Arbeiten, die in Konstantinopel, Saloniki oder Ravenna entstanden, wirken diese Gemälde auf den ersten Blick wie provinzielle Ableger der byzantinischen Kunst. Sie haben nichts Prunkvolles und wurden mit einfachen technischen Mitteln angefertigt. Dennoch bewahrt *Tafel 49* ihre schöpferische Sprache eine große Ausdruckskraft. Die von geschickter Hand gezogene Zeichenlinie ist klar und geschmeidig. Die Farben sind kräftig, die Tönungen schlicht. Die Umrisse sind durch feine Halbtonstriche verdoppelt. Das Kloster ist nach dem heiligen Mönch Apollon, dem «Freund des Engels», benannt. Er ist an den Wänden mehrfach dargestellt. Das Bildprogramm ist sehr umfangreich. Neben zahlreichen Darstellungen Christi, von Propheten und Heiligen finden sich auch große dekorative Kompositionen, die Decken und Wände schmücken. Die mediterrane Ikonographie lebt in einer Löwen- und Gazellenjagd, in «bewohnten» Rankenwerken, sich windenden Pflanzen und mit Girlanden geschmückten Mäandern fort. Variationen zeugen von der Entstehung einer universalen christlichen Kunst: Christus erscheint mal als bartloser Jüngling, mal gereift und mit Bart. Die Eigenarten der koptischen Kunst bilden sich heraus. Abstraktion und Geometrisierung treten deutlich zutage. Die unbewegten Gesichter werden durch die erstarkte Seele belebt, die für immer mit Gott verbunden ist. Der Mensch schmückt sich mit den klösterlichen Tugenden, deren zwölf Attribute an der Mauer einer Kapelle zu lesen sind: «Langmut, Frieden, Sanftmut, Barmherzigkeit, Hoffnung, Glaube, Enthaltsamkeit, Nachsicht, Jungfräulichkeit, Geduld, Weisheit und Keuschheit.»[6] Die Bewegung in den Bildern ist auf sich wiederholende Gesten beschränkt. Der gemessen-feierliche Charakter verändert zuweilen die festgelegten Prototypen. Die Apsiswölbung einer Kapelle ist mit einem aus zwei Feldern bestehenden Gemälde geschmückt. Im ersten thront Christus, von Engeln umgeben, in einer Mandorla, die von den vier Evangelistensymbolen getragen wird. Sonne und Mond blicken auf ihn herab. Im unteren Feld thront die Jungfrau mit dem Kind, «der wahre Weinstock, der die Traube des Lebens trägt», mitten unter den Aposteln. Daß die Szenen übereinanderliegen, läßt an die Himmelfahrt denken. Die Apostel sind einheitlich von vorn dargestellt, sie stehen starr, und jeder hält ein kostbar gebundenes Evangeliar in den Händen. «Wie die Soldaten des Kaisers es nicht wagen, nach links oder rechts zu schauen, wenn sie strammstehen», lautet ein Ausspruch des Kirchenvaters Serapion, «so ergeht es auch dem Menschen, wenn er vor Gott tritt und aus Furcht unablässig vor sich hin blickt; vom Feind hat er nichts zu befürchten.»[7]

120. *Christus* auf einer «imago clipeata», Bawit, 7. Jh., Koptisches Museum, Alt-Kairo.
121. *Himmelfahrt,* Bawit, 7. Jh., Koptisches Museum, Alt-Kairo.

Allmählich kristallisiert sich eine verfeinerte koptische Ikonographie heraus. In der Produktion des siebten Jahrhunderts deuten sich Werke des Mittelalters an. Der Körper erstarrt zur Säule. Das ägyptische Ikonengesicht bildet sich heraus: Ähnlich den Cherubim und Seraphim «ist es nur ein Auge».[8] Der figürliche Schmuck wird «flach» und nimmt zweidimensionale graphische Formen an. Die islamische Stilisierung deutet sich an. Tier- und Menschengestalten alternieren harmonisch mit abstrakten geometrischen Motiven. Hirsche und Vögel verbinden sich mit Netzmustern und Flechtwerk. Ein Halsband aus Fischen erinnert an «das Wasser des Lebens, klar wie Kristall, es geht vom Thron Gottes und des Lammes aus» (Offb 22, 1). Das fleischgewordene Wort weist den «reinen Fischen» den Weg aus den «gefährlichen Wogen»[9] zum Haus des Vaters.

Von den Omaijaden zu den Mameluken

Im Jahr 639 fällt Ägypten unter die Herrschaft der Araber. Verschiedene islamische Dynastien lösen einander ab. Unter den Omaijaden und Abbasiden wird das Land schrittweise islamisiert und arabisiert. Die Kopten werden einmal in das gesellschaftliche Leben einbezogen, einmal ausgegrenzt oder unterdrückt. Sie entfremden sich immer mehr der sozialpolitischen Realität. Auf ihre ersten Aufstände reagieren die Machthaber mit Unterdrückung. Im Jahr 829 wird ihr Aufstand im Nildelta gewaltsam niedergeschlagen. Die darauffolgenden Massenübertritte zum Islam markieren das Ende einer Epoche. «Seit damals», notiert der Chronist al-Makrizi, «unterwarf Gott die Kopten in ganz Ägypten, und ihre Macht war endgültig gebrochen. Keiner von ihnen war imstande, sich der Obrigkeit zu widersetzen, und die Muselmanen besaßen die Mehrheit in den Dörfern. Die Kopten kehrten zu ihrer Methode zurück, den Islam und die Muselmanen mit List zu täuschen, und bewerkstelligten es so, daß ihnen die Ämter des Steuereinnehmers übertragen wurden.»[10] Die Zahl der ägyptischen Christen schrumpft. Ihre Gemeinschaft ist fortan nur noch Teil einer mehrheitlich islamischen Gesellschaft. Die Kirche bleibt aktiv. Trotz wiederholter Dekrete und Entlassungswellen bleiben die Kopten in öffentlichen Ämtern. Häufig reagiert der Staat auf soziale und wirtschaftliche Probleme mit diskriminierenden Maßnahmen wie Steuererhöhungen, der Ausweitung der Kopfsteuer auf den Klerus, Prozessionsverbot und diversen schikanösen Kleidervorschriften. Die Regierung unter Ibn Tulun verwaltet Ägypten unabhängig von Bagdad. Die Machthaber bringen den Christen großes Wohlwollen entgegen. Kopten erhalten Posten in der Verwaltung und nehmen am politischen Leben teil. Noch besser geht es den Christen unter den Fatimiden im zehnten Jahrhundert. Ägypten erhält christliche Minister. «Zu dieser Zeit», schreibt Barhebraeus im dreizehnten Jahrhundert, «konnten die Christen, ohne den Glauben zu wechseln, im arabischen Königreich Ägypten zu Wesiren ernannt werden. Inzwischen ist dem nicht mehr so. Heute wird ihnen kein Wesiramt mehr anvertraut, wenn sie nicht Muselmanen werden.»[11]

Einer koptischen Legende zufolge forderte der erste fatimidische Kalif und Gründer Kairos, al-Mu'izz, die Kopten auf, das Wort Christi zu erfüllen und mit ihrem Glauben Berge zu versetzen. «Muslime, Juden und Christen standen am Fuß des Berges nahe der Elefantensenke. Kaum hatten die Christen zu beten begonnen, hob der Berg vom Boden ab und glitt vor den Augen von al-Mu'izz und all dem versammelten Volk dahin.»[12] Erstaunt über dieses wunderliche Schauspiel, befahl der Kalif, die Kirchen instand zu setzen, und trat die Macht an seinen Sohn Asis ab. Dann empfing er die Taufe und zog sich in ein Kloster zurück. Asis heiratete eine Christin und hatte die beiden melkitischen Patriarchen von Alexandria und Antiochia zu Schwagern. Die Machtübernahme seines wahnsinnigen Sohnes al-Hakim bi Amr Allah läutet ein schmerzliches Zwischenspiel ein. Willkürlich drangsaliert er Juden, Christen und Muslime. Der grausame und überspannte Despot, der unter einer «Störung des Gehirns»[13] leidet, gebärdet sich wie ein wahrer Caligula, regiert und erläßt Gesetze nach Lust und Laune. Insbesondere die Christen haben unter seiner Brutalität zu leiden. R. Hartmann sieht in seiner Politik die einzige, direkt gegen die orientalischen Christen gerichtete staatliche Verfolgung. Obwohl er christliche Wesire im Amt beläßt, zerstört er Kirchen und läßt die Auferstehungskirche in Jerusalem niederreißen.

Gegen Ende seiner Herrschaft schlägt der Despot einen entgegengesetzten Kurs ein. Er legalisiert die Apostasie, gestattet Konvertiten, wieder ihre ursprüngliche Religion anzunehmen und fördert den Kirchenbau. Er nimmt wieder Kontakte zu Christen auf, verkehrt mit Mönchen und verschwindet schließlich unter mysteriösen Umständen während eines Aufenthalts im Kloster Al-Kosseir. Die entkräftete und angeschlagene Kirche erlebt nach diesem schmerzlichen Aderlaß einen neuerlichen Aufschwung. Die Nachfolger al-Hakims bieten ihr Hilfe und Unterstützung an.

Die Kreuzzüge und die Kriege unter den Muslimen selbst schaffen eine neue Lage. Im Jahr 1169 stürzt Saladin die Fatimiden-Dynastie. Fortan wird Ägypten von den Aijubiden regiert. Im Glauben, die Markus-Kirche in Alexandria werde für die Kreuzfahrer zu einer Festung ausgebaut, läßt sie Saladin zerstören. Gleichzeitig erlaubt er den Kopten, nahe dem Heiligen Grab in Jerusalem ein Kloster zu errichten, das den Namen «Kloster des Sultans» erhält. Die Kriege zwischen Lateinern und Muslimen wenden sich zuweilen gegen die einheimischen Christen. Im Jahr 1218 flüchten zehntausend Kopten vor sporadischen Verfolgungen nach Äthiopien, und 1249 werden nach dem vorübergehenden Sieg Ludwigs IX. in Damiette über hundert Kirchen niedergerissen. Zwei Jahre danach herrschen die Mameluken in Ägypten. Erneut werden die Christen zu Opfern diskriminierender Maßnahmen. 1302 bricht ein Bürgerkrieg aus. Al-Makrizi berichtet detailliert über die Übergriffe der Muslime und den Widerstand der Christen. Erstere reißen Kirchen nieder, letztere antworten mit dem Niederbrennen von Moscheen. Als Vergeltung zerstören die Muslime heilige Stätten und zwingen viele Kopten zum Glaubensübertritt. Das Eingreifen der Staatsgewalt bewahrt die Kopten vor einem verhängnisvollen Debakel.

Die Kunst des Mittelalters

In der Kunst dieser Epoche findet eine völlige Verschmelzung der islamischen und koptischen Traditionen statt. Sehr früh schon stellen die christlichen Handwerker ihr Talent in den Dienst der Eroberer. Ein koptischer Zimmermann stellt in der Moschee von Amr einen Predigtstuhl auf, ein Geschenk des Herrschers von Nubien. Ein anderer wird beauftragt, die Kaaba mit dem Holz vom Wrack eines byzantinischen Schiffes zu verkleiden. Koptische Handwerker aus Ägypten errichten zusammen mit Griechen aus Syrien die Moschee von Medina. Die Moschee des Ibn-Tulun wird unter Leitung des koptischen Baumeisters Ibn Katib al-Firghani errichtet. Saladin beauftragt die beiden christlichen Architekten Abu Mansur und Abu Maschkur, die neue Ringmauer von Kairo und die Festung Moqattan zu bauen. Die Symbiose erstreckt sich auf alle Gebiete. Die koptische Kunst folgt der Entwicklung der islamischen Kunst Schritt um Schritt. Ob unter den Abassiden, den Tuluniden, Fatimiden, Aijubiden oder Mameluken, zu jeder Zeit stellt Ägypten, obwohl es die Kanones von Samarra übernimmt, seine Originalität unter Beweis, die dank einer genialen Schöpferkraft in zahlreichen Facetten der Kunst zum Ausdruck kommt. Die koptischen Künstler wirken an dieser Entwicklung mit, halten jedoch an ihrer Aufgabe und Eigenständigkeit als Christen fest. «Es handelt sich hier nicht um eine Abhängigkeit», unterstreicht P. du Bourguet, «sondern um Wechselbeziehungen. Die Kopten lieferten dem Islam gleich anderen Völkern Motive oder Stileigenheiten und entnahmen ihm ihrerseits Themen, die ihre immer noch kraftvolle Kunst sich aneignen konnte. Durch ihre Herkunft und Eigenart ist sie weder dem Wiedererwachen des Naturalismus fremd, der zur Zeit der Omaijaden mit einer gewissen Eintönigkeit erfolgt, noch den unter den Tuluniden beliebten großflächigen Kompositionen oder der lebendigen Überfülle und Komplikation zur Zeit der Fatimiden. Jede neue Stilrichtung geht reibungslos in die koptische Kunst über.»[14]

Die Dekors der Jungfrauenkirche im Kloster der Syrer veranschaulichen eindrucksvoll die Anfänge der ägyptischen Schule. Das im Wadi Natrum gelegene Kloster wurde von Kaufleuten aus Tagrit für Mönche ihres Glaubens erworben und vom neunten bis siebzehnten Jahrhundert von Antiochiern bewohnt. Das Dekor der Kirche stammt aus dem zehnten Jahrhundert. Das Sanktuarium schmückt ein Stuckdekor, das aus einem Fries von einem Meter Höhe besteht und sich über drei Wände hinzieht. Der Fries erinnert an den der Moschee Ibn Tuluns, die nach dem Vorbild der großen Moschee in Samarra gebaut worden ist. Sein christliches Gepräge erhält das Bauwerk durch das eucharistische Symbol der Weintraube und die Kreuze, «die vor allem auf der Ostwand zu sehen sind, im Osten, wo Christus bei seiner Wiederkehr erscheinen muß».[15] Zwei monumentale Falttüren, die den Chor vom Hauptschiff trennen, bilden das Prunkstück der Kirche. Ihre übereinanderliegenden Einfassungen sind mit einem Elfenbeindekor belegt, bei dem die Formen des Kreuzes einem geometrischen Dekor eingefügt sind. Das Ensemble besteht aus horizontalen Streifen, die jeweils einem Motiv gewidmet sind, das sich auf allen Einfassungen gleichmäßig wiederholt. Diese Motive sind von allem Figürlichen befreit. Nur die obere Reihe zeigt stehende Heiligenfiguren. Leider sind die Elfenbeinstücke heruntergefallen, und die Heiligen haben ihre Gesichter verloren. Aber dank der Inschriften kennen wir ihre Namen. Die Auswahl der Protagonisten belegt auf ihre Weise die Freundschaft zwischen Antiochia und Alexandria. Auf einer Tür flankieren Markus und Ignatius den Christus-Immanuel und Maria. Auf der zweiten werden sie durch Dioskuros und Severus ersetzt. Diese kostbaren, von koptischer Hand gefertigten Türen der tulunidischen Epoche sind Vorläufer der großen anikonischen Ikonostasen der ägyptischen Kirchen.

Das Ornamentale triumphiert. Die mit Weinblättern versehenen Stengel verwandeln sich in Arabesken. Die Blätter haben mehr Lappen als in der Natur. Das Kreuz nimmt neue Formen an. Es erblüht in einem Geflecht aus Schilfrohren und Palmwedeln oder fügt sich einem Netzmuster aus Kreisen und Rauten ein. Die christliche Ikonographie wird harmonisch in diesen Raum der Zeichen integriert. Die Heiligen erscheinen nur in Gestalt ihrer Prototypen. Der Reiter, der Mönch und der Bischof finden in diesem Dekor ihren Platz. Man sieht sie einmal eingebettet in ein Flechtwerk, einmal isoliert in Rahmen, die symmetrisch mit anikonischen Rahmen alternieren.

Ihre eigentliche Bedeutung erlangt die figürliche Darstellung in den Wandgemälden. Den vielfältigen Strömungen gegenüber stets aufgeschlossen, verfolgt die Malerei konsequent ihren Weg und entwickelt eine Schule, die sich in vielen Regionen Ägyptens durchsetzt. Die Kirche des Klosters der Syrer enthält ein Ensemble, das aus Darstellungen vier großer Kirchenfeste besteht: Verkündigung, Geburt Christi, Himmelfahrt und Marientod. Neben den syrischen Inschriften finden sich auch Inschriften in griechischer Sprache, die in koptische Buchstaben transkribiert sind. Das von syrischen Künstlern oder einer

122. Stuck, 10. Jh., Kloster der Syrer, Wadi Natrun.
123. Falttür, 10. Jh., Kloster der Syrer, Wadi Natrun.

124. Holzschnitzerei, Ausschnitt, 12.-13. Jh., Koptisches Museum, Alt-Kairo.
125. Holzschnitzerei, Ausschnitt, 12.-13. Jh., Merkuriuskirche, Alt-Kairo.
126. Holzschnitzerei, Ausschnitt, 12.-13. Jh., Merkuriuskirche, Alt-Kairo.

127. *Verkündigung,* 11.–12. Jh., Kloster der Syrer, Wadi Natrun.

128. *Geburt Christi,* 11.–12. Jh., Kloster der Syrer, Wadi Natrun.

129. *Entschlafen der Jungfrau,* 11.–12. Jh., Kloster der Syrer, Wadi Natrun.

gemischten syrisch-koptischen Gruppe realisierte Werk ist nicht in dem gleichen Einheitsstil gemalt wie die Fresken in den benachbarten Klöstern. Es weicht von den byzantinischen Kanones ab, ohne freilich der lokalen Strömung der Zeit anzuhängen. Durch seinen griechisch-orientalischen Stil, der durch mesopotamische Anleihen belebt wird, ist es den Schöpfungen des mittelalterlichen Kappadokiens verwandt. Die Krakelüren ließen auf die Existenz früherer Fresken schließen. In den Rissen der Himmelfahrtsszene kam ein menschliches Gesicht zum Vorschein: Das heute freigelegte Gemälde stellt eine großartige *Verkündigung* dar, das vollkommenste byzantinische Werk Ägyptens. Neben Maria und dem Engel des Herrn sind vier Propheten zu sehen, rechts Mose und Jesaja, links Ezechiel und Daniel. Auf ihren geöffneten Schriftrollen sind in koptischer Sprache ihre Prophezeiungen zu lesen, in denen sie die Menschwerdung Gottes und die jungfräuliche Mutterschaft Marias voraussagen. Im Hintergrund erkennt man eine idyllische Stadt, aus der eine Kirche aufragt, ein Abbild des himmlischen Jerusalem. Ein rot umrandeter Baum evoziert den brennenden Dornbusch. Die Haltung der Protagonisten ist gemessen. Die Gesten ihrer Hände sind würdevoll und graziös. Die Mutter und der Engel baden in makellosem Azurblau. Die Gewänder der vier Propheten sind einheitlich rot, ihre fließenden und wellenförmigen Falten griechisch. Das Blau ist mit Weiß gedämpft, das Weiß in allen Tönen abgestuft, das Rot durch Erdfarben schattiert. *Tafel 50, 51*

Der koptische Stil wird in den zahlreichen Fresken sichtbar, die erhalten geblieben sind. Die Reste der Wandmalereien aus Kairo, dem Wadi Natrum, der Arabischen Wüste und der Wüste bei Esna zeugen von einer originellen und kraftvollen lokalen Kunst. Die philokalische Schönheit zeigt sich in den Bildern, Formen und Farben. Auf einem Werk aus dem zehnten Jahrhundert sieht man Adam und Eva zwischen blühenden Bäumen stehen. Getreu dem kontinuierenden Stil stellt der Maler die Ereignisse in einem einzigen Bildraum dar. Mann und Frau erscheinen zweimal: einmal nackt und geschlechtslos, von der verbotenen Frucht kostend, dann mit Lendenschürzen bedeckt. In einem kleineren Maßstab ist ein Pferd gemalt. Es ist an einen Baum gebunden und symbolisiert die Bändigung der Leidenschaften, eine Reminiszenz an das widerspenstige Pferd Platons, das für Aufruhr und Chaos steht. Eine dünne Linie begrenzt die Umrisse der Silhouetten. Die Körper haben ihre unveränderliche Form erreicht, die Gesichter sind sanft und heiter. Das Inkarnat ist klar und leuchtend. Nichts deutet auf den Sündenfall hin. Die große Vision des Mönchtums scheint durch: Nach der Prüfung sind die Leidenschaften besiegt, und «die Seele hat nur noch reine Erinnerungen».[16] Die Bäume verlieren ihre natürliche Form. Ihre Blätter und Früchte verwandeln sich in einen Teppich aus grünen Schraffuren mit kleinen roten Kreisen. Das Paradies wird verinnerlicht. «Das Himmelreich ist die Unempfindlichkeit der Seele in Verbindung mit der wahren Erkenntnis der Menschen.»[17] Die Handlung geht in der Kontemplation auf. Von Kirche zu Kirche, von Bild zu Bild feiert die Malerei den «vortrefflichen Zustand» des reinen Gebets. *Tafel 52, 53*

Die plastische Sprache wird präziser. Die Kanones werden von zahlreichen Malergruppen übernommen und vervollkommnet. Die Vorliebe für die reine Form dominiert. Die monumentalen Figuren derer,

130. *Adam und Eva*, 11. Jh., Koptisches Museum, Alt-Kairo.

die das ewige Leben haben, stehen großen ornamentalen Flächen gegenüber. Die ikonographischen Programme sind sehr streng. Der Erlöser behält seinen zentralen Platz, er ist «der Flügel, der zum Himmel der versammelten Heiligen trägt».[18] Engel, Mönche, Propheten, Bischöfe und Reiter gruppieren sich um das unbesiegbare Wort. Im Makariuskloster thront der von zwei Engeln flankierte Christus an der Westwand des Benjamin-Sanktuariums. Die Apostel und Evangelisten umgeben ihn wie bei einer Deesis. Dennoch werden die Figuren in strenger Frontalität dargestellt: Durch Säulen getrennt, wachen die Heiligen einsam unter engen Bögen. Die Ältesten aus der Offenbarung sind an den Wänden des Sanktuariums aufgereiht. Sie sitzen alle auf verzierten Stühlen und halten in der einen Hand ein geschlossenes Phylakterion, in der anderen einen Pokal. Als himmlische Geister und Priester der Wahrheit «verehren sie glühend Tag und Nacht». Das Dekor setzt sich im Sanktuarium des heiligen Markus fort. Szenen aus beiden Testamenten wechseln sich auf spitz zulaufenden Bögen ab. Die Bewegung erstarrt. Die Hände sind erhoben, die im Dreiviertelprofil dargestellten Protagonisten kommunizieren schweigend. Der Engel der Verkündigung segnet Maria. Mose und Aaron stürzen aufeinander zu. Die *Verkündigung an Zacharias* ist eine Wiederholung der Verkündigung Mariä. Jesaja und Abraham machen die gleiche Geste: Mit ausgestreckten Armen und geöffneten Händen empfängt ersterer von einem Engel die Reinigung der Lippen, letzterer von Melchisedek die aus Brot und Wein bestehende Kommunion. Die Wüstenväter reihen sich an den Wänden. Seite an Seite stehen dort, mit frontal dargestellten

131. *Melchisedek, Abraham und Isaak,* 13.-14. Jh., Makariuskloster, Wadi Natrun.
132. *Die Verkündigung an Zacharias,* 13.-14. Jh., Makariuskloster, Wadi Natrun.

Gesichtern und die Hände zu traditionellen Gesten erhoben, Paulus von Theben, Antonius der Große, Pachomius, Theodor, Makarius und ein großer Seraph. Wie der Engel ist der Heilige «ganz Auge». Von «frommer Demut» erfüllt, bewahrt er seine gestärkte Seele, die zur Kontemplation bereit und unablässig mit Gott verbunden ist.

Die Fresken im Kloster al-Baramus weisen in dieselbe Richtung. Die thematische und stilistische Übereinstimmung ist offensichtlich. Wieder reicht Melchisedek Abraham das Abendmahl und huldigt dem «Höchsten Gott, dem Schöpfer des Himmels und der Erde» (Gen 14, 19). Die Überreste neutestamentlicher Szenen lassen eine Verkündigung und eine Heimsuchung Mariä erahnen. In einer Galerie der Asketen sind die Väter und die «Mütter» der Wüste vereint. Die Figur des heiligen Onuphrius sticht aus der Gruppe heraus. Der Körper verliert seine organischen Merkmale. Die Gestalt des Heiligen überragt weit den Novizen und den Baum, die ihn flankieren. Nackt und dünn, mit einem weißen Bart, der ihm bis zu den Knien reicht, hebt der unbeugsame «Riese» in Orantenhaltung die Arme. «Der Heilige Geist ist ihm Kleidung und Speis und Trank.» [19] Er wächst wie eine in der Wüste gepflanzte Palme und bringt die reifen Früchte des Geistes hervor. Die anfälligen Sterblichen sind nicht dargestellt. Irdische Engel und himmlische Engel führen das «lebendige Leben» ins Licht der «Sonne der Gerechtigkeit». Im Kloster des heiligen Antonius gesellen sich die vier körperlosen Tiere zu der Mutter und

Tafel 55, 57

133. *Heiliger Onuphrius,* 13.-14. Jh., Kloster al-Baramus, Wadi Natrun.
134. Unbekannter Heiliger, 13.-14. Jh., Kloster al-Baramus, Wadi Natrun.

Johannes dem Täufer und beten mit ihnen neben dem als Majestas dargestellten Christus. Die traditionelle Deesis erhält eine spezifisch koptische Dimension. Die vier Tiergestalten sind nicht mehr die Evangelistensymbole, sondern konkrete «Geister», die von der Kirche verehrt werden. «Antlitz des Löwen, Antlitz des Stieres, Antlitz des Menschen, Antlitz des Adlers. Sie sind vorn und hinten mit Augen versehen», heißt es in der Liturgie. Ihr Gebet schließt die gesamte Schöpfung mit ein. Der Löwe betet für die wilden Tiere, der Stier für das Vieh, der Adler für die Vögel, der Mensch für die menschliche Gattung. Von der Deesis bis zu den Porträts sind dem Wanddekor neue Betende hinzugefügt. Die Reiter, Märtyrer des Glaubens, sitzen steif auf ihren Pferden und hüllen sich in das tiefe Schweigen, das das Ensemble umfängt. Geschmückt mit der Rüstung des Glaubens und der Barmherzigkeit, verwandeln sich die Soldaten in Streiter für den Geist. Ihre frontal dargestellten Gesichter drücken dieselbe Kontemplation aus wie die der Apostel und Eremiten. Die Gruppe erstarrt. Maßvoll und wachsam überwinden die Söhne des Jüngsten Tages jeden Schmerz. Das Kreuz ragt auf, «Schwert des Geistes und Quell der Gnade». Die Maler verherrlichen es, indem sie ihm viele Gestalten geben. Es ist stets anikonisch und mit Flechtwerk und Arabesken geschmückt. Ein über seinen Balken hängendes Tuch weist auf die heilbringende Passion Christi hin. «Wir preisen Dich», heißt es im Stundengebet, «denn Du hast aus den Leidensmomenten Deines eingeborenen Sohnes Momente des Trostes und Gebets gemacht»; «durch das triumphierende Kreuz wurde die Hölle zerstört und der Tod besiegt. Wir waren Tote und sind auferweckt worden. Er hat uns die Freuden des Paradieses und die Vorzüge des ewigen Lebens gewährt.»[20]

Die christliche Ikonographie übernimmt die große Kunst der Epoche und paßt sich ihrem Dekor an. Es gibt reichlich Arabesken. Der islamische Einfluß ist allgegenwärtig. Im Makariuskloster bedecken die Malereien harmonisch die typisch fatimidischen Gewölbe. In der Merkuriuskirche von Alt-Kairo
Tafel 54, 55 finden sie sich in den kleinen Trompen der Mukarnas, und man erkennt die Heimsuchung Mariä, die Verkündigung Mariä und zwei ganzfigürlich dargestellte Asketen vereint in einer Nische unter der Decke zwischen zwei aneinanderstoßenden Mauern. Im Weißen Kloster bei Sohag vertauscht die Jung-

135. *Die Jungfrau mit den vier apokalyptischen Tieren,* Antoniuskloster am Roten Meer.
136. *Triumphkreuz,* Antoniuskloster am Roten Meer.

frau mit dem Kind ihren byzantinischen Thron gegen einen großartigen Intarsienstuhl mit achteckigen Sternen. Im Kloster al-Baramus sieht man einen überwältigend schönen Erzengel mit gekröntem Haupt, schwarzem Haar und leichten Schlitzaugen, dessen Züge durch eine rote Linie hervorgehoben sind. Er könnte einer prachtvollen abbasidischen Handschrift entnommen sein. Im Pauluskloster in der Arabischen Wüste hat die Vorliebe für einfache und reine Formen ihren Höhepunkt erreicht. Die Jungfrau mit dem Kind, die Reiterheiligen und die Alten der Wüste sind zusammen mit den Erzengeln, den Seraphim und den vierundzwanzig Ältesten der Offenbarung zu sehen: Die Thematik ist traditionell, doch ihre schöpferische Behandlung ist neu. Die Freskenmaler übernehmen die typische Malweise der ägyptischen Keramiker. Sie verzichten darauf, die Formen der Figuren herauszuarbeiten. Die Formen verlieren an Volumen, und die Farben haben keine Abstufungen mehr.

Die arabisch-koptische Buchkunst

Derselbe Aufschwung ist in der Buchmalerei zu spüren. Ob Kalligraphien, Arabesken oder Bilder: Die Buchkunst läßt sich von der Epoche inspirieren. Im fünften Jahrhundert entwickelte das christliche Ägypten eine eigene Sprache, die mit dem griechischen Alphabet und einigen aus dem Demotischen übernommenen Zeichen geschrieben wurde. Im achten Jahrhundert wird sie schrittweise arabisiert, und um die Jahrtausendwende entsteht eine eigenständige koptisch-arabische Literatur, die in theologischen, hagiographischen und hymnologischen Schriften ihren Ausdruck findet. Sind die Handschriften in den ersten Jahrhunderten noch in koptischer Sprache abgefaßt, so wird im Mittelalter auch dem Arabischen ein Platz eingeräumt. Die Symbiose zwischen den Künsten steuert ihrem Höhepunkt zu. Die Arabeske wird prägend. Dank der erstmaligen Verwendung von Gold erhält die koptische Kunst einen prunkvollen Charakter. *Tafel 54, 55* Die geschmeidige und verfeinerte ornamentale Schrift huldigt dem Evangelium Christi und verherrlicht sein erlösendes Kreuz. Die dekorativen Tier- und Blumenmotive sind von den geometrischen Ornamenten nicht zu trennen. Vogel, Gazelle, Hirschkuh, Hase und Fisch werden zu «hieroglyphischen» Zeichen, die man auf Holztäfelungen, Elfenbeinschnitzereien, Töpferwaren und Geweben findet. Blau und Gold finden Eingang in die Kalligraphie, die koranähnliche Formen annimmt. Das leere Kreuz, «unauslöschliches Zeichen in den Händen des Höchsten», erhebt sich auf einem mehrstufigen Sockel. Die Buchmaler überziehen es mit Flechtwerk, Bändern, Ranken und Laubwerk. Zuweilen verschwindet es in einem goldenem Raum aus sich überschneidenden geometrischen Formen, wo es in verschiedenen Variationen wieder auftaucht: Durch seine permanente Gegenwart drückt es dem Werk seinen Stempel auf und betont seine christliche Identität.

Die Miniaturen spiegeln die breiten Strömungen in der Kunst der Epoche wider. Wie bei den großen Fresken werden die Heiligen streng frontal dargestellt, in starrer und statischer Haltung. Die Anatomie des Körpers verschwindet hinter den Gewändern. Der Ausdruck konzentriert sich auf die Augen, die fest auf den Betrachter gerichtet sind. Das Gemälde verkörpert das asketische Ideal, das im Leben des Einsiedlers die höchste Form der Heiligkeit sieht. «Der Mensch, der flieht», lehrt Abba Moses, «gleicht einer Traube, die in der Sonne reift, aber der, der unter den Menschen verweilt, ist wie eine unreife Traube.»[21] Ganz der Verherrlichung des Göttlichen hingegeben, greift die Malerei unablässig auf ikonische Heiligen- und Engelfiguren zurück. Die seltenen architektonischen Dekors tauchen in Darstellungen der Kirchenfeste auf. Der ikonische Ort ist ein neutraler, leerer Grund. Der Maler vermeidet bewußt das Narrative und Pittoreske. «Auf der Welt gibt es nur mich allein und Gott», wiederholen die Väter bei ihrer Suche nach Ruhe.[22] Der Heilige steht allein in einer himmlischen Umgebung. «Du leuchtender irdischer Stern», heißt es in einem Hymnus des heiligen Johannes des Kleinen, «deine Demut und dein engelhaftes Leben ließen die ganze Sketis wie einen Wassertropfen auf deinem Finger erscheinen.»[23] Die Landschaft tritt zurück. Der vergöttlichte Mensch, ein «goldener Leitstern, der heller strahlt als die Sonne», bewohnt diesen Raum und erhellt ihn mit seinem Licht.

Die Illustration des Evangeliums erlaubt den Malern, einen anderen Weg einzuschlagen. So verdankt die abbasidische Malerei zwei kostbaren Evangeliaren, die in Paris aufbewahrt werden, eine Reihe ungewöhnlich reichhaltiger und phantasievoller Werke. Die Bilder zeichnen die wichtigen Ereignisse im Leben Christi nach. Die Ikonographie gerät in Bewegung, der Themenbereich erweitert sich, die Zahl der Protagonisten steigt. Bauwerke ragen auf, Pflanzen sprießen, Gestade und Felsen durchziehen die Landschaft. Die Prinzipien der arabischen Schule dominieren, die vielfältigen Kompositionselemente werden modifiziert. Auf thematischer wie stilistischer Ebene erneuern die Maler die christliche Ikonographie, indem sie sie mit neuen Bildern bereichern. Die erste Handschrift[24] ist von größtem historischen Wert. E. Blochet nennt sie die «Inkunabel der mesopotamischen Malerei des dreizehnten Jahrhunderts». Das in das Jahr 1180 datierte Werk ist die älteste abbasidische Handschrift, die uns erhalten geblieben ist. Mit seinen siebenundsiebzig Miniaturen gehört es zu den wichtigsten Zeugnissen der mittelalterlichen christlichen Buchkunst. Auf drei ganzseitigen Illustrationen sind jeweils der dreiundsiebzigste Patriarch von Alexandria, Markus, der thronende Christus und die vier Evangelisten zu sehen.[25] Die Bilder, die sich auf das Evangelium beziehen, sind nach einer byzantinischen Seitengestaltung in horizontalen Streifen in den Text eingefügt. Sie begleiten den Text und setzen ihn direkt ins Bild. Die Zeichnung weist Mängel auf. Die eigentliche Bedeutung der Bilder besteht in der Kühnheit der Inszenierung und in der kreativen Umsetzung des Textes. Der byzantinische Einfluß ist gering. Der Maler zögert nicht, die Prototypen der Kirchenfeste zu modifizieren oder neue zu erfinden. Die idyllische Landschaft der abbasidischen Miniatur ersetzt das Milieu der Ikone. Die Handlung findet auf einer Bodenlinie statt, die durch zwei Sträucher oder Felsen begrenzt wird. Der Grund bleibt leer. Drinnen und Draußen werden gleich behandelt. Der Raum, in dem das Ereignis stattfindet, steht allen offen. Die Perspektive verzichtet auf jeden Naturalismus. Typisierte Formen bilden das Dekor. Die Landschaft wird reichhaltiger, bewahrt aber gemeinsame Elemente. Fluß, See und Meer sind in derselben Weise gemalt. Wasser wird, wie auf ein kleines Schwimmbecken begrenzt, in Form paralleler rhythmischer Linien dargestellt. Große Fische unterstreichen die Wirkung. Die Wellen, die sich harmonisch zusam-

137. *Auferweckung des Lazarus,* Evangeliar von 1180, Bibliothèque Nationale, Paris.

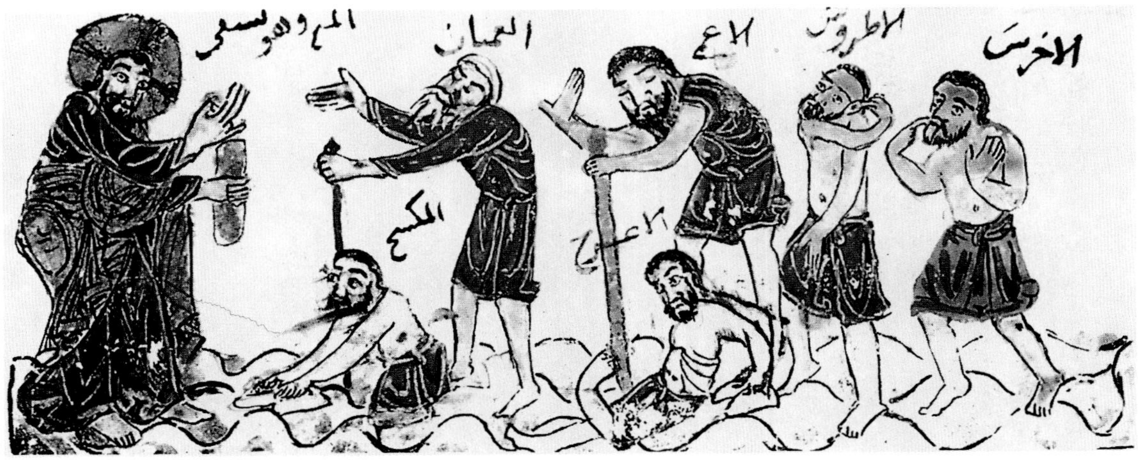

138. *Darbringung im Tempel,* Evangeliar von 1180, Bibliothèque Nationale, Paris.
139. *Petrus, über das Wasser wandelnd,* Evangeliar von 1180, Bibliothèque Nationale, Paris.
140. *Heilung der Kranken,* Evangeliar von 1180, Bibliothèque Nationale, Paris.

menfügen, symbolisieren die «Ruhe nach dem Sturm». Die in sanften Bögen gezeichnete Felslandschaft findet sich an vielen Schauplätzen wieder: Sie wächst oder schrumpft, je nachdem wie es die Darstellung erfordert. Mit ihren rosafarbenen Backsteinmauern, blauen Kuppeln und goldenen Dachgesimsen entsprechen die Bauwerke genau den Bildtypen der arabischen Schule. Die Vegetation ist üppig. Nach abbasidischer Manier häufen sich Blumen, Bäume und Sträucher. Mit ihren stilisierten und phantasievollen Formen entsprechen sie keinem Vorbild in der Natur. Riesige Stengel wachsen zu Büschen zusammen, die Blüten und goldene Früchte tragen. Typisch für die abbasidische Kunst ist, daß Pflanzen verstärkt in wichtigen Szenen wie der Epiphanie, der Verklärung, der Erweckung des Lazarus, der Grablegung oder dem leeren Grab zu sehen sind. Zuweilen stehen sie im Widerspruch zu der Textstelle, die sie illustrieren. So erscheint der Baum mit der Axt am Fuß seines Stammes neben Johannes dem Täufer: «Schon ist die Axt an die Wurzel der Bäume gelegt; jeder Baum, der keine gute Frucht hervorbringt, wird umgehauen und ins Feuer geworfen» (Mt 3, 10). Im Widerspruch dazu stellt der Maler einen stilisierten Mandelbaum mit goldenen Früchten dar. Das Ereignis wird transzendiert, der gemalte Baum steht für den Lebensbaum, der in der künftigen Stadt Früchte tragen wird. Goldene Palmen, kristallklares Wasser, ein sanft gewellter Felsen und kuppelbedeckte Gebäude beleben die Wüste in der Szene von der Versuchung Christi. Ein Vogel steigt in die Luft, zwei Fische schwimmen durch das Wasser, und ein kleiner Löwe kauert am unteren Bildrand. Die Anwesenheit des «wilden Tiers» erinnert an den «natürlichen» Ort des Geschehens. «Er lebte bei den wilden Tieren, und die Engel bedienten ihn» (Mk 1, 13). Die Wüste wird zum Garten Eden. Christus, in der einen Hand das Evangelium, die andere zum Segnungsgestus erhoben, steht auf der Spitze des Felsens: «Als großzügiger König, der er ist, schenkt er seinen Dienern seine spirituelle Gunst.»[26]

Die Helden behalten ihre griechischen Gewänder. Die männlichen Heiligen tragen den Chiton und das Himation, die weiblichen das Maphorion. Alle Gesichter werden im Dreiviertelprofil gezeigt. Den Darstellungen von Fürsten liegen abbasidische Typen zugrunde. Nach dem Vorbild des speisenden Königs thront Herodes mit dem Pokal in der Hand zwischen zwei Höflingen und zwei Dienern. Seine Sitzhaltung ist orientalisch: Ein Bein hängt herunter, das andere ist angewinkelt. Die Samariterin und die Schwiegermutter des Petrus tragen den arabischen Schleier. Die Innenausstattung ändert sich. Stühle, die mit Intarsien verziert und mit bestickten Kissen bedeckt sind, ersetzen den Thron der Antike. In der Szene von der *Darbringung im Tempel* erkennt man einen kleinen jüdischen Altar, darauf ein Evangeliar, das ein Kreuz schmückt, und darüber eine Ädikula, die von einer großen Moscheenlampe beleuchtet wird. Die traditionellen Gesten lassen Raum für neue Ausdrucksformen. Bei der *Verkündigung Mariä* erscheint Maria in kauernder Stellung. In der *Synagoge zu Nazareth* sitzt Christus auf dem Boden. Die Handlung wird lebendiger, die Protagonisten werden menschlicher. Eines der beiden Felder der *Hochzeit zu Kana* ist der traditionellen Festmahlszene gewidmet: Neun Figuren sind um ein islamisches, aus Blumenvasen und Früchtekörben bestehendes Stilleben versammelt.

Christus segnet das Leben. In einer Illustration der *Wunderheilungen* stehen ihm mehrere Personen gegenüber, die die kranke Menschheit repräsentieren: «der Stumme, der Taube, der Blinde, der Lahme und der Gelähmte», wie die arabische Inschrift erläutert. Der Maler der *Kreuzigung* verstößt gegen den koptischen Kanon, indem er das Ereignis in seiner historischen Dimension zeigt. Der Menschensohn wird zwischen den beiden Schächern gekreuzigt. Alle drei haben die Augen geschlossen. Maria, Maria Magdalena und der Lieblingsapostel wohnen der Passion bei, dahinter sieht man die römischen Soldaten. In der Szene, in der die Kleider Christi verteilt werden, kommt eine Gruppe von Legionären hinzu, die ein Schwert und zwei Schilde schwingen. Die Episoden greifen ineinander. Bei der Kreuzabnahme trauern die beiden Marien im Vordergrund und schwenken vor dem Engel der Auferstehung zwei Weihrauchfässer.

Von der koptischen Kunst sonst geflissentlich ignoriert, betreten nun der Verdammte und der Dämon die Szene: In einer kleinen Vignette sind der aufgehängte Judas und ein schwarzer geflügelter Teufel zu sehen. Das Bild verschwindet gewissermaßen im Christus-Zyklus, der in der *Himmelfahrt* gipfelt. Der Künstler erfindet das Bild des Festes neu. Die Jünger knien in vier gestaffelten Reihen übereinander

141. Szenen aus dem Evangelium, 1249, Bibliothèque de Sers/Institut Catholique, Paris.

ÄGYPTEN
Farbtafeln 49–72

49. *Christus,* 7. Jh., Koptisches Museum, Alt-Kairo.

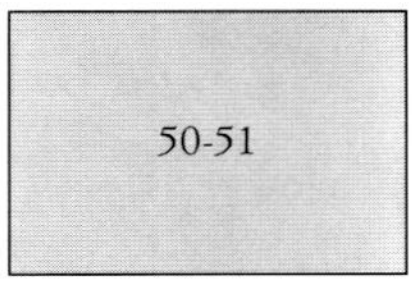

50–51. *Verkündigung,* 11.–12. Jh., Jungfrauenkirche, Kloster der Syrer, Wadi Natrun.

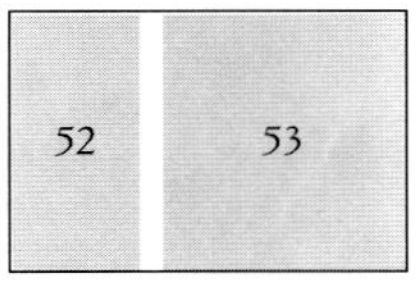

52. *Ganzfigurenbild eines heiligen Bischofs,* 13.–14. Jh., Merkuriuskirche, Alt-Kairo.
53. *Thronender Christus,* 13.–14. Jh., Merkuriuskirche, Alt-Kairo.

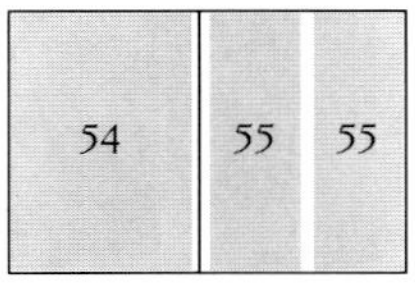

54. Ausgemalte Nische: *Cherubim, Propheten, Heimsuchung und heilige Mönche,* 13.–14. Jh., Merkuriuskirche, Alt-Kairo.
55. *Heilige Mönche,* 13.–14. Jh., Merkuriuskirche, Alt-Kairo.

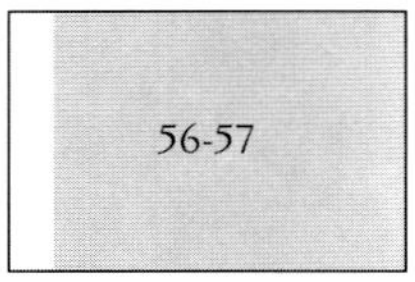

56.–57. *Melchisedek reicht Abraham die Kommunion,* Kloster al-Baramus, Wadi Natrun.

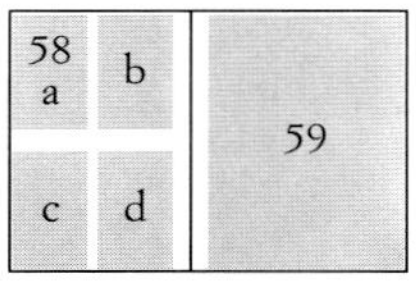

58.a Unbekannter Heiliger, 13.–14. Jh., Kloster des heiligen Bischoi, Wadi Natrun.
58.b Unbekannter Reiterheiliger, 13.–14. Jh., Merkuriuskirche, Alt-Kairo.
58.c Unbekannter Heiliger, 13.–14. Jh., Merkuriuskirche, Alt-Kairo.
58.d Unbekannter Heiliger, 13.–14. Jh., Merkuriuskirche, Alt-Kairo.
59. *Ganzfigurenbild eines Erzengels,* Ausschnitt, 13.–14. Jh., Kloster al-Baramus, Wadi Natrun.

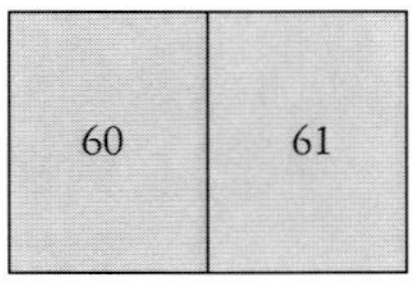

60. *Erzengel,* mittelalterliches Gemälde auf Marmorsäule, 13.–14. Jh., Kirche al-Muallaka (die «Schwebende»), Alt-Kairo.
61. *Jungfrau mit dem Kind,* mittelalterliches Gemälde auf Marmorsäule, 13.–14. Jh., Merkuriuskirche, Alt-Kairo.

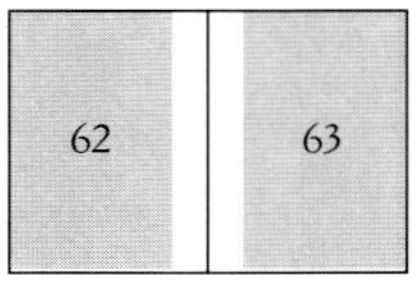

62. *Der Evangelist Johannes,* 1249, Bibliothèque de Sers/Institut Catholique, Paris.
63. *Der Evangelist Matthäus,* 1249, Bibliothèque de Sers/Institut Catholique, Paris.

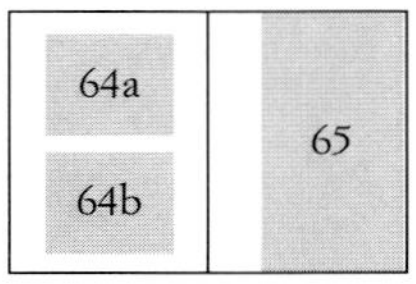

64.a Titelseite des Lukasevangeliums: *Verkündigung an Zacharias, Verkündigung und Heimsuchung Mariä,* 1249, Bibliothèque de Sers/Institut Catholique, Paris.
64.b Titelseite des Johannesevangeliums: *Pfingsten,* 1249, Bibliothèque de Sers/Institut Catholique, Paris.
65. Szenen aus dem Johannesevangelium: *Die Hochzeit zu Kana, Christus und Nikodemus, die Samariterin, der Gelähmte, die Ehebrecherin, der Blinde,* 1249, Bibliothèque de Sers/Institut Catholique, Paris.

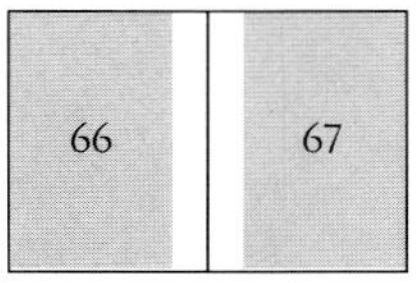

66. Szenen aus dem Lukasevangelium: *Die Geburt des Johannes des Täufers, Darbringung im Tempel, Christus und die Schriftgelehrten, Christus in der Synagoge von Kapernaum, Christus am See, Auferweckung des Sohnes der Witwe aus Naïm,* 1249, Bibliothèque de Sers/Institut Catholique, Paris.
67. Die Passion nach Matthäus: *Selbsttötung des Judas, Pilatus wäscht sich die Hände, Kreuztragung, Kreuzigung, Kreuzabnahme, Grablegung,* 1249, Bibliothèque de Sers/Institut Catholique, Paris.

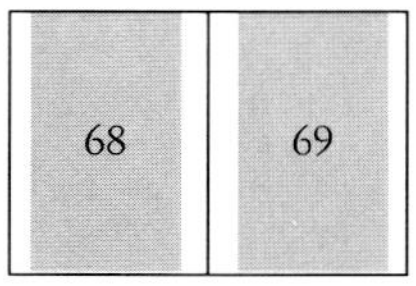

68. *Der heilige Antonius der Große,* 18. Jh., Koptisches Museum, Alt-Kairo.
69. *Der heilige Paulus von Theben,* 18. Jh., Koptisches Museum, Alt-Kairo.

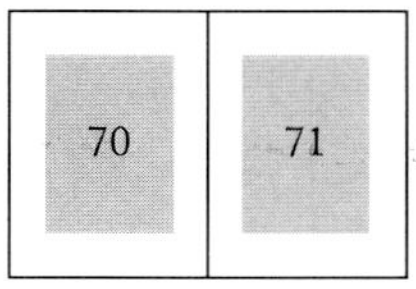

70. *Heiliger Michael,* Werk von Ibrahim dem Schreiber, Kloster der Syrer, Wadi Natrun.
71. *Johannes der Täufer,* Werk von Ibrahim dem Schreiber, Merkuriuskirche, Alt-Kairo.

72. Kelchbehälter: *Jungfrau mit dem Kind, Abendmahl, Aaron, Mose,* Kloster der Syrer, Wadi Natrun.

ΙωΑΝΝΗϹ

ⲈⲠⲒⲆⲎ
لأجل أن
كثيرين راموا كتابة
قصص الأمور التي
نحن بها عارفون
كما عهد الينا اولئك

ϦⲈⲚ
في
البدء كان الكلمة
والكلمة كان عند
الله والله هو الكلمة
هذا كان قديما عند الله

٩

اول السواح

تصوير الحقير ابراهيم الناسخ
برسم هيكله المقدس في
بيعة ابو السيفين بمصر
خروف يوحنا نبوه على
حمل الله

auf einer großen, felsigen Fläche. Christus steht inmitten einer lodernden asiatischen Mandorla, eine ikonographische Formel, die die islamische Kunst im vierzehnten Jahrhundert zur Verherrlichung ihrer Helden in religiösen Darstellungen übernehmen wird.

Die zweite Handschrift, die im Institut Catholique in Paris aufbewahrt wird, ist derselben künstlerischen Richtung zuzuordnen. Sie wird in das Jahr 1250 datiert und verkörpert den gereiften Stil der abbasidischen Schule. Bilder, die dem Text eingefügt sind, finden sich nur am Beginn der Evangelien. Vier ganzseitige Miniaturen sind den vier Autoren gewidmet. Die Illustration des Textes konzentriert sich auf zehn Seiten, die wie Comic strips gestaltet sind. Jede Seite ist in gleich große Quadrate unterteilt, die sechs einander gegenübergestellte Bilder enthalten. Die Darstellungen der großen Kirchenfeste werden durch zahlreiche Bilder ergänzt, die vom Leben und Wirken Christi erzählen. Die plastische Wirkung zeugt von außergewöhnlichem Können. Der Künstler zeichnet, malt und vergoldet mit meisterhaftem Geschick und größter Sorgfalt. Die Evangelisten, die in einer luxuriösen Umgebung auf ihren Diwanen sitzen, stellen vier Variationen zum Thema des schreibenden Kalifen dar. Matthäus wird im Halbprofil dargestellt. Ein *Tafel 63* Bein angezogen, das andere ausgestreckt, schreibt er auf arabisch die ersten Worte seines Evangeliums. Markus nimmt andächtig den gebundenen Kodex entgegen, den ihm der heilige Petrus überreicht. Lukas läßt die Beine baumeln und betrachtet nachdenklich das aufgeschlagene Buch zu seiner Rechten. Johannes *Tafel 62* liegt ausgestreckt auf einem weichen Bett und lauscht dem Wort Gottes, wobei er zum Zeichen des Schweigens und der Sammlung die Hand an den Mund legt. Das üppige Dekor verändert sich von Bild zu Bild. Mehrfach zusammengesetzte Bögen überspannen die Protagonisten. Prächtige, in den Wölbungen hängende Vorhänge winden sich um Säulen mit Kapitellen. Die verschiedenen Bildelemente sind sorgfältig mit traditionellen ornamentalen Motiven geschmückt. Rauten, Sechsecke, Volute, stilisierte Blumen und Chimären überziehen abwechselnd Zwickel, Diwane, Vorhänge, Kissen, Teppiche und Tapeten.

Die vier Gemälde, die der Maler den Evangelien vorangestellt hat, sind sechs Kirchenfesten gewidmet. Bei der *Geburt* und der *Taufe Christi* hält er sich getreu an die festgelegten Prototypen, doch die Behandlung ist arabisch. Im Kopfbild des Lukas-Evangeliums sind in einem Streifen die *Verkündigung* *Tafel 64a* *an Zacharias, Mariä Verkündigung* und die *Heimsuchung Mariä* zu sehen: Der orientalische Charakter wird dadurch verstärkt, daß Maria in türkischer Manier darstellt ist und zwei blaue Kuppeln die Bauwerke des Dekors überwölben. Die Pfingstszene, die das Johannes-Evangelium einleitet, bietet eine *Tafel 64b* neuartige Interpretation des antiken Festes: Das Licht, das die Taube des Heiligen Geistes verströmt, ergießt sich über die zwölf nebeneinander auf dem Boden sitzenden Apostel, von denen jeder das Buch mit der Frohen Botschaft in der Hand hält. Die sechzig Quadrate der ganzseitigen Illustrationen erzählen vom *Leben und Wirken des Erlösers.* Das Dekor, die Ornamente, die Gewänder und die Gestik sind rein abbasidisch. Überall finden sich Backsteinmauern, Ädikulä und Kuppeln. Pflanzen sind auf wenige Szenen beschränkt. Vier dicke Stengel erheben sich hinter Abraham und Lazarus auf dem Berg des Reiches, Pflanzen sprießen hinter dem Gelähmten vom Siloah, während zwischen dem Auferstandenen und den beiden Jüngern aus Emmaus ein Busch zu sehen ist. Die Bilder stellen eine Abfolge dar. Christus erscheint mit baumelnden Beinen auf einer Marketerie thronend, dann in türkischer Haltung *Tafel 65, 66* in einer Synagoge sitzend und schließlich auf einer Treppenstufe predigend. Die Männer tragen kurze, die Frauen geschlitzte lange Gewänder. Ein Schleier verhüllt die Witwe aus Naïn. Nikodemus trägt einen Turban, Pilatus einen roten Helm und hohe Stiefel. Die künstlerische Interpretation der Schrift führt zu überraschenden Bildern. Christus schreibt, während er auf dem Boden kniet, und verneigt sich dabei vor der Ehebrecherin. In der Szene von der *Fußwaschung* hat er einen nackten Oberkörper und neigt sein Haupt vor den übereinander gestaffelten Köpfen der Jünger. Das Gleichnis von den *fünf klugen und fünf törichten Jungfrauen* ist in zwei übereinanderliegenden Feldern unter einer Tripelarkatur ins Bild gesetzt: Die Klugen umgeben den Erlöser, die Törichten stehen vor der verschlossenen Tür auf der Erde, in der Hand ihre leeren, umgedrehten Öllampen. Tradition und Kreativität bilden eine gelungene Synthese. Die *Passion* folgt getreu den festgelegten Kanones. Eine hieratische *Himmel-* *Tafel 67* *fahrt* beschließt den Zyklus der Miniaturen: Der stehende Christus hält, die Mittelachse des Raumes bildend, seine in Form eines Kreuzes ausgebreiteten Arme über die geneigten Köpfe seiner Gläubigen.

142. Ikonostase der Kirche al-Muallaka («der Schwebenden»), Alt-Kairo.
143. Fenster der Kirche al-Muallaka («der Schwebenden»), Alt-Kairo.
144. Ikone des *Heiligen Markus* in Holzeinfassung, Kirche al-Muallaka («die Schwebende»), Alt-Kairo.

Die koptische Kunst setzt sich durch. Sie ist bodenständig, handwerklich gediegen, originell und eigenständig. Angefangen bei der Monumentalkunst bis hin zur Buchmalerei führt sie Neuerungen ein und erweitert ihr Repertoire. Erstrahlt sie im Mittelalter in ihrem vollen Glanz, so verblaßt sie im sechzehnten Jahrhundert und verliert zusehends ihre Grundlagen und Gemeinsamkeiten. Wie in einem Schwanengesang hinterlassen die Handwerker und Künstler eine reiche Produktion, die letzte Manifestation einer tausendjährigen Tradition, die an der Schwelle zur Neuzeit kraftlos wird. Wie die islamische Kunst degeneriert auch die koptische in einer Zeit, als das Land darangeht, einen freien und souveränen Staat zu gründen, und mit einem neuen Geist und einer neuen Kunst das Tor zu einer neuen Epoche aufstößt.

Im Jahr 1517 gerät Ägypten unter osmanische Herrschaft. Die immer noch präsenten Mameluken versuchen, ihre alte Stellung wiederzuerlangen. Der levantinische Einfluß im Land nimmt zu. Alexandria findet zum einstigen Kosmopolitismus zurück und wird zu einem Schmelztiegel: Wie in den ersten Jahrhunderten des Christentums scheint ein Graben die Stadt vom übrigen Ägypten zu trennen. Syrer, Griechen und Armenier gelangen in ihr zu Ehren. Katholische und protestantische Missionare versuchen, Fuß zu fassen. Hat die Kirche bislang intellektuelle und spirituelle Stärke bewiesen, so weicht sie nun zurück und fällt in einen Dämmerschlaf, indem sie sich in die unerschöpfliche Liturgie flüchtet. Wieder werden die Christen finanziellen Schikanen und Demütigungen ausgesetzt, was den Jesuiten P. Bernat freilich nicht daran hindert, 1771 zu schreiben: «Ägypten ist das einzige Land im ganzen muselmanischen Reich, in dem die christliche Religion mit der größten Freiheit ausgeübt wird. Aus diesem Grund suchen viele Christen aus anderen Gegenden dort Zuflucht.»[27] Im Jahr 1798 unternimmt Napoleon einen Feldzug nach Ägypten. Das Land öffnet sich den Ideen der europäischen Aufklärung. Die kulturellen Interessen sind vielfältig. Die religiöse Kunst erfährt eine tiefgreifende Wandlung. Der Wechsel der Sinnbilder und Symbole in den immer noch anachronistischen Bildern läßt die «Zeichen der Zeit» erahnen.

Getreu den bestehenden Regeln errichten die Handwerker weiterhin anikonische Ikonostasen aus perlmutt-verzierten Holzplatten. Die Wandmalerei wird durch die mobile Malerei auf Holz verdrängt. Die «neue» koptische Ikone schmückt die Wände der Kirchen. Sie bildet die obere Reihe der Ikonostase und überragt das geometrische Dekor. Die Buchmalerei läßt sich von ihr inspirieren, hält aber an den Modellen und Regeln ihres Goldenen Zeitalters fest. Die Ikone findet in ihr eine wichtige Ausdrucksform. Die späte koptische Kunst zeigt eine deutliche Vorliebe für sie und läßt ihr eine Verehrung zuteil werden, die an die griechische Tradition erinnert. Gewiß, auch das Mittelalter hatte seine Ikonen. Doch nur äußerst wenige Stücke sind erhalten geblieben. Runde Mondgesichter, gemessen-feierlicher Charakter, strenge Frontalität, linearer Zeichenstil und geometrische Behandlung: Der Freskenmaler und der Ikonenmaler sprechen eine gemeinsame Sprache. Die Technik ermöglicht beiden, eine spezifische, schöpferische Form zu finden. Abu al-Barakat ibn Kabar, der große Enzyklopädist des sechzehnten Jahrhunderts unterstreicht die kultische Rolle der Ikone. Er räumt der Bilderverehrung den gleichen Stellenwert ein, den sie bei den griechischen Ikonodulen im achten und neunten Jahrhundert genoß. Das heilige Bild drückt eine Ähnlichkeit mit dem Modell aus, das es darstellt, und stellt eine Verbindung zu ihm her. Es huldigt der Heiligkeit, die es sichtbar macht. «Die heiligen Schriften», so der Autor, «werden auch verehrt. Wir küssen sie und legen sie uns auf den Kopf, weil sie das Wort Gottes enthalten – obgleich sie aus Papier, Tinte, Leder und Schmuckwerk bestehen. Ebenso verehren wir die Ikonen und die Fresken um derentwillen, deren Person und Bild sie darstellen. Wir dulden es nicht, daß Bilder der Malkunst und des Schmucks wegen verwendet werden, wenn wir wissen, daß sie nicht zu Ehren derer angefertigt wurden, von denen soeben die Rede war. Wir erlauben nicht, daß sie verehrt werden.»[28] Im Mittelpunkt des Bildes steht die Heiligkeit als Quelle der göttlichen Ausstrahlung. Der Stil, der von der Thematik nicht zu trennen ist, verleiht dieser Vision in vielfältigen Abwandlungen Gestalt.

Im siebzehnten Jahrhundert öffnet sich die koptische Kirche der byzantinischen und nachbyzantinischen Tradition. Griechische und syrische Ikonen erhalten in den Sanktuarien einen Ehrenplatz. Quantität und Qualität der Werke belegen, daß sich levantinische Ikonenmaler in Ägypten niedergelassen haben. Die Begegnung findet im Landesinnern statt. Doch wie schon im byzantinischen Ägypten unterscheidet sich die einheimische Produktion deutlich durch einen eigenen Stil. Die Darstellungen der Jungfrau und des thronenden Christus wirken oft wie derbe, volkstümliche Kopien byzantinischer Gemälde. Die eigentliche Stärke der koptischen Malerei liegt in der Darstellung der «lokalen» Heiligen. *Tafel 68, 69* Intuitiv verzichten die Maler auf die griechische Stilisierung und knüpfen wieder an die Tradition der frühen koptischen Kunst an. Erneut prägen übergroße Gesichter und verkürzte Rümpfe die Proportionen der menschlichen Figuren. Abbasidische Büsche ragen in den Raum, und ein stilisierter Vogel setzt sich auf einen blühenden Zweig. Auf dem Bild mit dem Thema *Flucht nach Ägypten* sprießen neben der Heiligen Familie große sattgrüne Pflanzenstengel. Der heilige Markus der Asket bewohnt eine paradiesische Wüste mit dünnen Bäumen und riesigen Blumen von gleicher Höhe. Die frontale Darstellung bleibt beherrschend. Auf Ikonen mit mehreren Protagonisten stehen die Figuren in starrer Haltung nebeneinander: Der heilige Paulus von Theben und der heilige Antonius der Große richten ihren Blick auf den Betrachter. Keine Geste evoziert die denkwürdige Begegnung der beiden Kirchenväter. Nur das reine Gebet vereint sie. Paulus hebt die Arme im Orantengestus, während zwei kleine Löwen zu seinen Füßen kauern. Der mit einer Mönchskutte bekleidete Antonius hält in einer Hand seinen berühmten Stock, in der anderen eine geöffnete Schriftrolle, mit der er seine «Kinder» dazu einlädt, seiner Lehre zu folgen. Die Begegnung der Einsiedler findet außerhalb der Geschichte statt. Den Ägypter Onuphrius und den Äthiopier Takla Haymanot sieht man in derselben Wüste. Eine mit Datteln geschmückte Palme trennt sie. Apollo und Apip, die zum Zeichen des Martyriums der Askese ein Kreuz hochhalten, stehen Seite an Seite, ohne einander anzusehen. Makarius der Ägypter, Makarius von Alexandria und Makarius von Tkoou, von denen jeder einen Rosenkranz und ein Kreuz in der Hand hält, verschmelzen wie drei Gestirne, die dasselbe Licht reflektieren.

Die Figur des Reiterheiligen ist allgegenwärtig. Zum heiligen Georg gesellen sich Merkurius, Behnam, Menas, Ptolemäus, Theodor der Orientale, Isidor von Antiochia und Jakobus Intercisus («der Zerschnittene»). Die Elemente des Dekors bleiben erhalten. Sträucher und Bauwerke zeichnen sich hinter dem Heiligen zu Pferd ab. Die Handlung konzentriert sich auf den Figurentyp des Reiters. Der heilige Krieger ist ein «Freund des Vaters, stark in Christus». Er trägt «die Rüstung und die Waffen des Glau-

145. *Die Flucht nach Ägypten,* 18. Jh., Kloster al-Muharraq, Assiut.
146. *Heiliger Markus der Asket,* 18. Jh., Antoniuskloster am Roten Meer.
147. *Die Heiligen Onuphrius und Takla Haymanot,* 18. Jh., Merkuriuskirche, Alt-Kairo.

bens» und entsagt den irdischen Dingen, um nach den himmlischen zu suchen. Er ist ein starker und tapferer Kämpfer «auf dem Schlachtfeld der Märtyrer».[29] Der hagiographische Bericht beschränkt sich auf ein herausragendes Ereignis, das in kleinerem Maßstab unter der monumentalen Gestalt des Pferdes dargestellt wird. Der heilige Jakob lntercisus thront auf seinem Tier. Ein zweites Mal ist er sitzend in einer Vignette zu sehen, die in eine schmucklose Fläche eingefügt ist. Mit niedergeschlagenen Augen und einem sanften, melancholischen Gesichtsausdruck fügt er sich seinem Henker, der ihn in Stücke schneidet. Als abtrünniger Christ, so berichtet das Memorial, bekennt sich der im Dienst des Perserkönigs stehende Gardist zu seinem Glauben, nachdem er ihn zuvor verleugnet hat, und nimmt tapfer Folter und Martyrium auf sich. Das Bild zeigt die Gliedmaßen, die der Henker ihm abgeschnitten und dann neben ihm aufgehängt hat. «O, Gott der Christen», betet der Bekenner, «empfange die Äste des Baumes. Wenn der Winzer den Weinstock beschneidet, so wird dieser erblühen und längere Wurzeln treiben.» Der Henker geht gerade daran, ihm den zweiten Arm abzuschneiden. Der Maler setzt das stille Gebet des Märtyrers ins Bild: «Ich habe keine Hände mehr, um sie zu dir zu erheben, sieh, meine Glieder sind verstreut. Empfange meine Seele, o Herr.»[30] Märtyrerszenen finden Eingang in die Bildwelt der Malerei. Der byzantinische Zyklus der Passion Christi erhält im achtzehnten Jahrhundert ein koptisches Pendant. Die Ikone zeigt die *Kreuzigung*, die *Kreuzabnahme*, die *Beweinung* und die *Grablegung*. Eine der Ikonostasen der Kirche al-Muallaka («der Schwebenden») ist mit einer Reihe geschmückt, die in siebzehn Szenen das Martyrium des heiligen Georg darstellt. Wie der Schmerzensmann erleidet der Heilige schweigend das lange Martyrium. Der Malstil behält seine koptischen Eigenarten: Die Form des Gesichtes ist rund, der Teint glatt, der Ausdruck sanft und gemessen. Der Körper ist unproportioniert, seine Form extrem vereinfacht. Der Schmerz wird im Gebet überwunden. Durch die Prüfung des Märtyrers wird, wie durch das Kreuz des Sohnes, «die Hölle zum Einsturz gebracht und der Tod abgeschafft».

Die Inschriften der Ikonen sind kopto-arabisch. Die Datierungen richten sich sowohl nach dem koptischen wie nach dem islamischen Kalender. Neben ägyptischen Künstlern übernehmen auch Levantiner den lokalen Stil. Ohan Karapetian, ein in Kairo lebender Armenier aus Jerusalem, malt typisch koptische Ikonen, die er arabisch signiert. Der Vorname ist arabisiert, der Nachname verweist auf seine Herkunft: Juhanna al-Armani, Johannes der Armenier. Im selben Stil arbeitet Abraham der Schreiber, *Tafel 70, 71* der berühmte koptische Ikonenmaler des achtzehnten Jahrhunderts. Die beiden zeichnen für eine Mas-

148. *Der heilige Jakobus Intercisus («der Zerschnittene»),* 18. Jh., Merkuriuskirche, Alt-Kairo.
149. *Heiliger Merkurius,* 18. Jh., Theodorkirche, Kairo.
150. *Heiliger Georg,* 18. Jh., Theodorkirche, Kairo.

senproduktion innerhalb von vierzig Jahren verantwortlich. Der produktivste Maler des neunzehnten Jahrhunderts ist ein Gräko-Palästinenser namens Anastasius der Christ. Seine Ikonen stellen eine koptische Variante der volkstümlichen Jerusalemer Schule dar. Er inspiriert den Erzpriester und Ikonographen Georg, der für die Klöster in der Sketis arbeitet. Die Tradition erlebt ihren Niedergang, und die Ikonenmalerei wird zu einem volkstümlichen «Handwerk». Die erstaunliche Fülle von Bildern, die es hervorbringt, sind weder meisterlich gearbeitet noch inspiriert.

Die Epochen verschmelzen

Nach seiner Eingliederung in das Römische Reich im Jahr 30 v. Chr. übernahm das hellenistische Ägypten das geistige Erbe der Antike und gab für immer seine Götter auf. Im Bruch mit der Geschichte und der pharaonischen Tradition löste sich das christliche Ägypten zusehends von der griechisch-römischen Welt und gliederte sich dem Orbit der muslimischen Welt ein. Die längste Periode seiner Geschichte ist davon geprägt. Das künstlerische Schaffen ist nicht überwältigend, hinterläßt jedoch ein reichhaltiges Werk, das in seiner Kontinuität ein beredtes Zeugnis einer stets lebendigen Gegenwart ist. Am Dekor der tausendjährigen Kirchen von Alt-Kairo lassen sich die wichtigen Daten ablesen. Die Epochen überlagern sich, und die Stile vermischen sich. Ein mittelalterliches Gemälde zeigt die Figur einer Heiligen auf einer antiken Marmorsäule. Eine nachbyzantinische Ikone des heiligen Markus ist einem fatimidischen Dekor eingefügt, in dem sich zwei Reliefs, die die Verkündigung Mariä und den Evangelisten Johannes darstellen, den Wellen der in Holz geschnittenen Arabesken anschmiegen. Ob ikonisch oder anikonisch, die Kunst widmet sich der Verherrlichung Gottes, der «immerfort und jederzeit, im Himmel und auf Erden, verehrt und gepriesen» wird. Das Bild öffnet sich der Ewigkeit, und das Gebet, mit dem es geweiht wird, ist ein Appell an den «Menschenfreund», es mit seinem Geist zu umschließen, «auf daß es dem Heil und der Standhaftigkeit diene».[31] Das christianisierte Henkelkreuz der Pharaonen wächst und gedeiht im islamischen Raum. Von Arabesken umschlossen, vermehrt es

151. Kelchbehälter, *Heiliger Michael,* 19. Jh., Kloster der Syrer, Wadi Natrun.
152. *Abendmahl,* 19. Jh., Kloster der Syrer, Wadi Natrun.

sich und bringt unendlich viele Formen hervor: «Spektrum der Engel», «unerschütterlicher Fels», «Gnadenquell», «Paradiesbaum, dessen wohlriechende Zweige jedem Menschen das Leben schenken».

Anmerkungen

1. M. De Fenoyl, *Le Sanctoral Copte (Das koptische Sanktoral),* Beirut 1960, S. 154.
2. Kyrill III. ibn Laqlaq. Zitiert nach C. Cannuyer, *Les Coptes (Die Kopten),* 1990, S. 119.
3. Jean-Claude Guy, *Paroles des anciens (Worte der Alten),* Paris 1976, S. 42.
4. J.-E. Berger, *L'Œil et l'Éternité (Das Auge und die Ewigkeit),* 1977, S. 9.
5. Zitiert nach K. Wessel, *L'Art Copte,* Brüssel 1964, S. 170 (dt. Ausgabe: *Koptische Kunst,* Recklinghausen, 1963).
6. Zitiert nach M.-H. Rutschowscaya, *La peinture Copte (Die koptische Malerei),* Paris 1992, S. 73.
7. Jean-Claude Guy, *Paroles des anciens,* op. cit., S. 159.
8. Ibid., S. 45.
9. Clemens von Alexandria (Clément d'Alexandrie), *Hymne au Christ Sauveur (Hymne auf den Erlöser Christus),* in A. Hamman, *Les Pères de l'Église,* Paris 1977, S. 97.
10. Al-Makrizi, *Khitat,* I. Zitiert nach S. Chauleur, *Histoire des Coptes d'Égypte (Geschichte der ägyptischen Kopten),* Paris o. J., S. 108.
11. Zitiert nach J.-M. Fiey, *Chrétiens syriaques sous les Abbassides (Syrische Christen unter den Abbasiden),* CSCO, Louvain 1980, S. 174–175.
12. *Le Chronicon Orientale.* Zitiert nach C. Cannuyer, *Les Coptes,* op. cit., S. 122.
13. *Chronique* des Makrizi. Zitiert nach H. Lammens, *La Syrie, précis historique,* 3. Aufl., Beirut 1994, S. 102.
14. P. du Bourguet, *Die Kopten,* Baden-Baden 1967, S. 164.
15. J. Leroy, *Le Décor de l'Église du Couvent des Syriens (Das Dekor der Kirche im Kloster der Syrer),* Cahiers Archéologiques, XXIII, Paris 1974, S. 161.
16. Evagrius Ponticus (Evagre le Pontique), *Praxis et Gnosis,* Paris 1992, S. 62.
17. Ibid., S. 49.
18. Clemens von Alexandria, *Hymne au Christ sauveur (Hymne an Christus, den Erlöser),* in: A. Hamman, *Les Pères de l'Église,* op. cit., S. 97.
19. L. Regnault, *Maîtres spirituels au désert de Gaza (Geistliche Lehrer in der Wüste von Gaza),* Solesmes 1976, S. 18.
20. *La Prière des Heures (Stundengebet),* hrsg. von der Koptischen Kirche von Frankreich, Paris 1984, S. 62.
21. Jean-Claude Guy, op. cit., S. 106.
22. Ibid., S. 42.
23. M. de Fenoyl, *Le Sanctoral Copte (Das koptische Sanktoral),* Beirut 1960, S. 78.
24. Bibiliothèque Nationale, Paris, Copte 13.
25. Das einzige erhaltene Blatt wird in der Free Gallery, Washington, aufbewahrt.
26. Theodoros Studites (Théodore le Studite), *Petite Catéchèse (Kleine Katechese),* franz. Übersetzung, Paris 1891, S. 150.
27. P. Bernat, *Choix de lettres édifiantes écrites des missions étrangères (Erbauliche Briefe von Missionen im Ausland),* Bd. V, S. 226. Zitiert nach S. Chauleur, *Histoire des Coptes d'Égypte (Geschichte der ägyptischen Kopten),* Paris 1960, S. 137.
28. Abu al-Barakat, *La Lampe des Ténèbres (Die Lampe der Finsternis).* Zitiert nach J. Leroy, *Les Manuscrits coptes et coptes-arabes illustrés (Die illustrierten koptischen und kopto-arabischen Handschriften),* Paris 1974, S. 38.
29. M. de Fenoyl, *Le Sanctoral Copte,* op. cit., S. 93.
30. Ibid.
31. Zitiert nach S. Chauleur, *Histoire des Coptes,* op. cit., S. 180.

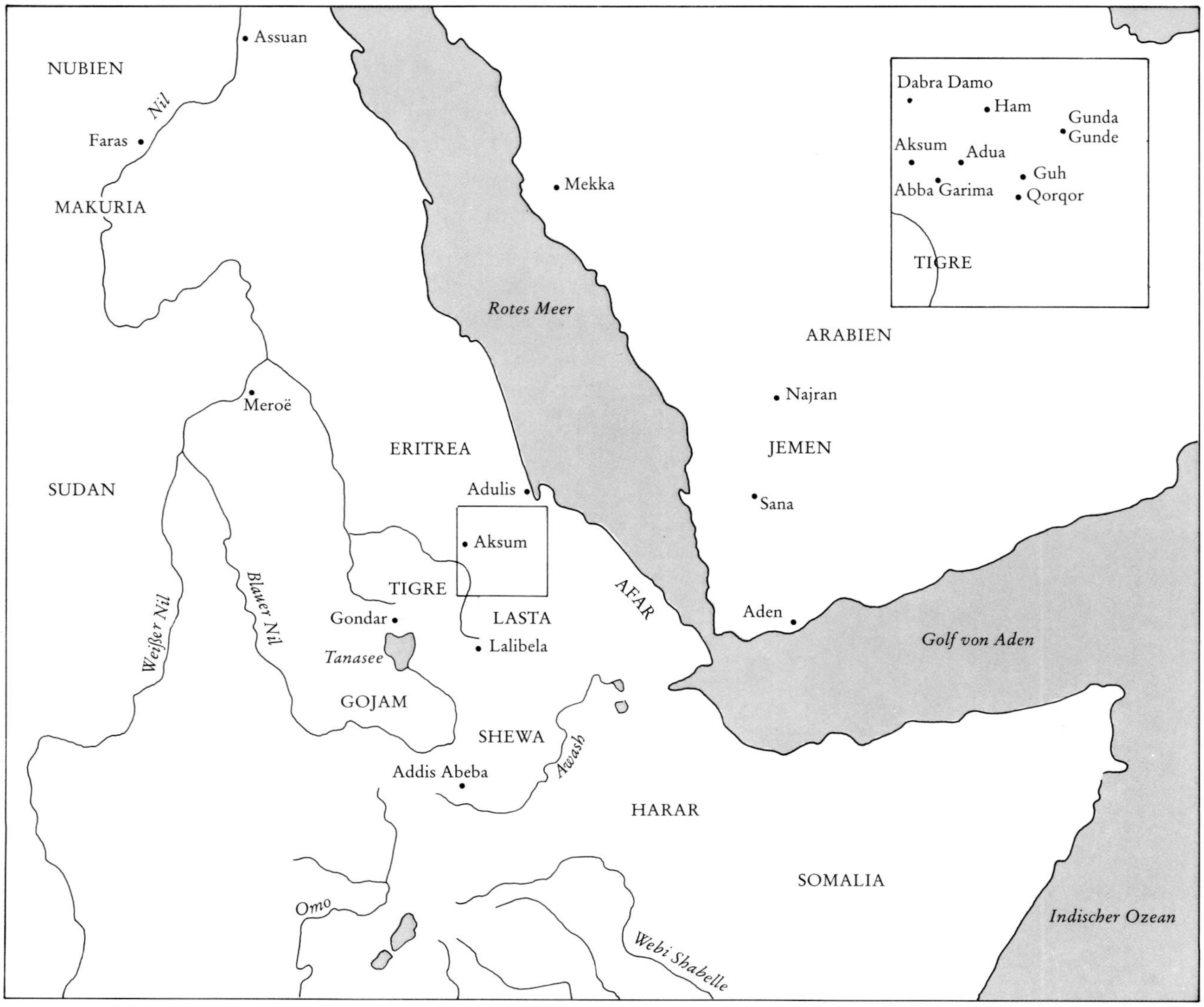
Assuan
NUBIEN
Nil
Faras
MAKURIA
Mekka
Dabra Damo
Ham
Gunda
Gunde
Aksum
Adua
Guh
Abba Garima
Qorqor
TIGRE
Rotes Meer
ARABIEN
Meroë
Najran
ERITREA
JEMEN
SUDAN
Adulis
Sana
Aksum
TIGRE
AFAR
Aden
Gondar
LASTA
Golf von Aden
Weißer Nil
Blauer Nil
Lalibela
Tanasee
GOJAM
SHEWA
Awash
Addis Abeba
HARAR
SOMALIA
Omo
Indischer Ozean
Webi Shabelle

Die Äthiopier

Die Abessinier sind die «Söhne» des Landes Kusch. Der Stammvater von Kusch ist Ham, der verfluchte Sohn Noahs. Von ihm stammen alle schwarzen Völker ab. Die Bibel spricht vom Land der Kuschiter, ein Wort, das in der Septuaginta und der Vulgata mit dem griechischen Aithiopia übersetzt wird: Der Ausdruck bezieht sich auf die Menschen mit den verbrannten Gesichtern, die «Aithiopen, die zwiefach geteilt sind, die äußersten Menschen, gegen den Untergang der Sonnen und gegen den Aufgang».[1] Dieses ferne Land jenseits der bekannten Welt der Griechen hat keine klaren Grenzen. Als Tor zu Schwarzafrika schwankt das antike Äthiopien zwischen Orient und Okzident. Es umfaßt Nubien, den Sudan und, östlich des Roten Meeres, den Süden der arabischen Halbinsel. Seine kuschitische Bevölkerung beruft sich stolz auf semitische Vorfahren. Mose nimmt sich in der Wüste eine Kuschiterin zur Frau. Aaron und Mirijam, die ihre Stimme dagegen erheben, ziehen sich den Zorn Gottes zu. Der Bruder bereut und bittet Gott um Vergebung. Die Schwester wird «weiß wie Schnee vor Aussatz» (Num 12, 10). Die biblische Farbensymbolik wird auf den Kopf gestellt. Das Weiß des Schnees wird zum Zeichen des Fluchs. Gott segnet und beschützt die «schwarze» Ehefrau. Seine Verbindung mit Mose eröffnet Kusch den Weg zum Heil. «Aus Ägypten», so heißt es in den Psalmen, «bringt man Geräte von Erz, Kusch erhebt zu Gott seine Hände» (68, 31–32). Im *Buch der Könige* begibt sich die äthiopische Königin von Saba nach Jerusalem, um den berühmten Salomo zu treffen, und stellt «ihn mit Rätselfragen auf die Probe». Sie erkennt «die ganze Weisheit» des Königs und erhält von ihm «alles, was sie wünschte und begehrte», bevor sie wieder in ihr Königreich zurückkehrt (1 Kön 10, 1–13). Im apokryphen Bericht führt die Begegnung der beiden Herrscher zu einer ehelichen Verbindung. Die Königin von Saba bringt ein Kind zur Welt, das sie Menelik nennt, was «Königssohn» bedeutet. Zum Jüngling herangewachsen, reist Menelik nach Jerusalem, um seinen Vater kennenzulernen. Der Sohn sieht dem Vater so ähnlich, daß die Israeliten sie nicht voneinander unterscheiden können. Salomo bestimmt ihn zu seinem Nachfolger, aber der junge Äthiopier fühlt sich seinem Geburtsland verbunden: In Begleitung von Leviten und Juden aus den anderen iraelitischen Stämmen kehrt er zurück, im Gepäck ein Geschenk seines Vaters, die Bundeslade aus dem Tempel in Jerusalem. Jahrhunderte später findet das Heiligtum seinen «endgültigen» Platz in der Zionskirche von Aksum. Die abessinische Stadt wird das neue Jerusalem, Äthiopien das neue Israel und sein König der «Löwe von Juda». Mit der Christianisierung des Landes vollendet sich seine «Judaisierung». Nach der Legende gelangt die Heilige Familie auf ihrer Flucht nach Ägypten nach Qirqos, jener Insel, die sechs Jahrhunderte lang die Bundeslade beherbergen wird: Maria verbringt dort mit ihrem Kind hundert Tage und läßt bei ihrer Abreise eine Halskette zurück, die in der Kirche von Saint-Cyr sorgsam aufbewahrt wird. Mit der Ankunft des Matthäus beginnt die christliche Missionierung des Landes. Die erste Taufe eines Äthiopiers findet allerdings in Palästina statt. Philippus begegnet ihm auf der «Straße, die von Jerusalem nach Gaza hinabführt». Der Mann ist «Kämmerer, Hofbeamter der Kandake, der Königin der Äthiopier». Ausgelöst wird die Bekehrung durch die Lektüre des Propheten Jesaja: «Ausgehend von diesem Schriftwort» verkündet Philippus dem Fremden die Frohe Botschaft und tauft ihn. Der Apostel wird vom Heiligen

Geist entführt, als er wieder aus dem Wasser steigt, und läßt den Neugetauften allein und «voll Freude» seines Weges ziehen (Apg 8, 26–40).

Im vierten Jahrhundert reist ein syrischer Philosoph namens Meropius zusammen mit seinen beiden aus Tyrus stammenden Schülern Frumentius und Aidesius auf dem Seeweg in das afrikanische Königreich. Die Reisenden erleiden Schiffbruch. Der Philosoph und die Seeleute werden von den Einheimischen ermordet, die beiden jungen Männer in die Gefangenschaft verschleppt. König Ezana ist von der Weisheit und Gelehrtheit seiner neuen Sklaven so beeindruckt, daß er sie in den Rang hoher Beamter erhebt. Angetan von ihrem Glauben, tritt er 329 zum Christentum über und läßt das Zeichen des Kreuzes in die aksumitischen Münzen prägen. Frumentius begibt sich nach Alexandria und knüpft Kontakt zum Patriarchen. Der syrische «Erleuchter Äthiopiens», vom heiligen Athanasius zum Bischof geweiht, unterstellt seine junge Kirche der Autorität der äygptischen Mutterkirche. Sein Name ist von nun an Abba Salama, Vater des Friedens, und in Aksum wird er «Erleuchter» genannt. Im fünften Jahrhundert spaltet der christologische Streit das orientalische Christentum. Das der Kirche von Alexandria unterstehende Äthiopien schlägt sich auf die Seite der Monophysiten. Auf der Flucht vor den kaiserlichen «Diophysiten» gelangen neun «syrische» Mönche nach einem Zwischenaufenthalt im oberägyptischen Kloster des heiligen Pachomius nach Äthiopien. Sie verteilen sich auf den Norden, wo sie neun Klöster gründen, übersetzen das Neue Testament ins Geez, die Amtssprache des Königreichs, und beteiligen sich mit glühendem Eifer an der Evangelisierung des Landes. Der syrische Einfluß prägt das christliche Abessinien: «Der altäthiopische Bibeltext läßt auf einen syrischen Urtext schließen, nicht auf einen griechisch-alexandrinischen, und die Namen der neu gegründeten Klöster erinnern an die der Klostereinrichtungen in Syrien.»[2]

Das zu allen Zeiten multikonfessionelle Aksum übernimmt den christlichen Glauben, ohne Heidentum und Judentum zu unterdrücken. Auf dem Gipfel seines Ruhms dehnt das Reich seine Herrschaft bis nach Südarabien aus. Der jüdische Monarch im jeminitischen Sanaa greift die Stadt Najran an und versucht, seinen Untertanen das Judentum aufzuzwingen. Tausende von Christen sterben den Märtyrertod, Männer, Frauen und Kinder. Mit Unterstützung des byzantinischen Kaisers interveniert Äthiopien und besetzt den Jemen. In Sanaa wird eine Basilika errichtet, die zum Wallfahrtsort der christlichen Araber wird und mit dem Schwarzen Stein von Mekka konkurriert. Im selben Jahr, als Mohammed geboren wird, zieht der jemenitische König Abraha gegen Mekka, um die arabische Kultstätte zu zerstören. Seine Streitmacht wird von einem Steinhagel empfangen und «abgeweideten Halmen» gleichgemacht, wie es später im Koran heißen wird (Sure 105, 5). Die Perser fallen in Arabien ein und drängen die Äthiopier nach Afrika zurück. Mohammeds Aufstieg beginnt. Der Islam macht die ersten Schritte. Seine Anhänger erregen den Unmut ihrer Landsleute. Der Prophet fordert sie zur Auswanderung auf: «Zieht in das Land der Abessinier», sagt er, «dort werdet ihr einen König vorfinden, der niemanden unterdrückt. In diesem Land der Wahrheit werdet ihr bleiben bis zu dem Tag, an dem Allah euch erretten wird.»[3] Im Beisein von «Bischöfen, die das Evangelium in Händen halten», empfängt der König von Aksum die Flüchtlinge aus Mekka. «Wir haben zu Allah gebetet», sagt ihr Wortführer, «dem einzigen wahren Gott, ohne einen anderen Gott neben ihn zu stellen ... Unser Volk unterdrückt uns, es verfolgt uns, es zwingt uns, uns von unserer Religion loszusagen, nicht mehr zu Allah zu beten und zum Götzendienst zurückzukehren ... Und nun sind wir auf der Suche nach Asyl in dein Reich gekommen. Wir haben dich jedem anderen vorgezogen und um deinen Schutz gefleht, o König, in der Hoffnung, daß wird bei dir nicht unterdrückt werden.» Kaum hörte der Monarch die Mariensure, so heißt es in der Chronik weiter, brach er in Tränen aus und gewährte ihnen seinen Schutz: «Was ich soeben vernommen», sagte er, «und was Christus uns gelehrt, fließt aus derselben Quelle. Geht hin in Frieden! Ich werde euch nicht ausliefern.»[4]

Nach äthiopischer Überlieferung verschonten die islamischen Eroberer Äthiopien zum Zeichen ihrer Dankbarkeit. «Laßt die Abessinier in Frieden», soll der Prophet gesagt haben, «solange sie nicht zum Angriff übergehen.»[5] Arabien wird muslimisch, und ein Teil der dort lebenden Christen läßt sich für die neue Religion gewinnen. Das Rote Meer wird arabisch. Das von muslimischen Staaten umschlossene

Königreich Aksum erlebt seinen Niedergang als See- und Handelsmacht. Doch merkwürdigerweise bleibt die äthiopische Kirche von der koptischen Kirche abhängig. Der Patriarch von Alexandria ernennt ihre Metropoliten und weiht sie nur mit Zustimmung der islamischen Behörden in Ägypten. Nur selten widersetzt sich die christliche Enklave dieser Bevormundung: Um 840 lehnt sie den Metropoliten ab, den Alexandria bestimmt hat, und wählt einen anderen. Daraufhin exkommuniziert die Mutterkirche den äthiopischen König und schickt in den folgenden hundert Jahren keinen Metropoliten mehr. Außerstande, die statutengemäße Konsekration der Priester sicherzustellen, lenken die Äthiopier schließlich ein, nehmen die Bevormundung durch die alexandrinische Kirche hin und akzeptieren die Bischöfe, die man ihnen schickt.

Im zehnten Jahrhundert verwüstet eine Königin namens Judith das Land und läßt den König töten. Mit der Zagwe-Dynastie beginnt der Wiederaufstieg des Reiches. Gegen Ende des zwölften Jahrhunderts verlegt König Lalibela die Hauptstadt nach Süden. Die Stadt, eine Nachbildung Jerusalems mit einem Sinai, einem Jordan und einem Golgotha, wird nach ihrem Gründer benannt, der als Erbauer wie ein Heiliger verehrt wird. Einst hat Salomo, nachdem er vom Erzengel Michael den himmlischen Ring und das himmlische Siegel erhalten hatte, die Dämonen bezähmt und gezwungen, am Bau seines Tempels mitzuwirken. Und nun errichtet Lalibela, der neue Salomo, mit Unterstützung der Engel zwölf Kirchen ohne Mörtel und ohne Steine. «Wer sich nicht in die heilige Stadt Roha begibt», heißt es, «gleicht einem Menschen, der nicht den Wunsch hegt, das Antlitz Unseres Herrn und Erlösers Jesus Christus zu sehen.»[6] Im Jahr 1270 stürzt Yekuno Amlak die Zagwe und bringt wieder die Salomoniden an die Macht. Die Nachfahren Meneliks und Salomos kehren auf den Thron zurück. Während der Islam in das Landesinnere Äthiopiens vordringt, bekriegt Amda Seyon im vierzehnten Jahrhundert die angrenzenden muslimischen Emirate und dehnt den Herrschaftsbereich des christlichen Königreichs aus. Die Beziehungen zu dem Sultan in Kairo werden frostiger. «Die Muslime in Äthiopien sind dem Wandel der Zeit preisgegeben und stehen in jeder Hinsicht vor einer ähnlichen Situation wie die Christen in Ägypten; sie haben keinerlei Zugang zu verantwortlichen Posten in Verwaltung und Politik, erhalten oftmals keine Genehmigung, Moscheen zu bauen, und müssen hohe Steuern entrichten.»[7] Im Jahr 1423 löst die Schließung Jerusalems für christliche Pilger muslimfeindliche Übergriffe aus: Moscheen werden zerstört, Männer niedergemetzelt, Frauen und Kinder als Sklaven verkauft. Krieg bricht aus. König Zara Jakob predigt eine unversöhnliche christliche Politik. Papst Eugen IV. nennt ihn in einem Schreiben «unseren lieben Sohn, Priester Johannes, den berühmten Kaiser von Äthiopien». Während die Portugiesen eine Gesandtschaft im Land eröffnen, sagt Sultan Selim den angrenzenden muslimischen Fürstentümern seine Unterstützung zu. Unter Führung von Ahmad Ibn Ibrahim al-Gasi, «dem Linkshänder», fallen somalische Horden in Äthiopien ein. Sie verwüsten das Land mit Feuer und Schwert und zerstören Kirchen und Klöster mitsamt ihren Archiven und Bibliotheken. In der *Geschichte der Eroberung Abessiniens* wird detailliert das ganze Ausmaß der Zerstörungen geschildert. Der muslimische Chronist zählt zwanzig verwüstete Heiligtümer auf und erstellt voller Stolz Listen der zerstörten liturgischen Gegenstände. Eine Hungersnot bricht über das Land herein, von der die Eroberer ebenso betroffen sind wie die Bevölkerung. Die bedrängte äthiopische Monarchie ruft die Portugiesen zu Hilfe. Unter dem Befehl von Christoph da Gama, dem Sohn des berühmten Vasco da Gama, treten vierhundert Musketiere in den Krieg gegen die Muslime ein. Christoph gerät in Gefangenschaft und wird enthauptet. Sein Knappe rächt ihn, indem er «den Linkshänder» ermordet. Die muslimischen Truppen reagieren mit Panik auf den Tod ihres Führers und jagen in regelloser Flucht davon. Das befreite christliche Äthiopien sieht sich einer «neuen» Welt gegenüber. Lateinische Missionare strömen ins Land. Gestützt auf ihre starke Position, fordern sie den Zusammenschluß des Königreichs des Johannes mit der katholischen Kirche.

Die Frühgeschichte Äthiopiens ist eng mit der Geschichte Südarabiens verflochten. Die Grenzen des Kuschiter-Landes reichen weit über die des aksumitischen Königreichs hinaus. Das Reich Saba entspricht dem späteren Jemen. Der Äthiopier, den der heilige Philippus tauft, ist vermutlich Nubier. Die Sprache der Kuschiter ist mit dem Hebräischen, dem Arabischen und dem Aramäischen verwandt und rein semitischen Ursprungs, und das mit den südarabischen Dialekten verbundene Geez bleibt die am höchsten entwickelte semitische Schriftsprache. Die Äthiopier übernehmen die sabäische Schrift und bereichern sie durch Konsonanten. Das Alphabet entwickelt sich weiter und umfaßt schließlich über zweihundert Zeichen, mit denen sich alle Vokalnuancen ausdrücken lassen. Archäologische Funde belegen diese Entwicklung. An Inschriften in sabäischer Schrift mangelt es nicht, während Einflüsse aus dem Niltal eher spärlich sind. Das antike Äthiopien orientiert sich, wie seine Stelen, Throne, Statuen, Figurinen und Keramiken unmißverständlich zeigen, an Arabien und partizipiert an seiner Kultur. In die aksumitischen Münzen sind Scheibe und Sichel eingraviert, Abbilder der Planetengötter des Landes. Im vierten Jahrhundert verwandelt sich der heidnische Vollmond in einen Halbmond mit Kreuz, das die Bekehrung von Kaiser Ezana versinnbildlicht. Die Inschriften aus dieser Epoche sind dreisprachig: Das Geez, das Griechische und das Arabische finden sich nebeneinander in drei Spalten. Die christliche Ikonographie der ersten Jahrhunderte hat keine Spuren hinterlassen. Die imposanten und originellen alten Bauwerke haben keinen Wandschmuck, und literarische Zeugnisse, die auf die Existenz einer alten Malerei hinweisen, sind kaum vorhanden. Als die Emigrantin Um Habiba von ihrer Flucht nach Äthiopien ins heimische Mekka zurückkehrt, so berichtet al-Tabari, rühmt sie die «herrlichen Wandgemälde» der Marienkirche von Aksum und erinnert sich auf ihrem Sterbebett voller Wehmut an sie. Die alten Bauwerke bestätigen diese Beobachtung nicht. Das christliche Äthiopien beschuldigt die jüdische Königin Judith und den Imam Ahmed Ibn Ibrahim, das künstlerische Erbe des Landes bei ihren verheerenden Eroberungsfeldzügen im zehnten und sechzehnten Jahrhundert vernichtet zu haben. Aus Sicht des Forschers bleibt es fraglich, ob eine solche Malerei jemals existiert hat. Jedenfalls dürften sich die mit zurückgesetzten Balken durchzogenen Mauern der Sakralbauten für Wandmalereien kaum geeignet haben. Zudem ist aus dem ersten Jahrtausend kein bemaltes Pergament erhalten geblieben. Die Kunst des Königreichs Aksum hinterläßt keine Bilder, und es ist wenig wahrscheinlich, daß es eine alte äthiopische Malerei überhaupt gegeben hat.

Die Felsenkirchen im Norden stellen ein lebendiges Museum mittelalterlicher Kunst dar. Die als Monolithe aus dem Gestein herausgehauenen oder unterirdisch errichteten Kirchen gehören zu den spektakulärsten Monumenten des orientalischen Christentums. Sie wurden in den sechziger Jahren entdeckt: Ein Priester namens Twalde Madhin lüftete ihr Geheimnis und brachte der Welt die Existenz von zwanzig mit kostbaren Malereien ausgestatteten Kirchen zur Kenntnis. Bis heute sind diese Kirchen eine ferne, unzugängliche Welt, die Äthiopologen vorbehalten bleibt und von Archäologen eifersüchtig gehütet wird. Nur ein Teil der Malereien wurde fotografiert, und die Verbreitung der Aufnahmen beschränkt sich auf wenige Publikationen. Die genauen Datierungen sind umstritten. Die zwischen dem dreizehnten und sechzehnten Jahrhundert entstandenen Dekors spiegeln die Vermischung kultureller und künstlerischer Strömungen im Mittelalter wider. Trotz der Gräben, die das christliche Äthiopien vom muslimischen Ägypten trennen, bleibt die Tochterkirche der Mutterkirche unterstellt. Amda Seyon führt siegreiche Feldzüge gegen die benachbarten muslimischen Emirate, dehnt die Grenzen seines Reiches aus und schafft so die Voraussetzungen für eine neue kulturelle Blüte, die insbesondere in einer regen Übersetzungstätigkeit zum Ausdruck kommt. Die aus dieser Epoche stammenden Bücher der äthiopischen Kirche beruhen auf koptischen Vorlagen. «Meistens lagen den äthiopischen Übersetzungen dieser Werke arabische Fassungen zugrunde. Letztere waren entweder Originale oder Übersetzungen aus dem Koptischen, das von den Christen in Ägypten jedoch bereits am Ende des ersten Jahrtausends zugunsten des Arabischen aufgegeben wurde.»[8] Die Kirche setzt sich durch in diesem Land, in dem sich Rassen, Kulturen und Religionen ständig vermischen. Ihre Missionare tragen die Frohe Botschaft von einer Küste zur anderen, vom Indischen Ozean bis zum Atlantik. Abessinische Mönche lassen sich in Jerusalem nieder, wo Saladin ihnen laut einer byzantinischen Chronik einen Altar in der Geburtskirche und eine Kapelle in der Kirche des Heiligen Grabs anvertraut. Eine Klostergemeinschaft siedelt sich auf der Insel Zypern an, eine andere in Santa Stefano dei Mori in Rom. Die äthiopische Kirche unterhält Kontakte zur armenischen und syrischen Christenheit. Im Nordosten Afrikas entsteht zwischen Ägypten, Nubien und Äthiopien ein christliches Dreieck. Mit ihren zahlreichen Facetten ist die mittelalterliche Kunst dafür das eindrucksvollste Zeugnis.

Die Skulptur

Die christliche Ikonographie fügt sich einem ornamentalen Raum ein, der reich an geometrischen Kompositionen ist. Die Bildhauerei, immer noch verboten, beschränkt sich auf Holzschnitzereien und Steinreliefs, die die Kassetten der Decken, die Kapitelle der Säulen und die Fensterrahmungen schmücken. Menschen-, Tier- und Pflanzendarstellungen verbinden sich mit rein geometrischen Formen. Das allgegenwärtige Kreuz gibt den antiken Bildern ein christliches Gepräge. Die Decke in der Kirche von Dabra Damo ist reich mit Holzschnitzereien verziert. Tierdarstellungen überwiegen. Nach der hellenistischen Regel sind die Tiere durch Rahmen voneinander getrennt, die, gleich groß, nebeneinander gereiht sind. Die Komposition besteht aus neununddreißig Rahmen, von denen dreiunddreißig Tiergestalten enthalten. Das von jeder christlichen Symbolik freie Dekor bereichert das Repertoire der Tierdarstellungen. Die Stilisierung verrät einen kopto-islamischen ägyptischen Einfluß. Die traditionellen Figuren werden beibehalten, und so sieht man zwei Pfauen, die aus einer Vase, und zwei Vögel, die aus einer Schüssel trinken, zwei Antilopen Rücken an Rücken, zwei einander gegenüberstehende Gazellen und zwei kämpfende Steinböcke. Die Raubtierdarstellungen zeigen eine Schlange, die eine Gazelle umschlingt, einen Wolf, der eine Antilope reißt, einen Leoparden, der seine Beute anspringt, und einen Drachen, der einen Fisch verschlingt. Die Palette wird durch neue Tiere erweitert, die im Dschungel

153. Körperloses Wesen mit Adlerkopf, Dreifaltigkeitskirche, Lalibela.
154. Körperloses Wesen mit Löwenkopf, Dreifaltigkeitskirche, Lalibela.
155. Körperloses Wesen mit Stierkopf, Dreifaltigkeitskirche, Lalibela.

156. Ganzfigurenbild eines Heiligen, Golgotha-Kirche, Lalibela.

157. Ganzfigurenbild eines Heiligen, Golgotha-Kirche, Lalibela.

158. Tragaltar, Ausschnitt: *Kreuzigung,* Kirche Telasfarri Estifanos, Wallo.

oder in der näheren Umgebung zu Hause sind: Nashorn, Nilpferd, Hyäne, Elefant, Büffel, Affe, Esel, Maultier, Kamel und Hund. In dem gewölbten Rundbau der Marienkirche von Dabra Sion findet man ein typisch christliches Relief: Es zeigt die Jungfrau mit dem Kind, flankiert von den beiden Erzengeln Michael und Gabriel. Der monolithische Altar der Dreifaltigkeitskirche in Lalibela wird von den vier Körperlosen Tieren bewacht, die in der alexandrinischen Kirche hohe Verehrung genießen. Äthiopisch gekleidet und die Arme in Orantenhaltung erhoben, setzen sie sich für die gesamte Schöpfung ein. In Beyt Maryam, «dem Haus Marias», nehmen zwei Reiter den Platz über dem Vorbau der Hauptportals ein: Von zwei Tierfiguren umgeben, schwingen sie in der einen Hand einen Schild, in der anderen eine Lanze und strecken triumphierend den Drachen nieder, der sich zu Füßen des Pferdes windet. Das Relief in der Golgotha-Kirche, das fast wie ein Hochrelief gearbeitet ist, nimmt monumentale Formen an: Es zeigt sieben Standfiguren in Lebensgröße, die einen äthiopischen Turban, den sogenannten «Timtim», tragen. Die in überwölbten Nischen plazierten Figuren nehmen eine hieratische Haltung ein und tragen einen Kreuzstab und eine geschlossene Schriftrolle in Händen. Eine weitere Skulptur findet sich in einer Bogennische: ein als Basrelief gearbeiteter Engel, der über den in seinem Grab liegenden Schmerzensmann wacht.

Die Ornamente, mit denen die Wände geschmückt sind, finden sich auf den Kultgegenständen wieder. Ein außergewöhnlicher, in Telasfarri Estifanos aufbewahrter Tragaltar belegt eindrucksvoll den Reichtum der ornamentalen Kompositionen jener Zeit. Das Figurative verschmilzt mit dem rein Geometrischen zu einer Einheit. Der gekreuzigte Christus prangt auf einem Vierpaß mitten in einer islamischen Umrandung. Der wie ein byzantinischer Kaiser gekleidete Erzengel Gabriel steht, einen Kreuzstab und die Weltkugel tragend, unter einem Rundbogen. Eine ähnliche Komposition zeigt den Erzengel Michael mit einer kreuzförmigen Lanze. Wölbungen und Säulen sind mit Zickzack- und Flechtornamenten verziert. Die Ecken schmücken Palmettenmotive. In Anlehnung an koptische Grabstelen findet sich dieser architektonische Schmuck in anikonischer Form auf zwei Seiten des Altars, wo jeweils unter einem Bogen ein Vierpaß Platz findet. Nach einer Beobachtung von G. Gerster «entsprechen die abgestufte Basis, das abgestufte Kapitell und das Profil des Säulenschafts uralter aksumitischer Tradition. Die einzelnen Dekorelemente, namentlich die Verzierung der Ecken, erinnern an die Dekoration der Kirchen von Lalibala und ihre Prozessionskreuze.»[9]

Wandmalerei

Die Wandmalerei knüpft an die des mittelalterlichen Ägyptens an und fügt ihr neue Varianten hinzu. Die Stile unterscheiden sich, bewahren aber eine gemeinsame Grundlage. Das von jeder geometrischen Strenge befreite kopto-islamische Flechtwerk nimmt unverkennbar äthiopische Eigenarten an. Tiermotive werden beibehalten, traditionelle Tiere bekommen jedoch neue stilisierte Formen. Der afrikanisch-ethnische Charakter erinnert zuweilen an Malereien aus Nubien, jener ägyptischen Provinz, die im *Tafel 73* achten Jahrhundert von der byzantinischen Metropole abgeschnitten wird und bis zur Schließung seiner letzten christlichen Einrichtungen im fünfzehnten Jahrhundert der koptischen Kirche verbunden bleibt. Der lineare Zeichenstil dominiert uneingeschränkt. Die Figuren heben sich von einer gleichmäßigen *Tafel 74, 75* Stuckfläche ab. Die Umrisse sind mit weichen, präzisen Strichen gezogen. Die Anordnung im Raum ignoriert die Gesetze der Perspektive und das Spiel von Licht und Schatten. Die Körper verschwinden hinter Gewändern, die zu dekorativen Flächen werden. «Wer die Welt erkannt hat, hat einen Leichnam gefunden; und wer einen Leichnam gefunden hat, dessen ist die Welt nicht würdig.»[10] Die Darstellung des Sündenfalls in der Marienkirche von Qorqor gerät zu einer Allegorie. Straußenvögel, Tauben und Gazellen vergegenwärtigen den paradiesischen Ort. Eva erscheint neben einer säulenartig aufgerichteten Schlange und deutet mit einer Hand auf den Baum der Erkenntnis, während sie mit der anderen ihre Blöße bedeckt. Eine Bilderfolge, bei der schlangenartige Wesen menschliche Gestalten umschlingen, dürfte die lebenslängliche Versuchung symbolisieren. Die Körper sind extrem schematisiert. Die Ge-

159. *Der Sündenfall,* Jungfrauenkirche, Qorqor.

160. Innendekor, Kirche «Haus Marias», Lalibela.

161. Innendekor, Kirche «Paradies Marias», Wallo.

Rechte Seite

162. *David,* Kirche des heiligen Daniel, Qorqor.

163. *Taufe Christi,* Kirche des heiligen Daniel, Qorqor.

164. *Heiliger Onuphrius,* Kirche des heiligen Daniel, Qorqor.

Tafel 77

sichter sind einmal frontal, einmal im Dreiviertelprofil dargestellt. Die großen schwarzen Augen bewahren stets ihre Frontalität. Von Kirche zu Kirche erscheint die Stilisierung der Gesichter in abgewandelter, neuer Form, doch der Blick bleibt immer ernst. Die Geometrisierung der Gesichtszüge grenzt mitunter ans Abstrakte und verleiht den Werken eine seltsame Modernität. Die Gesichter der Auserwählten in der Kirche Gannata Maryam, dem «Paradies Marias», erinnern an die des Futuristen Malewitsch. Nase und Mund verschwinden. Allein die Augäpfel graben sich in die leeren Gesichter der vergöttlichten Lebenden. Die Figuren haben kein Volumen. Die Arabesken der Gewänder betonen die Ebenheit der Darstellung. Die Horizonte sind kahl. Landschaften und Bauwerke gibt es nicht mehr. «Wer das All kennt, sich selbst (aber) verfehlt, der verfehlt das All.»[11] Flechtwerk, Ranken, Kreuze und Rosetten reihen sich zu ornamentalen Flächen und werden zu Bildern der Paradiesfrüchte. Diese Früchte stammen von Bäumen, «die verändern sich nicht, weder im Sommer noch im Winter, und deren Blätter fallen nicht ab.»[12] Engel, Heilige und Propheten teilen sich diesen himmlischen Ort. Die Welt, die Menschen und die Dinge bleiben ihm fern. «Dieser Himmel wird vergehen. Und derjenige, der darüber ist, wird vergehen; und die, die tot sind, sind nicht lebendig, und die, die lebendig sind, werden nicht sterben.»[13] Das Gebet führt den sterblichen Sünder an die Schwelle des Paradieses der Lebenden:

> Gütiger Immanuel, ich setze meine Hoffnung in dich.
> Gewähre mir, deinem demütigen Diener, in deinem Garten
> eine brüderliche Existenz mit den Heiligen.
>
> Lebender Immanuel, Alter der Zeit;
> verlaß mich nicht auf der Welt, wenn Trauer über mich kommt;
> außer dir habe ich keine Beschützer.
>
> Wenn du zum Jüngsten Gericht kommst,
> mit deinem gütigen Vater und dem barmherzigen Heiligen Geist,
> wachsamer Immanuel, du Schöpfer, der du nie müde wirst,
> dann sage meiner Seele: Verweile, wo ich verweilt habe,
> und wohne mit mir, wo ich gewohnt habe.[14]

Christus steht an der Spitze der himmlischen Hierarchie. Nach äthiopischem Glauben ist die Architektur ein Abbild der Heilsgeschichte. Danach sind die Patriarchen die Pforten, die Propheten die Fenster und die Apostel die Säulen. Die Evangelisten sind die Ecken, die Kirchenväter die Lampengestelle und die

165. *Abraham, Isaak und Jakob,* Kirche von Ghu.

166. *Flucht nach Ägypten,* Kirche «Haus Marias», Lalibela.

Rechte Seite

167. Maiestas Domini; Kirche von Dabra Salam, Ost-Tigre.

Reiterheiligen die Mauern. Die unschuldigen Kindlein sind das Dach und die Engel die Träger. Maria ist das Sanktuarium. Im gemalten Dekor sind Szenen aus beiden Testamenten vermischt und ihre Protagonisten in derselben Epoche vereint. In der großartigen Kuppel der Daniel-Kirche in Qorqor sind die Propheten und die Heiligen zu einer Heerschar zusammengefaßt. Die vier betenden Erzengel bilden mit ihren ausgebreiteten Flügeln ein Quadrat, das das Auge der Kuppel rahmt, das Abbild des Himmelsgewölbes. Die Protagonisten ziehen schweigend am Betrachter vorüber. Der historische Charakter wird bewußt ignoriert. Georg, Merkurius und Theodor der Orientale, die auf ihren Pferden sitzen, wechseln sich mit den Propheten und Heiligen ab. Abraham, Isaak und Jakob vermischen sich mit Zacharias, Petrus und Jakobus. Johannes liest mit Melchisedek die Messe, Mose und Aaron halten beide ein Weihrauchfaß in Händen. Die vier Priester der Kirche sind einem Bild von der Taufe Christi zugewandt. Ein Verweis auf die Epiphanie. Die Geste wird zum Symbol. «Der oben am Weihrauchfaß angebrachte Griff ist Gott, so will es ‹der Brauch der Kirche›. Die Ketten sind die heilige Dreifaltigkeit. Die Glut ist Christus. Der Rauch ist der Heilige Geist. Die Asche, das sind die Sünder.»[15]

Die alten Programme bleiben erhalten, doch werden sie mit erstaunlicher Freiheit schöpferisch interpretiert und erneuert. In der Kirche von Guh sind Propheten, Apostel und Heilige zu drei Kreisen gruppiert. Die Propheten des Alten Testaments bedecken die Deckenwölbung, die Apostel des Neuen Testaments finden sich in der Südkuppel wieder, die Neun Heiligen aus Byzanz in der Nordkuppel. Der Malstil ist rein äthiopisch. Die Protagonisten tragen statt der antiken Gewänder die landesübliche Tracht und Turbane. Andere Heilige und Propheten sind an den Wänden zu sehen. Die Fältelung beschränkt sich auf gleichmäßig wiederkehrende Bögen. Die Zeichenlinie ist schwungvoll und energisch. Schwarz und Rot begrenzen die Formen und die Konturen. Die Farbenpalette bleibt beschränkt. Die Hände der Protagonisten sind erhoben und tragen die Symbole der Frohen Botschaft. Die Propheten Jahwes werden zu Sendboten des Immanuel. Jakob, der Sohn Abrahams, hält das Kreuz Christi, «Sonne der Welt». *Tafel 78, 79*

Die Christophanien häufen sich: *Immanuel der Gütige, Arm des Vaters, Gnaden-Immanuel, Perlen-Immanuel, der Mächtige Immanuel,* der *Eingeborene Immanuel,*[16] *Christus, Retter der Welt, Kind und*

Greis.[17] In Dabra Salam thront der jugendliche und bartlose Immanuel mit überkeuzten Beinen, gekleidet wie ein orientalischer Prinz und gestützt durch die vier Körperlosen Tiere. Im «Paradies Marias» sitzt er auf einem Stuhl, der mit dem Kreuz geschmückt ist, und hält, ein Bein aufgestellt, das andere angezogen, ein geschlossenes Evangelium in die Höhe. Die Szenen geraten durcheinander. In der Marienkirche von Qorqor ist die *Majestas Domini* über dem *Einzug in Jerusalem* plaziert, eine Komposition, die an die Himmelfahrt erinnert. Im «Haus Marias» segnet Christus die fünf Brote und die zwei Fische, damit sie sich vermehren. Die Anwesenheit von Maria der Sünderin mit ihrem Gefäß voll wohlriechendem Öl evoziert das Mahl bei Simon. Die hieratische Haltung des segnenden Erlösers transzendiert das historische Ereignis und macht es zu einem ewigen Danksagungsgebet. Der Segnungsgestus wiederholt sich vor dem Jakobsbrunnen, an den die Samariterin kommt, um Wasser zu schöpfen. In Christus, dem höchsten Priester, wird das Wasser «zur sprudelnden Quelle, deren Wasser ewiges Leben schenkt» (Joh 4, 14).

Die Wege Nordafrikas kreuzen sich. Der Erzengel Raphael in der Marienkirche von Qorqor ist mit seinem durch eine Krone zusammengehaltenen Haar, seinem Hostienteller und seinem Kreuzstab dem Engel in der nubischen Kirche von Faras nachgebildet. Das ikonographische Programm im «Paradies Marias» läßt auf die Mitwirkung eines ägyptischen Künstlers schließen: «Mehrere Heilige, die dargestellt werden, und Episoden aus ihrem Leben, auf die in den Gemälden angespielt wird, sind im äthiopischen Synaxarion nicht erwähnt, wohl aber im koptischen.»[18] Im Makariuskloster in Ägypten signiert ein Abessinier namens Tekle eine eindrucksvolle Kavalkade. Neben Basilides, dem großem Märtyrer der diokletianischen Christenverfolgung, ist eine Gruppe von vier Reitern zu sehen – Makarius, Eusebius, Justus und Abo von Tiflis – sowie eine Frauenfigur zu Fuß, Theoklia, die Gattin des Justus und Mutter des Apoli. Wie J. Leroy[19] dazu bemerkt, werden die Namen der Mutter und des Sohnes ausschließlich in der äthiopischen Version der Basilidesakten genannt, und ihre Präsenz im Bild verrät die Nationalität des Künstlers. Neben diesem inhaltlichen Detail ist die Eigenart der äthiopischen Malweise zu erwähnen, die durch ein typisches, über dem heiligen Makarius angebrachtes Ornament noch verstärkt wird.

168. Maiestas Domini, Jungfrauenkirche, Qorqor.

Eine ähnliche Entwicklung vollzieht sich in der Buchmalerei. Die ältesten Zeugnisse dieser Kunst dürften die beiden Evangeliare sein, die J. Leroy im Kloster Abba Garima bei Adua entdeckt hat. Die aus dem elften bis zwölften Jahrhundert stammenden Malereien sind ein Beleg dafür, daß die Äthiopier byzantinische Modelle übernehmen. Stilistisch unterscheiden sie sich deutlich von späteren Handschriften. Die ornamentalen Formen, das Mobiliar der Schreiber und die nuancierte Herausarbeitung der Gewandfalten lassen auf ein antikisierendes Modell schließen. Die schwarz umrandeten Augen, die lange Nase und die überlangen, spitz zulaufenden Finger sind Vorboten des äthiopischen Stils. Der mittelalterliche Stil zeigt sich in den Handschriften, die aus dem vierzehnten bis fünfzehnten Jahrhundert stammen, wobei ältere Datierungen allgemein umstritten sind. Äthiopien hält an den Regeln fest, auf die im gesamten christlichen Orient Wert gelegt wird. Das Evangeliar beginnt mit den berühmten Kanontafeln des Eusebius: Ihre Säulenarkaturen sind mit Vögeln, Tieren, Pflanzen, Gegenständen und Ornamenten geschmückt. Auf diese einführenden Bildtafeln folgen Porträts der vier Evangelisten und Darstellungen der wichtigsten christlichen Feste. Die schöpferische Behandlung hat nichts Byzantinisches mehr. Das Bildfeld bietet keine Illusion der Tiefe. Die Farbenpalette ist auf einfache und leuchtende Töne beschränkt, die Farbe wird großflächig aufgetragen. Auf Goldverzierung wird verzichtet. Die Formen verlieren ihr Volumen. Der Bildraum wird stets gleich gestaltet, einerlei ob die Szene im Freien oder in einem geschlossenen Raum spielt. Die wie geometrische Flächen behandelten Lebewesen und Gegenstände heben sich von einem gleichmäßigen Grund ab. Die Form der Gesichter ist einmal rund, einmal viereckig. Die frontal oder im Dreiviertelprofil dargestellten Heiligen verharren in unveränderlicher Bewegungslosigkeit. Der verzückte Blick behält seine obligate Starrheit. Diese Ruhe wird durch die Bewegung kaum gestört. Die Handlung beschränkt sich auf festgelegte Gesten der zahlreichen Protagonisten. Wie in der abbasidischen Malerei werden Gesichter und Hände durch eine rote Zei-

169. *Heiliger Matthäus,* Evangeliar des 14. Jh., 19. Jh., Galerie Sam Fogg, London.
170. *Himmelfahrt Christi,* Evangeliar des 14. Jh., 19. Jh., Galerie Sam Fogg, London.

171. *Jungfrau mit dem Kind,* 15. Jh., Galerie Sam Fogg, London.
172. *Betende Jungfrau, Pforte des Lebens,* 15. Jh., Galerie Sam Fogg, London.

173. *Kreuzigung,* 15. Jh., Betlehem-Kirche, Dabra Thabor.
174. *Kreuzigung,* 15. Jh., Bibliothèque Nationale, Paris.

chenlinie, Augen und Brauen durch ein kräftiges und reines Schwarz markiert. Die gleichsam schwebenden Gegenstände erinnern an die in den Miniaturen des mamelukischen Ägyptens. Neue Strömungen werden gegen Ende des fünfzehnten Jahrhunderts sichtbar. Die Gemälde bekommen merkwürdige asiatische Züge. Die mandelförmigen Augen verengen sich zu Schlitzen, und die Bogen der Brauen passen sich ihnen an. Menschliches wird sichtbar. Die Gesten werden lebendiger. Die Gesichter drücken eine verhaltene psychische Kraft aus. Die ornamentale Fülle und der großflächige Farbauftrag wahren den überirdischen Charakter der Bilder. Die kombinierten und sich wiederholenden Motive der Linien und Punkte verweben sich harmonisch mit den zahlreichen Elementen des Bildraums, angefangen beim architektonischen Dekor über das Mobilar bis hin zur Kleidung. Das Figürliche verschwindet in einer abstrakten Welt ohne Horizontlinie, ohne Perspektive, ohne Schwerkraft. Das Reich der Zeichen ersetzt die Welt der Schatten. «Das Alte ist vergangen, Neues ist geworden» (2 Kor 5, 17). «Die Schöpfung – Himmel und Erde –, deren Einheit zerbrochen war, besingt die neue Freundschaft: Die Menschen vereinen sich mit den Engeln und feiern ihr Wissen um Gott.»[20]

Mit ihrem Einfallsreichtum bereichern die Künstler die traditionelle Ikonographie um neue Modelle. Eine schöne, Mitte des fünfzehnten Jahrhunderts entstandene Handschrift[21] enthält zwei Bilder der Mutter Gottes. Das erste greift auf eine traditionelle Vorlage zurück und verleiht ihr ein äthiopisches Gepräge. Die Mutter, «Thron der Sonne», trägt den Sohn auf einem Arm und weist mit dem anderen auf ihn. Das Bild beruht auf einem byzantinischen Modell, das die beiden traditionellen Ikonographien Marias vereint: Die gegen das Gesicht des Kindes gedrückte Wange entspricht dem Prototyp der *Eleusa,* der herzenden Maria, die auf den Sohn zeigende Hand dem der *Hodegetria,* der «Wegführerin». Die Stilisierung der Gesichter und der Gewänder verleiht dem Werk seinen äthiopischen Charakter. Das zweite Bild zeigt eine Jungfrau, die zum Zeichen des Gebets die Arme weit ausgebreitet hat. Die Stilisierung des Körpers verwandelt den Typus der Orantin in ein spezifisch äthiopisches Modell. Maria wird zur «Pforte des Lebens». Das streng gestaltete, geschlitzte Kleid der Maria wird in Form zweier geschlossener Türen dargestellt, die durch eine doppelte geometrische Komposition betont werden. «Ihr Tore, hebt euch nach oben, hebt euch, ihr uralten Pforten, denn es kommt der König der Herrlichkeit» (Ps 24, 9). Maria, das Heiligtum der Kirche, ist die «Pforte des Lichts», «Leiter des Lebens», «Wohnung der Göttlichkeit». «Du bist die Heilige der Heiligen», heißt es im Lobgesang, «man nennt dich die Freude des Vaters, Wohnung des Sohnes und Schattenspenderin des Heiligen Geistes»; «du bist wie das Empyreum des Himmels, du, die du das Empyreum auf Erden warst»; «durch dich und in dir sind wir der Wohnung in deinem Empyreum näher als der Erde, durch dich und durch den Namen deines Sohnes sind wir ihr näher.»[22] Die Variationen einer Ikonographie spiegeln deren vielfältigen theologischen Aspekte wider. Getreu dem ersten Modell der Kreuzigung ragt das nackte Kreuz des Herrn zwischen den beiden gekreuzigten Schächern auf, als Siegeszeichen dessen, der die Welt besiegt hat (Joh 16, 33). «Gelobt sei dein Lebenskreuz», heißt es im Gebet, «denn durch dein Kreuz wurde die ganze Schöpfung errettet.»[23] Ein ganz oben plaziertes Lamm symbolisiert den Lobgesang der Apokalypse. «Würdig ist das Lamm, das geschlachtet wurde, Macht zu empfangen, Reichtum und Weisheit, Kraft und Ehre, Herrlichkeit und Lob» (Offb 5, 12). Ein zweites Modell zeigt das fleischgewordene Wort. Christus breitet die Arme am Kreuz aus. Gesicht und Körper zeigen keine Regung. Alles Leiden ist ausgespart. Der Sohn, der Herr des Lebens, ist der «Hohepriester des Vaters, der die Menschen mit Gott versöhnt hat».[24] Ein drittes Modell macht die Kenosis des Menschensohnes sichtbar. Ein Gemälde aus der Bibliothèque Nationale[25] in Paris liefert dafür ein ergreifendes Beispiel. Traditionsgemäß wohnen Maria und der Apostel Johannes den Qualen bei, die der *Gefesselte Immanuel, der Märtyrer des Herrn*[26], erleidet. Zehn Dornen bekrönen das Haupt des Gekreuzigten. Linien begrenzen den nackten Oberkörper. Arme und Beine sind gebeugt. Die Unproportioniertheit des Körpers verstärkt den dramatischen Charakter der Szene. Blut rinnt aus den fünf Wundmalen Christi. Merkwürdigerweise hat der Maler eine sechste Wunde mitten auf der Brust hinzugefügt. Die Ikonographie ist unbestreitbar europäisch beeinflußt. Die Ausführung folgt getreu den Regeln des lokalen Stils. Die Protagonisten sind auf kräftig gezeichnete geometrische Flächen reduziert. Das Kreuz geht in die Mau-

175. *Einzug in Jerusalem,* Evangeliar des Klosters Gunda Gundié, 15. Jh..

ern Jerusalems über: Die Farben Blau, Rot und Ocker verteilen sich ohne Nuancen und Abstufungen in parallelen, durch eine schwarze Linie begrenzte Flächen. Die ausgemalten Felder der Gewänder verschmelzen mit denen des Hintergrunds und bilden so einen zweidimensionalen kolorierten Raum. Weit von einer naturalistischen Sichtweise entfernt, ist das Werk eine schöpferische Komposition von ergreifender Ausdruckskraft.

Ikonen und Tafelbilder

Die Gemälde, die auf stuckiertem Holz ausgeführt werden, repräsentieren auf ihre Weise die äthiopische Ikone. Welchen vielfältigen Einflüssen sie unterliegen, verdeutlicht die Verschiedenartigkeit der Ausführung. Der Lokalstil nimmt die Form der Tafelmalerei an. Parallel dazu werden Bilder produziert, die von byzantisierenden europäischen Gemälden inspiriert sind. Die Ausgangszeichnung bleibt erhalten. Doch die Umrisse werden dünner und feiner. Die hervorstechenden Linien verwandeln sich in gewellte Bögen. Weichheit und Anmut lösen die Strenge des geometrischen Stils ab. Das Inkarnat zeigt geheime Spuren einer Formgebung. Die Falten der Gewänder werden durch leichte Farbschattierungen hervorgehoben. Typisch für diese Richtung ist eine bewundernswerte Stillende Jungfrau, die im fünfzehnten Jahrhundert von einem Maler namens Fere Syon, «Frucht Zions», angefertigt wurde. Die schmucklose Zeichnung erinnert an japanische Graphiken. Die von den Fingern des Kindes umschlossene Turteltaube belegt den italienischen Ursprung des ikonographischen Modells. Die Schmuckmotive der Gewänder hingegen sind rein äthiopisch. Die beiden Engel hinter der Königin-Mutter unterstreichen den lokalen Charakter des Werkes: Die Hüter des lebenden Heiligtums halten zum Zeichen der Ehrfurcht stolz ihr Schwert in die Höhe und begrenzten mit ihren fächerförmig ausgebreiteten Flügeln den himmlischen Ort. Die Malerei huldigt der Heiligkeit, die nach wie vor Quelle und Mittelpunkt jeder bildlichen Darstellung ist. Auf den beiden Flügeln eines schönen Diptychons aus Addis Abeba sind vierzehn Heilige dargestellt. Die Figuren

176. *Stillende Jungfrau,*
Werk des Fere Syon,
Kirche von Daga Estifanos.

sind auf einem einfarbigen roten Grund gestaffelt. Die Felder gehen ineinander über. Vier als Brustbilder dargestellte Heilige nehmen das Zentrum der Komposition ein. Eine Kavalkade von acht Heiligen umgibt sie. Ein Brustbild und ein in ein Medaillon gefaßter Kopf im unteren Feld komplettieren das kühne Gruppenporträt. Die Auswahl der Heiligen ist typisch äthiopisch. Zu erkennen sind die Reiterheiligen, die bei den Gläubigen der alexandrinischen Kirche so hohe Wertschätzung genießen: Theodor der Orientale, Basilides, Merkurius, Abo von Tiflis, Georg und Claudius. Hinzu kommt der auf seinem Löwen reitende heilige Mammas. Der in den Rang eines Heiligen erhobene König Lalibela erhält einen Ehrenplatz. Die äthiopisch gekleideten Reiter sind einheitlich dargestellt: flatternder Mantel, die Zügel in der einen, die Lanze in der anderen Hand. Das Medaillon enthält ein neuartiges Porträt von Johannes dem Täufer: Sein frontal dargestelltes Gesicht erinnert mit seiner üppigen Haarpracht an das eines Löwen. Figuren von Engeln, Aposteln und Heiligen: Die festgelegten Themen werden immer wieder aufgegriffen und dank der Vielfalt der Abwandlungen und Stile erneuert.

Moderne

Gestützt auf den militärischen Erfolg der Portugiesen dringt die römische Kirche Mitte des sechzehnten Jahrhunderts nach Äthiopien vor. Zwischen dem abessinischen Klerus und den lateinischen Missionaren entbrennt ein Streit. Rom sieht in Äthiopien mehr einen möglichen Verbündeten gegen den Islam als ein gefährdetes christliches Land. Jahrhundertelang hatte man nur vage Vorstellungen von der Größe dieses sonnenversengten Landes am Ende der Welt, in dem dunkelhäutige Völker wohnen: häßliche Menschen von schwarzer Farbe, der Farbe der Sünde und des Lasters. Der Fluß Gihon fließt vom

177. Diptychon mit vierzehn Heiligen, 15.-16. Jh., Institut für äthiopische Studien, Addis Abeba.

Paradies in den Süden Ägyptens, wo er ganz Äthiopien umfließt, das von der Schwärze des Bösen geplagte Land. Der zweite Fluß des Paradieses wird mit der Keuschheit verglichen, Aethiopia mit den verwerflichen Sünden. Sich die Farbe Äthiopiens abzuwaschen ist gleichbedeutend mit Reue und Läuterung. Nach dem heiligen Hieronymus nennt man die Völker mit den verbrannten Gesichtern «ihrer blutrünstigen, abscheulichen und grausamen Sitten wegen» Äthiopier.[27] Die Farbe Schwarz steht fortan für die Sünde. Die Äthiopier werden Dämonen gleichgestellt: Nach dem ikonographischen Bild des Teufels beschreibt das *Rolandslied* die heidnischen Kuschiter als Schwarze mit weißen Zähnen, riesigen Nasen und ebensolchen Ohren. Das Reich des Priesterkönigs Johannes ist ein Land des Lasters. Abt Absalon von Springiersbach beschreibt es schonungslos: «Äthiopien», so schreibt er, «ist ein gänzlich mit Sand bedecktes Land, in dem man nicht die geringste Spur von Nächstenliebe findet und das deshalb keine Früchte hervorbringt, die aus guten Werken resultieren. Seine von der Hitze verbrannten Bewohner haben tiefschwarze Gesichter, sehen grauenerregend aus und pflegen lasterhafte Beziehungen: Sie sind durch die Schwärze der Sünde verunstaltet, und deshalb empfiehlt es sich, dieses Land nicht gemessenen oder langsamen, sondern sehr schnellen Schrittes zu verlassen.»[28]

Statt zu fliehen versuchen die lateinischen Missionare, das Land zu bekehren. Ihr religiöses Bemühen geht mit dem politisch-strategischen Ziel einher, die Muslime im Rücken zu fassen. Deshalb werden die Kontakte verstärkt. Im Jahr 1350 wird eine erste Mission eingerichtet. Eine inoffizielle Delegation äthiopischer Mönche aus Jerusalem nimmt an dem Konzil teil, das von 1438 bis 1445 in Florenz abgehalten wird. Im Jahr 1520 eröffnen die Portugiesen eine Gesandtschaft. Im sechzehnten Jahrhundert brechen in dem traditionell mit Alexandria verbundenen Äthiopien erstmals leidenschaftliche dogmatische Kämpfe aus. In einer Abhandlung mit dem Titel *Bekenntnis* spricht sich Kaiser Claudius gegen eine Union mit Rom aus. Doch die Soldaten des heiligen Ignatius von Loyola lassen sich davon in ihren Bemühungen nicht abhalten. 1603 gelingt es Pedro Paez, Kaiser Za-Denghel zu bekehren. In einem kaiserlichen Dekret werden die «Irrtümer» der äthiopischen Kirche verurteilt. Doch der Klerus und das Volk lehnen die Union ab. Der Herrscher, von den Seinen im Stich gelassen, wird abgesetzt und zum Tode verurteilt. 1622 bekennt sich sein Nachfolger Susneos zum chalkedonensischen Glauben und erkennt das Supremat Roms, «der Mutter aller Kirchen», an. Alfons Mendez, der Nachfolger von Paez, leitet eine systematische Latinisierung Äthiopiens ein und verurteilt mit einem Federstrich alle jahrhundertealten Bräuche. Das Meßbuch und der lateinische Kalender ersetzen die äthiopische Liturgie und das äthiopische Graduale, Feste und Fasttage werden nach den Vorschriften Roms festgelegt, die Inquisition wird eingeführt, die Scheidung abgeschafft, die Beschneidung verboten. Die Missionare weihen die Kirchen neu, gestalten die Altäre um, weihen die Priester und taufen die Menschen ein zweites Mal. Die Union löst eine stürmische theologische Debatte aus. Zwei in dieser Zeit verfaßte Schriften spiegeln die Schärfe der Auseinandersetzung wider: Während die *Rute der Lüge* voll des Lobes für Rom ist, verteidigt der *Schatz des Glaubens* die äthiopische Kirche und weist alle Vorhaben der Lateiner zurück. Die Debatte mündet in einen Krieg. Zehn Jahre nach seiner Konversion dankt Susneos zugunsten seines Sohnes Fasiladas ab. Der Katholizimus wird aufgegeben. Die Jesuiten sind nicht mehr erwünscht: Die einen werden aus dem Land gejagt, andere werden zusammengetrieben und als Sklaven an die Türken verkauft. Ein Bischof und sechs katholische Priester werden ermordet. Zwei französische Franziskaner werden gefangengenommen und am Strick ihrer Kutten erhängt. Das Königreich verschanzt sich in der Hochebene. Das tief im Landesinneren liegende Gondar wird seine Hauptstadt. Mit Hilfe portugiesischer Baumeister und Handwerker werden dort Schlösser errichtet. Die Stadt erlebt eine über zweihundertjährige Blüte. Ihr Niedergang beginnt mit dem Auftreten der «Richter»: Wie das einstige Reich Israel versinkt auch Äthiopien in der Anarchie und zerfällt in rivalisierende Fürstentümer. Versuche des Königs Theodoros, das Reich wiederherzustellen, scheitern. Die geschwächte Kirche muß zusehen, wie viele Gläubige zum Islam übertreten. Gondar zerfällt gegen Ende des neunzehnten Jahrhunderts. In einem letzten Aufbäumen erholt sich Äthiopien: Kaiser Menelik verdoppelt das Staatsterritorium durch die Eroberung weiterer Gebiete. Das im Herzen Sawas liegende Addis Abeba, «die neue Blume», wird die neue Hauptstadt des Reiches.

Gondar erlebt eine intensive kulturelle Blüte. Neue künstlerische Strömungen entstehen. Ob Wandmalereien, Ikonen, Handschriften oder Kreuze: Der Umfang der Produktion ist erstaunlich, die Vielfalt der Stile, Programme und Techniken groß. Die geschichtliche Entwicklung verstärkt die kulturelle Vermischung. Die Künstler des Landes übernehmen europäische Vorlagen, interpretieren und ergänzen sie und verleihen ihnen so ein äthiopisches Gepräge. Die Themenpalette wird breiter, die Zahl der Protagonisten nimmt zu. Die hieratischen Figuren der Heiligen erhalten neue Formen. Ohne mit der Tradition der Porträt-Ikone zu brechen, rückt die Malerei nun das erzählerische Moment stärker in den Vordergrund. Literarische Konnotationen häufen sich. Ein neuer Bildtypus kristallisiert sich heraus. Die Malerei wird didaktisch und historisch und widmet sich langen anekdotischen Zyklen. Die Werke des siebzehnten Jahrhunderts bleiben dem Geist des Mittelalters verhaftet. Die byzantinische Ikonographie ist nur noch latent vorhanden. Die Heiligen sind in äthiopische Trachten gekleidet und auf einem leeren Grund gestaffelt. Die Gewänder werden wie ebene Flächen behandelt, die durch parallele Bögen und Geraden hervorgehoben werden. Die Geometrisierung bewahrt ihre konstruktive Kraft. Die Formen haben kein Volumen, die Farben keine Schattierungen. Im achtzehnten Jahrhundert ändert sich die Malweise spürbar: Die äthiopische Malerei unterliegt dem wachsenden Einfluß der europäischen Malerei.

Diese Wandlung ist beileibe kein lokales Phänomen. Im christlichen wie im muslimischen Orient beginnen die Künstler, sich mit der abendländischen Schule zu beschäftigen. In der griechisch-slawischen Welt spaltet sich die Sakralkunst, bevor sie zerfällt. Michael Damaskinos führt in der zweiten Hälfte des sechzehnten Jahrhunderts eine berufliche Doppelexistenz: Er malt byzantinische Ikonen und italienisierende Bilder. In dem Bemühen, beide Ästhetiken zu vereinen, entwickeln seine Schüler einen plumpen, hybriden und heterogenen Stil, der in den christlichen Regionen des Osmanischen Reiches Verbreitung findet. Simon Uschakow, der russische Raphael, greift auf die byzantinischen Prototypen zurück und behandelt sie nach der Art der Renaissance-Meister. Sein Stil macht Schule und setzt sich im siebzehnten Jahrhundert in ganz Rußland durch. Fernab der großen Städte lebt die Tradition in den Werkstätten der Altgläubigen fort, die sich in kleine Dörfer wie Palech, Mstera und Chuli im Gebiet um Wladimir zurückgezogen haben. Auch die indo-persische Malerei im Mogul-Reich öffnet sich dem Westen. Großmogul Akbar, der sich um einen Aussöhnung zwischen Hindus und Muslimen bemüht, stiftet «die göttliche Religion» und errichtet an seinem Hof eine Jesuiten-Mission. Die Priester führen die Maler in die Geheimnisse der naturalistischen Malerei ein. Lateinische Ästhetik und Thematik setzen sich durch und verbreiten sich. Der Herrscher schmückt sein Mausoleum mit einem Gemälde, das nach der Beschreibung des Venetiers Manucci «neben Erzengeln und Cherubim das heilige Kruzifix, die Madonna mit dem Jesuskind im Arm und den heiligen Ignatius zu ihrer Linken» darstellt.[29] Das heute verschollene Werk findet seine Gegenstücke in den «katholischen» Miniaturen, die von muslimischen und hinduistischen Malern gefertigt werden, wie etwa die 1590 signierte *Kreuzigung*, der *Schmerzensmann* von 1605 oder der *Jesuit vor der Heiligen Jungfrau* von 1610. Die Miniaturisten behandeln die traditionellen Prototypen nach westlicher Manier. Sie mischen die Farben und verwenden verschiedene Abstufungen, spielen mit Licht und Schatten, experimentieren mit atmosphärischen Effekten und gestalten am Horizont eine dreidimensionale Landschaft. Das Abbild der materiellen Natur erschüttert den Mundus imaginalis der großen islamischen Kunst. Die Vermischung der Stile grenzt an einen «zerstörerischen Synkretismus»: Wie A. Papadopoulo bemerkt, ist diese von Muslimen produzierte Kunst lediglich eine «westliche Malerei, in der eine ‹indische Welt› dargestellt wird».[30] Iraner und Türken schlagen denselben Weg ein. Auch der figürliche Schmuck unterliegt diesem Wandel. Die Künstler lassen sich von der Welt der sinnlichen Erscheinungen verführen und ersetzen Rosetten durch naturgetreue Rosen. Sie verwandeln die ikonischen Zeichen des Schmuckdekors in natürliche Elemente und stellen sie in ihrer irdischen Erscheinung dar.

Äthiopien nimmt bei diesem Zusammenstoß der Kulturen eine Sonderstellung ein. Wie die religiöse Literatur greift auch die Malerei Anregungen aus dem Westen auf und verändert sie nach ihren eigenen Regeln. Die Herausarbeitung der Formen prägt das Inkarnat. Schattierungen finden Eingang in die Farbgebung. Schatten lockern die Zeichnung der Gewänder auf. Der Hintergrund atmet. Dennoch zeigen die Maler wenig Neigung, einen dreidimensionalen Raum nach den Gesetzen der Perspektive darzustellen. Die Proportionen werden kaum beachtet. Die Anfangszeichnung bleibt klar und präzise. Die Grundfarben bleiben bestimmend. Zinnoberrot, Goldgelb und reines Blau entfalten ihre ganze Leuchtkraft. Die einfachen Töne beherrschen die Halbtöne, und der pastose Auftrag der kräftigen Farben läßt die Abstufungen verschwinden. Die Gesichter sind immer austauschbar. Die Seligen und die Engel werden frontal oder im Dreiviertelprofil, die Übeltäter und die Dämonen im Profil gezeigt. Die Dominanz der großen schwarzen Augen unterstreicht den kontemplativen Charakter der dargestellten Szenen. Der transzendente Blick modifiziert die Erscheinung der sichtbaren Formen. Expressionistische Verzerrungen geben den Lebewesen und Gegenständen neue Proportionen. Die Verkürzung verstößt gegen die optische Wahrnehmung. «Das Königreich des Vaters ist ausgebreitet über die Erde, und die Menschen sehen es nicht», heißt es im Thomasevangelium.[31] Das Sichtbare und das Unsichtbare durchdringen sich gegenseitig. Das geistige Auge erforscht das, was die Unvollkommenheit des irdischen Blicks den Menschen verbirgt. Eine Flut von Bildern bedeckt die Kirchenwände. Fresken verwandeln sich in große Leinwandgemälde, die auf die Mauern aufgeleimt werden. Die Ikonen werden mit Diptychen, Triptychen und Polyptychen zu Retabeln zusammengefaßt. Die Handschriften von Evangeliaren, Psaltern und Gebetbüchern werden mit Miniaturen geschmückt. Bildträger und Techniken variieren, die Ästhetik bleibt dieselbe. Die Künstler bedienen sich derselben Palette und partiziperen an einer Ästhetik.

178. Szene aus dem Evangelium, Stich von Roberto Tempesta, 1591.
179. Szene aus dem Evangelium, 17.Jh., British Museum, London.

Anregungen aus dem Westen beschränken sich auf das Thematische. Die Künstler benutzen die von den Missionaren verbreiteten Modelle und entwickeln neue ikonographische Regeln. So entstehen neuartige Bildtypen, die in der griechisch-orientalischen Welt völlig unbekannt sind. Die Maler beweisen einen großen Einfallsreichtum. Sie bearbeiten die importierten Modelle und erfinden sie gleichsam neu. Und die zahlreichen Mischformen inspirieren zu neuen, kühnen Darstellungen. Jesus steht an der Spitze der Hierarchie von Engeln und Heiligen. Die Äthiopier kleiden ihn in Prachtgewänder und verherrlichen ihn, indem sie sein irdisches Leben und seine himmlische Herrschaft vergegenwärtigen. Das Kind sitzt auf dem Arm der Mutter. Die zugrundeliegenden Modelle sind klassisch, Dekor und Behandlung unterliegen einem ständigen Wandel. Anders als bei den Byzantinern wird die Kleidung des Sohnes von Bild zu Bild verändert, erhält sie neue Farben und neue Ornamente. Wie auf den italienischen Gemälden umschließt die Hand des Kindes eine Turteltaube, eine Frucht oder eine Blume. Doch die Äthiopier verschmähen das Kind-Modell, das in der römischen Kirche so beliebt ist, und halten sich lieber an den Immanuel, den Jungen mit dem Erwachsenengesicht, «den Alten der Zeit», «Kind und Greis». Das Inkarnat wechselt. Zuweilen wird aus dem hellen Teint ein dunkler. Auch in der Haartracht drückt sich eine ethnische Vielfalt aus. Pfefferkorn-Haare unterstreichen die abessinische Identität des Gottessohnes. Besonders originell ist die Darstellung der Kirchenfeste. Die Anordnung der Protagonisten bleibt offenkundig der Phantasie überlassen. Die Szenen werden, je nach den Erfordernissen und Ausmaßen des Dekors, erweitert oder verdichtet. Die Haltung der Protagonisten, die Gewänder und das Mobiliar sind äthiopisch geprägt. Der Wunderzyklus findet sich in Gestalt großartiger Miniaturen in den Handschriften der Evangeliare. Die überkommenen Modelle sind in Vergessenheit geraten. Die Maler des Landes benutzen die Graphiken eines ins Arabische übersetzten römischen Evangeliars als Vorlage. Diese von Roberto Tempesta stammenden Graphiken sind alles andere als originell, sondern italienisierte Kopien der berühmten Dürer-Stiche. Aus Ägypten kommend, werden sie äthiopisiert. Die Maler ersetzen die römischen Gewänder durch die Landestracht. Christus und seine ersten Anhänger stellten sie statt im Profil im Dreiviertelprofil dar. Auf die Illusion der räumlichen Tiefe wird bewußt verzichtet. Die Farbgebung neigt zu grellen Tönen, wobei ein leuchtendes Zinnoberrot dominiert. Die Äthiopier schaffen das deutsch-italienische Original nach ihren Vorstellungen und ihrem Geschmack neu.

Der römische Einfluß wird in der Darstellung der Passion deutlich. Das Gemälde rückt von der koptischen Tradition ab und beschreibt den schmerzhaften Leidensweg Christi. Inspiriert durch die katholische Bilderwelt, schildern die Äthiopier die Leiden des fleischgewordenen Wortes. Ein abend-

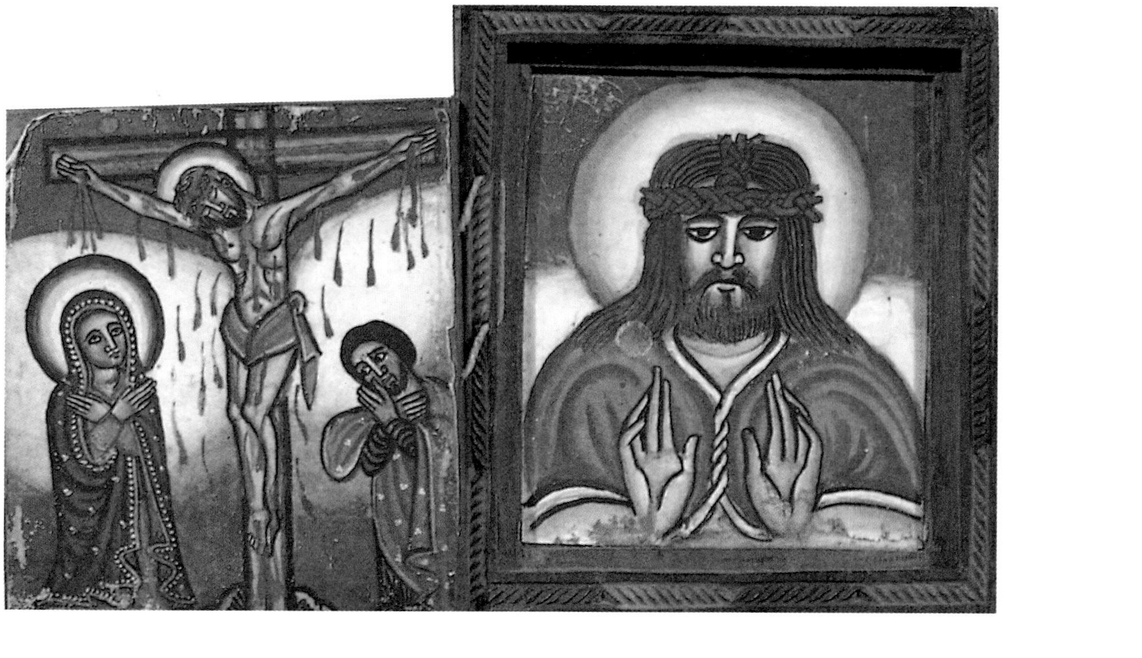

180. *Passion,* 18. Jh., Privatsammlung, Italien.

Rechte Seite
181. *Die Jungfrau «Salus populi romani»,* Santa Maria Maggiore, Rom.

182. *Die Jungfrau «Santa Maria Maggiore»,* Gojjam, 18. Jh., Privatsammlung.

183. *Die Jungfrau «Santa Maria Maggiore»,* 19. Jh., Galerie Sam Fogg, London.

ländisches Modell des *Ecce Homo* wird zum ikonischen Prototyp. Die Augen unter seiner Dornenkrone gesenkt, die Hände zum Zeichen der Ergebenheit geöffnet, besiegelt der blutende Christus den neuen Bund, indem er sich opfert. Noch deutlicher wird die Dramaturgie des Opfertods bei der *Kreuzigung.* Rann das Blut vorher nur in dünnen Fäden, so fließt es jetzt in Strömen. «Alles wird nach dem Gesetz mit Blut gereinigt, und ohne daß Blut vergossen wird, gibt es keine Vergebung» (Hebr 9, 22). Die Mutter und der Lieblingsjünger, die mit erhobenen Händen ihrem Entsetzen Ausdruck verleihen, nehmen Anteil an den Schmerzen des Meisters und vergießen Tränen. Besonders bestechend ist die Darstellung der *Höllenfahrt.* Die Äthiopier brechen mit dem byzantinischen Prototyp und schaffen ein neues, eigenes Modell. Mit ausgestreckten Armen zieht der abessinische Christus Adam und Eva, die mit nacktem Oberkörper dargestellt sind, aus zwei Wasserlöchern, die in alttestamentlicher Tradition den Höllenschlund symbolisieren. Nach der Auferstehung blickt das unvergängliche Wort vom Himmel aus auf die Menschen. Bei dem von der lateinischen Kultur inspirierten *Gnadenpakt* sind der Sohn und die Mutter im Himmel vereint. Jesus räumt Maria das Recht ein, Fürsprache für die sie verehrenden Gläubigen einzulegen: Jeder Sünder, jeder Leidgeprüfte, jeder Büßer, der ihren Namen anruft, indem er betet oder eine gute Tat vollbringt, wird in den Genuß des himmlischen Schutzes kommen und Rettung finden.

Marienbilder

Marienbilder sind in der religiösen Kunst Äthiopiens zahlreicher als alle anderen Darstellungen. Die «Reinste der Reinen», «Glanz der Heiligen», wacht über die Welt und ist «allen Sündern gnädig». Das neue Paradies ersetzt das verlorene Paradies. «Als Adam aus dem Paradies, dem Blumenland, fortging, ließ er zu dir, Maria, Schönheit der Narde, Weihrauch aufsteigen.» «Du bist der gebenedeite Baum», wird im Lobgesang hinzugefügt, «der Baum des Lebens und der Baum des Heils. Anstelle des Lebensbaums, der im Paradies gestanden hat, bist du der Lebensbaum auf Erden geworden. Deine Frucht ist eine Lebensfrucht, und wer von ihr ißt, wird das ewige Leben erlangen.»[32] Ein von den Jesuiten verbreiteter Stich der Santa Maria Maggiore wird zur Lieblingsvorlage der äthiopischen Künstler. Sein Original mit dem Titel *Salus populi romani* ist eine byzantinische Ikone. Nach der Legende soll es der heilige Lukas gemalt haben. Das in traditionellem Stil gefertigte Bild stellt eine Variante der Wegbereiterin dar. Die Haltung der Köpfe entspricht dem schon immer gültigen Prototyp. Die überkreuzten Hände der Mutter stellen eine Neuerung dar: Maria hält den Sohn am unteren Teil seines Gewandes *Tafel 86*

ÄTHIOPIEN
Farbtafeln 73–96

73. *Der heilige Johannes Chrysostomos und ein nubischer Bischof,* 10. Jh., Koptisches Museum, Alt-Kairo.

74.–75. *Einzug in Jerusalem,* Michaelskirche von Dabra Salam, Ost-Tigre.

76. Ganzfigurenbild eines Heiligen, Berg-Sinai-Kirche, Lalibela.
77. Kapitell-Konsole und Bogen auf Pfeiler, Kirche «Paradies Marias», Wallo.

78. Nordkuppel mit acht der neun syrischen Heiligen und Kuppel mit neun Aposteln, Kirche von Guh.
79. *Mose,* Kirche von Guh.

80.a *Verkündigung,* Ausschnitt, Kirche «Haus Marias», Lalibela.
80.b Triptychon, Ausschnitt: *Jungfrau mit dem Kind* des Typs Santa Maria Maggiore, Kirche der heiligen Erzengel Gabriel und Raphael, Lalibela.
81. Triptychon mit *Jungfrau mit dem Kind, Erzengeln und Reiterheiligen,* Privatsammlung, Italien.

82. *Stillende Jungfrau, von zwei Engeln umgeben,* 18. Jh., Privatsammlung, Paris.
83. *Stillende Jungfrau, von zwei Engeln umgeben,* Ausschnitt: das Jesuskind, 18. Jh., Privatsammlung, Paris.

84.–85. *Anbetung der Heiligen Drei Könige,* 19. Jh., Privatsammlung, Paris.

86. Triptychon mit *Jungfrau mit dem Kind* des Typs Santa Maria Maggiore, *Gnadenpakt, Kreuzigung, Auferstehung und Heilige,* 18.–19. Jh., Privatsammlung, Paris.
87. Triptychon, Ausschnitt: *Auferstehung,* 18.–19. Jh., Privatsammlung, Paris.

88. *Heiliger Georg,* 18.–19. Jh., Privatsammlung, Paris.
89.a *Heiliger Georg,* 17.–18. Jh., Privatsammlung, Italien.
89.b *Heiliger Georg,* 18. Jh., Privatsammlung, Italien.
89.c *Heiliger Georg,* 17. Jh., Privatsammlung, Italien.

90.a *Höllenfahrt und Kreuzigung,* 18. Jh., Privatsammlung, Italien.
90.b *Gnadenpakt und Kreuzigung,* 18. Jh., Privatsammlung, Italien.
91.a *Der heilige Gabra Manfas Qeddus und zwei Heilige in Ganzfigur,* 18. Jh., Privatsammlung, Italien.
91.b *Zwei Heilige in Ganzfigur und ein Wunder des Jesuskinds,* 18. Jh., Privatsammlung, Italien.

92.–93. *Passion und Verherrlichung des heiligen Georg,* 18. Jh., Galerie Sam Fogg, London.

94. Schutzrolle, Ausschnitt: *Figur eines Erzengels,* 19. Jh., Galerie Sam Fogg, London.
95. Schutzrolle, Ausschnitt: *Gesicht, umgeben von acht Augen,* 19. Jh., Galerie Sam Fogg, London.

96.a *Der heilige Gabra Manfas Qeddus,* 19. Jh., Privatsammlung, Italien.
96.b *Alexander der Große,* 19. Jh., Privatsammlung, Italien.
96.c *Takla Haymanot und Mose,* Privatsammlung, Italien.
96.d *Mose,* 19. Jh., Privatsammlung, Italien.

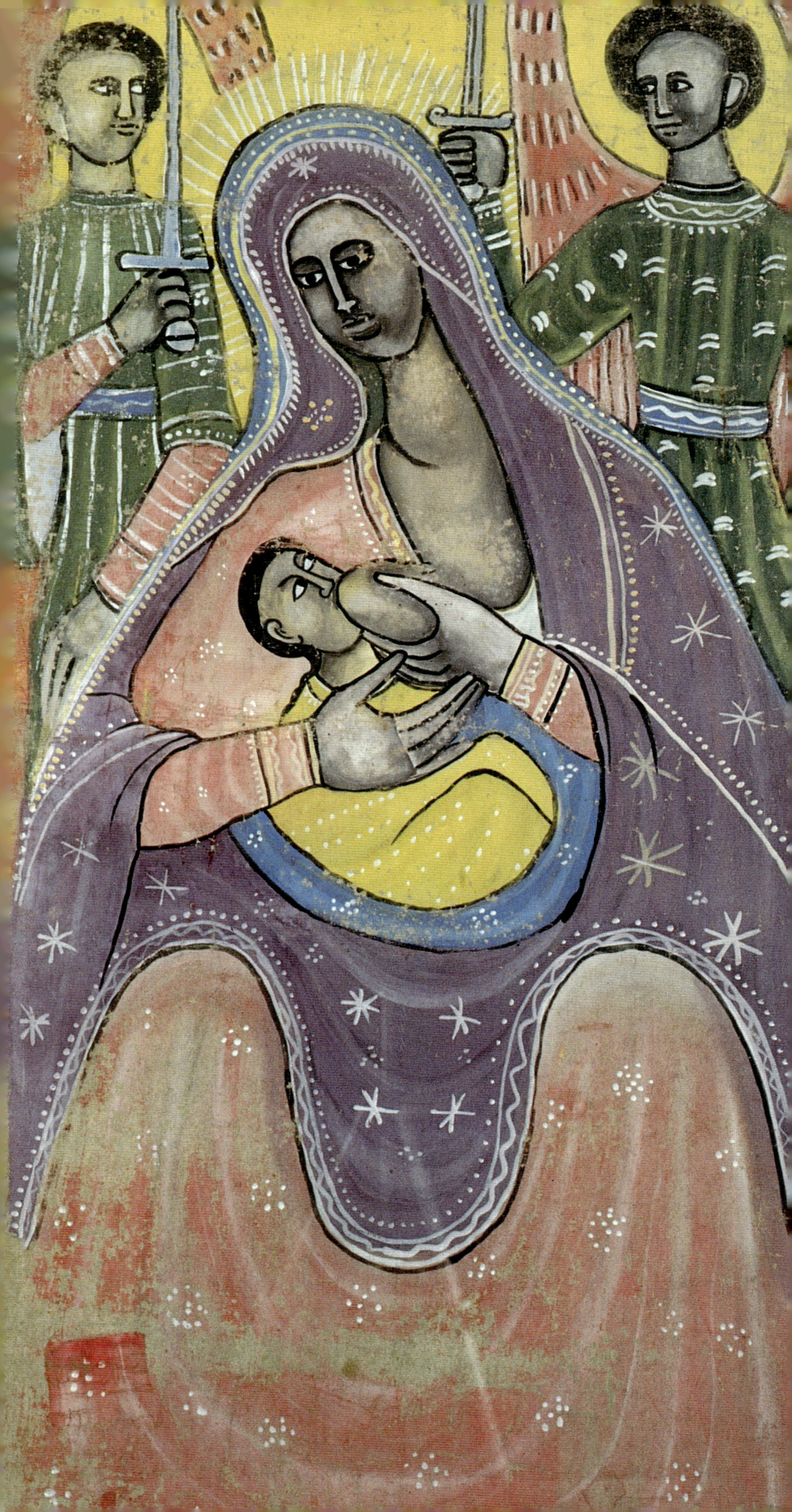

በእመ፡ ተሰቅለ፡ እግዚእነ፡

ቅዱስ፡ ጊዮርጊስ፡

ወለት፡ሚካኤል፡

በስሙ፡ለእግዚአብሔር፡መድኃኒ

und trägt ein weißes Stück Stoff, eine ikonische Wiederaufnahme der Nappulla, die der Basileus einst in die Arena warf, um die Spiele zu eröffnen. Die Santa Maria Maggiore der Römer wird «Unsere Liebe Frau» der Äthiopier. Die Maler gehorchen keinem einheitlichen Schema, sondern schaffen immer neue Varianten, wobei sie die Anordnung der Protagonisten beibehalten. Die Gewänder sind mit bunten Ranken, Sternen und Blumen bemalt. Die strahlende Maria ist «die Krone des Himmels und der Sterne, die mit Blumen, Trauben und Palmen geschmückte Erde», der «Wohlgeruch der Gärten in der Zeit des Früchteeinmachens» und die «Perle des Meeres».[33] Die Farbe der Haut ändert sich: Aus dem rosigen Ocker wird ein Schwarzbraun. «Schwarz bin ich, doch schön ...», heißt es im Hohenlied, «wie die Zelte von Kadar, wie Salomos Decken» (1, 5). Die Komposition wird durch die Einführung neuer Protagonisten erweitert. Zwei Engel mit langen Schwertern beschatten mit ihren Flügeln die göttliche Mutterschaft. Heilige huldigen dem Sohn und verehren die Mutter. Stifter werfen sich ihnen zu Füßen und flehen, ausgestreckt auf der Erde liegend, um den Beistand und die Gnade des Allerhöchsten. Der Hang zum Pittoresken tritt in den Gruppenszenen zutage. Maria präsidiert einer Versammlung von Engeln, Heiligen und gewöhnlichen Menschen. Mit zahlreichen Varianten des Gnadenpakts wird ihre Herrschaft über die gesamte Schöpfung gefeiert. «Die, die reiner ist als alle Welten», hat Anteil an der dreieinigen Herrlichkeit:

Tafel 82, 83

Ehre sei dem Vater in der Höhe des Lichts,
Ruhm dem Sohn und dem Heiligen Geist,
und Maria, der Trägerin der erleuchteten Göttlichkeit,
gebührt, über der Erde und im Himmel,
Demut und Verehrung bis in Ewigkeit.[34]

Die lateinische Sammlung der Marienmirakel wird zu einem nationalen abessinischen Kulturgut. Die im Frankreich des zwölften Jahrhunderts zusammengetragene Schrift gelangt im Spätmittelalter als arabische Übersetzung nach Äthiopien. Sie wird unentwegt durch neue Wunder ergänzt: Am Ende sind aus den dreiunddreißig «kanonischen» Wundern über zweihundert geworden. Die vor Leben sprühende Malerei frönt dem Pittoresken mit ungezügelter Freiheit und Phantasie. Der Themenkreis erweitert sich. Die Engel im Himmel und die Menschen auf der Erde bilden einen Rahmen um den Gnadenpakt.

184. *Maria, verherrlicht von den Engeln und den Menschen,* 17. Jh., Kathedrale von Aksum.
185. *Maria rettet ihren Maler,* 18. Jh., Galerie Sam Fogg, London.
186. *Christus nimmt Takla Haymanot auf,* 18. Jh., Galerie Sam Fogg, London.

Der zum Negus gekrönte König David feiert das Ereignis, indem er auf seiner Leier spielt. Engel und Menschen haben die gleichen Gesichter. Die Hände einheitlich vor die Brust erhoben, wohnen sie der Szene mit tiefer Demut bei. Die Wunder der Maria bewegen alle Sünder und Reumütigen. Tempeljungfrauen verjagen einen ausgehungerten Hund, der etwas zu trinken sucht. Zu ihrer Überraschung gibt die junge Maria dem Tier in einer ihrer Pantoffeln Wasser. Eine Äbtissin namens Sophia erliegt der Versuchung des Fleisches und wird schwanger. Maria erhört ihr Gebet und befiehlt den Engeln, das Kind aus dem Mutterschoß zu holen und in die Obhut eines Bischofs zu geben. Der Junge wird von dem hohen Würdenträger erzogen. Als Erwachsener wird er seinerseits Bischof und nimmt sich der armen Seelen an. Ein auf frischer Tat ertappter Dieb wird zum Tode verurteilt und gehenkt. Seine tiefgläubige Mutter wendet sich hilfesuchend an die Jungfrau, die nicht zögert, den Hingerichteten wieder zum Leben zu erwecken. Der reuige Sünder bekehrt sich und wird ein frommer Anhänger der Kirche. Drei Araber erleiden auf hoher See Schiffbruch. Zwei von ihnen flehen um den Beistand der allerseligsten Jungfrau, der dritte verflucht sie. Während der Lästerer von einem Krokodil verschlungen wird, können sich die beiden anderen auf ein Floß retten. Noch einmal mit dem Leben davongekommen, suchen die beiden Muslime eine Kirche auf und bringen zum Zeichen ihrer Dankbarkeit Opfer dar.

Zuweilen erfahren die Wunder der lateinischen Sammlung auch Korrekturen. Da die Äthiopier die Bildhauerei immer noch ablehnen, machen sie aus Bildhauern Maler und aus Skulpturen Gemälde. So wird etwa die Statue der heiligen Jungfrau, die der Römer Zacharias jeden Morgen mit Blumen schmückt, in ein Bild verwandelt. Eines Tages, als der fromme Zacharias keine Blumen findet, wirft er sich vor dem Bild nieder und gesteht seinen großen Jammer. Darauf läßt Maria, «die wahre Blume», aus dem Mund ihres Bildnises Blütenblätter sprießen, die der Betende pflückt. Räuber, die die Szene aus der Ferne beobachtet haben, bekehren sich zum Glauben und werden Mönche. Der französische Bildhauer, der die Marienstatue angefertigt hat, ist in der äthiopischen Version ein Maler. Bei der Ausschmückung einer Marienkirche malt er die von einer Gloriole umgebene Himmelsgöttin, die sie verehrenden Engel und den in der Hölle angeketteten Luzifer. Die eifersüchtigen Dämonen verhexen ihn und stürzen ihn von seinem Gerüst. Da wird die Jungfrau «lebendig», tritt aus dem Bild, ergreift ihn am Handgelenk und rettet ihn vor dem Abgrund. Die nationale Identität der Protagonisten wird in dem umgearbeiteten Text nicht verändert. Für die Malerei gilt das nicht: Gesichter, Dekors und Gegenstände werden systematisch äthiopisiert. Der Malstil verschließt sich weiterhin der empirischen Wahrnehmung. Die Gesetze der Perspektive und der Schwerkraft bleiben außer Kraft, und die Größenverhältnisse richten sich nach der Bedeutung der Protagonisten. Himmel und Erde verschmelzen. Die Nebenfiguren wechseln, die Bilder vervielfachen sich, die Mutter bleibt der «in Ehren gehaltene Schatz der ganzen Welt», «Zepter der unerschütterlichen Wahrheit», «unbeschreiblicher Tempel, Zuflucht derer, die ohne Obdach sind».[35]

Reiter, Mönche und Engel

Die Reiter und die Heiligen verkörpern die beiden Extreme der Heiligkeit. Zu den kontemplativen Porträts gesellen sich anekdotische Szenen aus den Heiligenleben: Märtyrer und Asketen im Licht des Auferstandenen. Die Äthiopier übernehmen die Ikonographie vom Schlaf der Jungfrau Maria, um den seligen Schlaf der Heiligen darzustellen: Der Sohn selbst steigt aus dem Himmel herab und empfängt mit seinen Händen die reine Seele des «Schlafenden», der durch ein kleines Neugeborenes symbolisiert
Tafel 88, 89
wird. Der Prototyp des Reiters ist in den Nationalfarben gekleidet. Der heilige Georg von Kappadokien erscheint in der Gestalt eines abessinischen Ritters. Wie die Heiligen geschmückt sind, bleibt der Phantasie des Künstlers überlassen. Zuweilen sitzen sie auf gepanzerten Pferden und ähneln abendländischen Tempelrittern. Das ruhmreiche Bild des Kriegers, der den Drachen bezwingt, wird durch bewegende
Tafel 92, 93
Bilder von seiner langwierigen Marter ergänzt, die etwa in den Handschriften vom *Buch des heiligen Georg* in einem Zyklus ausführlich dargestellt werden. So wird der Heilige vor seiner Enthauptung

ausgepeitscht, in Stücke geschnitten, gepfählt, geröstet, ins Feuer, dann in kochendes Wasser geworfen, er bekommt einen glühenden Kessel aufgesetzt, wird in Ketten gelegt, aufgehängt, in zwei Teile zersägt, verbrannt, zermalmt, mit Blei übergossen und auf ein Rad mit scharfen Zacken geflochten. Indem der Maler die vielen Etappen des Leidenswegs nachzeichnet, feiert er den Sieg des Helden, der die sieben Kronen des Martyriums erringt. Allem Pathos zum Trotz bewahrt der Stil seine Frische. Die Passion gipfelt im Triumph des Himmels: Umgeben von Soldaten tritt der Soldat Christi vor die Jungfrau. Die Leiden sind vorüber. Der apokalyptische Weg führt zur heiligen Stadt des Geistes und der Braut.

Die berühmten Mönche Äthiopiens erhalten ihren ikonographischen Prototypen. Takla Haymanot *Tafel 96c* wird auf einem Bein stehend dargestellt, während das andere abgeschnitten neben ihm liegt. Nach der Legende wachte der Heilige in den letzten Jahren seines Lebens ununterbrochen und stand in einer engen Zelle, in der man weder sitzen noch liegen konnte. Mit der Zeit «brach einer seiner Oberschenkelknochen und fiel ab».[36] In der Ikonographie erscheint der Heilige oft als Engel mit sechs Flügeln und in einem Gewand, das mit Augen übersät ist. Lebend begraben, reist er im Geist in den höchsten Himmel, um fern der Welt das Gesicht des lebendigen Gottes zu schauen. Der heilige Samuel von Waldebba reitet in der Manier des heiligen Mammas auf einem Löwen. Der Teufel, «der wie ein brüllender Löwe umher[geht] und sucht, wen er verschlingen kann» (1 Petr 5, 8), wird von dem Mann Gottes besiegt. Die Eintracht unter den Geschöpfen ist wiederhergestellt: Der Heilige findet zum ursprünglichen paradiesischen Zustand zurück. «Er geht zu den mörderischen Raubtieren. Sobald sie ihn erblicken, legt sich ihre Wildheit, sie nähern sich ihm wie ihrem Meister, sie bewegen den Kopf, sie lecken seine Hände und Füße. Denn sie haben diesen Duft gerochen, der von ihm ausgeht und den Adam vor der Überschreitung der göttlichen Gebote ausströmte, als sie zu ihm gingen und er ihnen im Paradies Namen gab.»[37] Der nur mit seinen Haaren und seinem Bart bedeckte Gabra Manfas Qeddus *Tafel 91a, 96a* wird von wilden Tieren flankiert. Nach der Legende führt der Erzengel Gabriel den Eremiten mit einem Rudel von sechzig Löwen und sechzig Panthern aus der äygptischen Wüste auf den Berg Zequala. In einem Bildtypus, der Darstellungen des Propheten Elija ähnelt, erscheint ein fliegender Rabe über dem Heiligen. Doch während der Vogel des Elija dem Propheten Brot aus dem Himmel bringt, trinkt der andere die Tränen, die der Mönch vergießt und die wie der Fluß des Lebens strömen, der am Thron Gottes entspringt.

Überall frohlocken die Engel. Kleine barocke Seraphim mischen sich unter die Hüter des Allerheiligsten. Ihre engelhaften Gesichtchen werden durch jugendliche Gesichter mit dunklem Teint ersetzt. Die abessinische Farbgebung verwandelt sie in Ziermotive, die zu dekorativen Flächen zusammengefaßt werden. Die Decke der Dreieinigkeitskirche in Debra Berhan ist mit einer Unzahl geflügelter Gesichter bedeckt. «In dem Augenblick, als Salomo gekrönt wurde», heißt es in den *Regeln der Kirche,* «wurden zahlreiche erlesene Teppiche aus feiner Wolle ausgebreitet. Und als der Herr in Betlehem geboren wurde, breiteten sich die Engel aus wie Musselin. Seit damals bis zum heutigen Tag breiten sich die Engel, wenn die Messe gelesen wird, über das Kirchengelände aus, von der Kirche und der Sakristei bis zur ‹Heilspforte›.»[38] Die Angelologie nimmt unerwartete Dimensionen an. Bauschige Pantoffeln verleihen den Erzengeln ein ganz neues Aussehen. Gabriel verkündet die Freude und bringt rasche Hilfe. Raphael tröstet die bekümmerten Herzen. Michael nimmt den ersten Platz ein. Als Waagemeister der Seele steigt er in die Hölle hinab, befreit die Verdammten und führt sie ins Paradies. In einem Buch, das ihm gewidmet ist, wird seine lange Reise ins Bild gesetzt. Der schöne Engel begleitet Mose und sein Volk beim Auszug aus Ägypten. Er ist es, der in der Vision Jesajas in den Himmel steigt und im fernsten Norden seinen Thron über die Sterne erhöht, um dem Allerhöchsten gleich zu sein (Jes 14, 13–14). Er fährt hinab in die tiefste Grube, taucht seinen rechten Flügel hinein und zieht ihn, bedeckt mit einer Vielzahl sündiger Seelen, wieder heraus. Teilnahmsvoll taucht er auch seinen linken Flügel hinein und zieht weitere Seelen heraus. So befreit er mit Hilfe seiner Flügel unzählige Seelen, die dank seiner Fürbitte Gottes Vergebung erlangen.

Die rätselhaften Gebetsrollen stellen eine weitere Facette der äthiopischen Kunst dar. Durch ihre Machart und ihre Thematik repräsentieren sie freilich einen ganzen anderen Stil. In dieser eigenständigen und wenig «orthodoxen» Kunst, bei der der christliche Glaube eine enge Verbindung mit magischen Vorstellungen eingeht, wirkt die große Tradition des Mittelalters nach. Die Herstellung einer Rolle beginnt mit der Opferung eines Schafes oder einer Ziege. Die Haut des durch Halsschnitt getöteten Tieres wird geglättet, enthaart und abgeschabt und zu Pergament verarbeitet. Die Rolle wird nach den Körpermaßen des Kranken so zugeschnitten, daß sie ihn von Kopf bis Fuß bedeckt. Der Geistliche schreibt den Text und fügt ihm den Taufnamen des Patienten ein. Die Bilder zu dem Text bedecken die Ränder und die Mitte des Pergaments. Der Besitzer trägt die Rolle in einem Lederetui bei sich, damit sie ihn jederzeit vor bösen Geistern schützt. Im Gegensatz zu den Wandgemälden erzählen die Illustrationen der Rollen keine Geschichte. Bilder von Christus und den Heiligen sind auf ein Minimum beschränkt. Die mit schwarzer und roter Tinte ausgeführten Zeichnungen zeigen Engelfiguren, schlangenartige Geschöpfe, Schachbrettmuster, die mit Gesichtern und Augen übersät sind, und eine Fülle von Motiven, unter denen Kreuze und achteckige Sterne dominieren. Die Ränder der Sterne wimmeln von Augen. Da finden sich seltsame Talisman-Figuren mit einem Gesicht in der Mitte, das von Augen umgeben ist. Die Pupille, die das Weiße des Auges durchdringt, wird in seiner Einzigkeit und Vielheit zum Zeichen, Siegel und Ideogramm. Das talismanische Auge beschwört die Geister, die das göttliche Gesicht tragen, den Cherub, der bei Gott Fürsprache für die Menschen einlegt, oder den Schutzengel, der die aus vier Himmelsrichtungen kommenden Dämonen abwehrt. Die Vielzahl der Augen spiegelt die Vielzahl der Protagonisten wider. Zwischen Engeln und Dämonen tummeln sich unzählige Geister. Mit erhobenem Schwert vertreibt der heilige Michael den Satan aus dem Himmel. Das Kreuz ist das Licht, das Siegel, das Schwert und der Schild des Evangeliums. Die geometrischen Netzmuster bilden seltsame Labyrinthe. Auf der figürlichen

Tafel 94, 95

187. *Vision des Evangelisten Johannes,* 18. Jh., British Museum, London.
188. *Verherrlichung Mariens,* 18. Jh., Kirche Enda Medhani, Aduwa.

Ebene im eigentlichen Sinn werden neue Helden eingeführt wie etwa der berühmte Alexander der Große, der auf einem geflügelten Vierfüßler eine Luftfahrt durch das Land der Finsternis unternimmt, um zu Henoch und Elija im höchsten Himmel zu gelangen. Die Handlung beschränkt sich auf das Wesentliche. Das Bild vergegenwärtigt, ohne zu erzählen. Der Blick, das wichtigste Medium der magischen Handlung, bleibt in diesem Wirbel der Formen und Zeichen dominierend. Trotz der Präsenz von Engeln und Kreuzen stellen diese Rollen eine besondere Kunstform dar, die sich deutlich von der großen ikonographischen Tradition abhebt. Eher magisch denn christlich, knüpfen diese Arbeiten an eine andere Tradition an. Durch ihren Glauben und ihre Kunst haben sich die Äthiopier sehr weit von Schwarzafrika entfernt. Doch diese Rollen bieten ihnen die Möglichkeit, ihre afrikanische Identität zum Ausdruck zu bringen und wieder einen Platz in ihrem großen Kontinent zu finden.

Die abessinische Koine

Die Araber gaben Äthiopien den Namen «Habasch». Unser Wort Abessinien bedeutet ursprünglich soviel wie «Mischung» und bezieht sich auf den vielschichtigen, komplexen Charakter des Kuschiten-Landes. Als Durchgangsregion zwischen dem Mittleren Osten und Schwarzafrika stellt das äthiopische Hochland eine Koine dar, in der sich Völker, Sprachen, Religionen und Kulturen vermischen. Es ist das Tor des Schwarzen Kontinents nach Arabien, durch seine Religion mit Ägypten besonders eng verbunden. Seine Kirche, die dem Patriarchen von Alexandria untersteht, wird erst Mitte des zwanzigsten Jahrhunderts ihre Unabhängigkeit erlangen. Doch sieht man einmal von diesem rechtlichen Status ab, so behauptet sich die Tochterkirche durchaus als Schwesterkirche. Sie ist nicht nur ein Ableger der koptischen Welt, sondern ein eigenständiges Ganzes, das sich von Alexandria abgrenzt, ohne sich von ihm zu trennen. Das gemeinsame Erbe nimmt eine eigenständige lokale Form an. Die künstlerische Tradition löst sich unter dem Einfluß vieler Kulturen von der afrikanischen Tradition und gliedert sich der Mischkultur des christlichen Orients ein. Die Begegnung mit dem Abendland eröffnet neue Horizonte. Delfter Kacheln und portugiesische Fliesen bereichern das abessinische Dekor. Doch die einheimischen Künstler ahmen die verlockenden Vorbilder der europäischen Kunst nicht sklavisch nach, sondern verändern sie und geben ihnen eine eigene Form. Und sie greifen auch Anregungen aus dem Fernen Osten auf. Die Jungfrau in der Kirche von Aduwa hat asiatische Züge. Nach dem Bild aus der Offenbarung steht die Himmelsgöttin auf einer Wolke, «mit der Sonne bekleidet; der Mond war unter ihren Füßen und ein Kranz von Sternen auf ihrem Haupt» (Offb 12, 1). Ihre Haltung ist christlich, aber die Gloriole, das Gepränge und der Haarknoten entstammen der buddhistischen Welt. In den Miniaturen der Handschriften ist Bauschmuck zu sehen, der von indischen Gebäuden inspiriert ist. Der heilige Johannes betrachtet sinnend die mit einer riesigen goldenen Krone geschmückte Sonnenfrau und das messianische Jerusalem, das in Form eines fremdartigen Tempels aufragt. Die Kuppel und das Insigne der Würde, beide südasiatischen Ursprungs, bekrönen die beiden Figuren der künftigen Stadt. «Der Geist und die Braut aber sagen: Komm! Wer hört, der rufe: Komm! Wer durstig ist, der komme. Wer will, empfange umsonst das Wasser des Lebens» (Offb 22, 17).

Die Beschreibung der Ausgießung des Heiligen Geistes stellt den Triumph des Kreuzes keineswegs in den Schatten. Wie ihre koptischen Brüder, die Syrer und die Armenier verwenden die Äthiopier überall das Siegeszeichen des Kreuzes. Der Lebensbaum und das Marterholz sind schon in der Genesis vereint: «Bevor Jerusalem erbaut wurde», so heißt es in den *Regeln der Kirche,* «gab es einen gefällten Paradiesbaum. Wenn man ihn aufrichtete, um ihn als Pfahl zu benutzen, wenn man ihn hinlegte, um ihn als Türschwelle zu verwenden, so ging es nicht. Indem man ihn von Christus tragen ließ, hat man ihn über das Haupt Adams erhoben und so das Kreuz daraus gemacht.»[39] Ob Vortragekreuze, Prozessionskreuze, Kreuze zum Umhängen oder Kreuzikonen, die vielfältigen Varianten werden stets mit Flechtwerkmotiven und Bildern verziert. Die Formensprache verweist stets auf die Heilige Schrift. Das Kreuz erhebt sich unter dem Ehrenbogen. Das Flechtwerk gemahnt an die Windungen der Schlange. «Mose», so heißt es im Buch Numeri, «machte also eine Schlange aus Kupfer und hängte sie an einer Fahnenstange auf. Wenn nun jemand von einer Schlange gebissen wurde und zu der Kupferschlange aufblickte, blieb er am Leben» (21, 9). Stilisierte Formen lassen Vogelköpfe erahnen. Das Kreuz ist Gottes Altar, auf dem auch der Sperling ein Haus findet (Ps 84, 4). Die Arme des Kreuzes werden breiter, damit sie traditionelle Darstellungen aufnehmen können, so etwa den Gekreuzigten oder die Jungfrau zwischen zwei Erzengeln. Auf Metallkreuzen eingraviert, werden die Bilder zu Retabeln auf den Holzkreuzen. Durch vielfaches Zusammenfügen verwandeln sich Kreuzikonen in Kreuzkirchen. Als Motive alternieren die Mutter mit dem Kind, die Engel und die Heiligen mit dem Passionszyklus: «Retter der Welt», «Glanz des Ostens und Westens, des Norden und Südens», «König im Himmel und auf Erden, im Meer und auf dem Festland».[40]

Anmerkungen

1. Homer, *Odysee,* (I, 22–26), in der Übertragung von Johann Heinrich Voß, München o.J., S. 441.
2. J. Meyendorff, *Unité de l'Empire et division des Chrétiens,* Paris 1993, S. 137.
3. *Chronik* des Ibn Hicham (I), Chronik des Tabari (II). Zitiert nach E. Rabbath, *Mahomet, Prophet Arabe et fondateur d'état (Mohammed, arabischer Prophet und Staatsgründer),* Beirut 1981, S. 67.
4. Ibid., S. 70–71.
5. Zitiert nach L. Leroy, *L'Éthiopie, archéologie et culture (Äthiopien, Archäologie und Kultur),* Paris 1973, S. 202.
6. Zitiert nach G. Gerster, *L'Art Éthiopien (Die äthiopische Kunst),* Paris 1968, S. 89.
7. A. Brissaud, *Islam et Chrétienté (Islam und Christentum),* Paris 1991, S. 258.
8. K. Stoffregen-Pedersen, *Les Éthiopiens (Die Äthiopier),* Turnhout 1988, S. 54.
9. G. Gerster, op. cit., S. 142.
10. Das koptische Thomasevangelium (56), in: W. Schneemelcher, *Neutestamentliche Apokryphen,* Bd. 1, Tübingen 1990, S. 108.
11. Thomasevangelium (67), ibid., S. 109.
12. Thomasevangelium (19), ibid., S. 102.
13. Thomasevangelium (11), ibid., S. 100.
14. *Le Livre d'Emmanuel,* franz. Übersetzung, bearbeitet von D. Lifchitz, Auszug aus *Journal Asiatique* 1948, Paris, S. 77–81.
15. *Règles de l'Église (Regeln der Kirche),* franz. Übersetzung, bearbeitet von M. Griaule, Auszug aus *Journal Asiatique* Juli – September 1932, Paris, S. 9.
16. *Le Livre d'Emmanuel,* op. cit.
17. *Un poème éthiopien: le Christ, Sauveur du monde (Ein äthiopisches Gedicht: Christus, der Erlöser der Welt),* franz. Übersetzung, bearbeitet von D. Cohen, Auszug aus *Journal Asiatique* 1957, Paris, S. 165.
18. G. Gerster, op. cit., S. 116.
19. J. Leroy, *La peinture des couvents du Ouadi Natroun (Die Malerei in den Klöstern des Wadi Natrun),* Paris 1982, S. 108.
20. Gregor von Nyssa, *Gnadenakte,* in: A. J. Hamman, *Livre d'Heures des premiers Chrétiens,* Paris 1982, S. 95.
21. Galerie Sam Fogg, London.
22. *Marie, Porte de la Lumière (Maria, Pforte des Lichts),* in: K. Stoffregen-Pedersen, *Les Éthiopiens,* op. cit., S. 52.
23. *Un poème éthiopien,* op. cit. S. 179.
24. *Le Crédo des Apôtres (Das Glaubenbekenntnis der Apostel),* in: Stoffregen-Pedersen, *Les Éthiopiens,* op. cit., S. 52.
25. Bibliothèque Nationale, Paris.
26. *Le Livre d'Emmanuel,* op. cit., S. 79.
27. Hieronymus, *Excerpta de Psalm.* Zitiert nach H. de Lubac, *Exégèse médiévale,* I, S. 258, in: F. de Medeiros, *L'Occident et l'Afrique,* Paris 1985, S. 249.
28. Absalon von Springiersbach, *Sermo XII in Epiphania Domini,* PL 211, col. 76–80. Zitiert nach F. de Medeiros, op. cit., S. 241.
29. Zitiert nach N. Ménant, *La peinture indienne (Die indische Malerei),* Lausanne 1967, S. 78.
30. A. Papadopoulo, *L'Islam et l'art musulman (Der Islam und die muslimische Kunst),* Paris, S. 126.
31. Thomasevangelium (113), op. cit., S. 113.
32. *Marie, Porte de la Lumière,* in: K. Stoffregen-Pedersen, *Les Éthiopiens,* op. cit., S. 75, 82.
33. Ibid., S. 75–76.
34. *Le Livre d'Emmanuel,* op. cit, S. 81.
35. *Prière à la Mère de Dieu (Gebet an die Mutter Gottes),* in: A. G. Hamman, *Livre d'Heures,* op. cit., S. 181.
36. *Les Actes de Takla Haymanot,* in: K. Stoffregen-Pedersen, *Les Éthiopiens,* op. cit., S. 92.
37. Isaak der Syrer (Isaac le Syrien), *Œuvres spirituelles, XXe discours ascétique (Geistliche Werke, XX. Diskurs über die Askese),* Paris 1981, S. 139.
38. *Règles de l'Église,* op. cit., S. 33.
39. Ibid., S. 11, 12.
40. *Un poème éthiopien,* op. cit., S. 165, 167.

Epilog

Die hitzigen christologischen Debatten im fünften Jahrhundert zerstören die Einheit des orientalischen Christentums. Drei kirchliche Gruppen bilden sich heraus. Im Jahr 431 verurteilt das Konzil von Ephesus die Lehre des Nestorius und spaltet die syrischen Gläubigen in zwei Lager. Seleukia-Ktesiphon trennt sich von Antiochia und wird zur Kirche der Perser. Zwanzig Jahre später spaltet das Konzil von Chalkedon die Ephesus-Anhänger in «Monophysiten» und «Diophysiten». Die Verfechter der «einen Natur» gelten als Häretiker, und im Kaiserreich ist «Häresie» ein Vergehen, ja sogar ein Staatsverbrechen. Ketzer sind Feinde von Kirche und Reich. «Allein schon der Kontakt mit ihnen ist eine Befleckung», heißt es im justinianischen Gesetzbuch, «ihre Spuren und selbst ihre Namen sollten von der Erde verschwinden.»[1] Die dogmatischen Querelen werden durch sozial-ökonomische Konflikte und nationale Bestrebungen verschärft. Syrien, Ägypten und Armenien lehnen gleichzeitig die «römische» Vorherrschaft und ihre kirchliche Autorität ab. Die Ausbreitung des Islam besiegelt den Bruch. Parallel zum «griechischen» Osten formiert sich ein «orientalischer» Osten. Er erstreckt sich von Mesopotamien im Osten bis nach Ägypten im Westen, von Anatolien im Norden bis nach Äthiopien im Süden. Bei aller Verschiedenheit haben Syrer, Ägypter und Armenier eine gemeinsame Geschichte. Die in den islamischen Gesellschaften lebenden Christen bilden keineswegs isolierte Randgruppen, sondern nehmen aktiv am wirtschaftlichen, kulturellen und künstlerischen Leben teil. Das politisch unabhängige und geographisch isolierte Äthiopien ist in religiöser und kultureller Hinsicht von diesem Orient abhängig und stärker semitisch-koptisch als afrikanisch geprägt.

Die Eroberungen der Byzantiner im zehnten Jahrhundert vermögen die konfessionelle Landkarte im christlichen Orient kaum zu verändern. Der Krieg zwischen den Anhängern und Gegnern Chalkedons flammt wieder auf. Zu dem Zeitpunkt, als die Macht der Araber schwindet, treten die muslimischen Türken ihre Nachfolge an und leiten ihren Aufstieg ein. «Die Griechen», berichtet Michael der Syrer, «gewannen in Syrien, Palästina, Armenien und Kappadokien wieder die Oberhand. Doch kaum übten sie Herrschaft aus, nahmen sie wieder ihre schlechten Gewohnheiten an und gingen daran, die Gläubigen in diesen Gebieten rücksichtslos zu verfolgen. Damals war Gott zu Recht über sie erzürnt, und so stachelte er die Türken auf und bewegte sie zu diesem zweiten Einfall, der wie folgt vonstatten ging: Weil die Araber, das heißt die Tai-Araber, schwach wurden und weil die Griechen sich zahlreicher Länder bemächtigten, mußten die Tai-Araber die Türken zu Hilfe holen … Als das Volk der Türken sich in Marsch setzte und auszog, bedeckte es die ganze Erde.»[2] Die muslimische Herrschaft zerfällt in rivalisierende Dynastien: Mongolen und Lateiner fallen als Eroberer ein und teilen sich mit ihnen das untergegangene Reich der Abbasiden. Auch Byzanz erlebt seinen Niedergang. Türken, Serben und Bulgaren streiten sich um das moribunde «griechische» Reich. Später, als die Niederlagen der Kreuzfahrer sich häufen, entsteht eine neue Landkarte. Die Grenze verläuft nicht mehr «zwischen Christen und Muslimen: Sie verläuft zwischen Abendländern und Morgenländern, wobei letztere, angefangen bei den Byzantinern bis zu den ‹Monophysiten› Ägyptens und Armeniens, den Muslimen immer mehr Wohlwollen entgegenbringen.»[3] Im fünfzehnten Jahrhundert formiert sich das Osmanische Reich. Es ist größer und mächtiger als das der Abbasiden. Die Christen, die zu selbstverwalteten Gemeinschaften, den sogenannten *rayas,* zusammengefaßt sind, stellen in diesem aus über zwanzig ethnischen Gruppen bestehenden Vielvölkerstaat eine wichtige Kraft dar. Das Christentum bewahrt seine multikonfessionelle Struktur. Die Syrer leiden unter den Nachwirkungen des Mongolensturms: Zurückgedrängt in die syrisch-türkischen Grenzregionen und die Berge um die kurdische Stadt Hakkari versinken sie bereits im sechzehnten Jahrhundert in tiefer Lethargie. Wie Mesopotamien wird auch Armenien noch einmal zum Zankapfel im Konflikt zwischen dem Osmanischen Reich und dem safawidischen Persien. Die in ihrem Kernland geschwächten Armenier entfalten ihre Haupttätigkeit in den großen Zentren des Sultanats. Die Kopten bleiben wie immer in ihrem Mutterland verwurzelt. Die «griechischen» Christen behaupten ihren privilegierten Status und bleiben die zweite Kraft in einem Reich, in dem sie neben den sunnitischen Muslimen die große Mehrheit der Bevölkerung stellen. Die zwischen Süleyman dem Prächtigen und Franz I. geschlossenen «Kapitulationen» ebnen den lateinischen Missionaren den Weg ins muslimische Reich. Im achtzehnten Jahrhundert erzielt der Unionismus Erfolge. Seine Vertreter gründen katholische Kirchen, in denen der östliche Ritus gilt. Auch der Protestantismus betritt die Bühne, um das orientalische Christentum zu «reformieren». Zu dem Zeitpunkt, als das Osmanische Reich, der «kranke Mann am Bosporus», in Einzelstaaten zerfällt, werden die alten Kirchen geteilt und in viele Gemeinschaften zersplittert. Der Erste Weltkrieg, soziale und politische Umwälzungen, Staatsgründungen, Landflucht und Emigration führen dazu, daß sich die Stellung und die Bedeutung jeder einzelnen Kirche deutlich verändern. Die christliche Bevölkerung verläßt Kleinasien. Die Armenier werden deportiert und dezimiert. Die Syrer werden in ihren Dörfern ausgerottet. Eine neue Landkarte zeichnet sich ab. Die orientalischen Kirchen, in einem politisch zerstückelten Gebiet auf kleine Gruppen zusammengeschrumpft, stellen auf ihre Weise einen Mikrokosmos der christlichen Welt dar.

Die nestorianische Kirche hatte nur noch wenige Mitglieder und ist von allen christlichen Gemeinschaften die ärmste. Die immer noch mit dem Bannfluch der Chalkedonenser und Vorchalkedonenser belegte «allgemeine assyrische apostolische Kirche des Ostens» ist nur noch ein Schatten ihrer selbst: Mittellos und isoliert, liegt sie, die orientalischste aller Ostkirchen, nach einer langen und glanzvollen Geschichte in den letzten Zügen. Ihr mit Rom unierter Teil, die «chaldäisch-katholische Kirche», gilt im Irak mit vollem Recht als die «Nationalkirche» des Landes. Die jakobitische Kirche ist wie ihre rivalisierende syrische Schwester auf ein Häuflein von Gläubigen zusammengeschrumpft, das in «syrische Orthodoxe» und «syrische Katholiken» gespalten ist. Die monophysitischen Christen in Armenien, Ägypten und Äthiopien bleiben unempfänglich für westliche Bekehrungsversuche. Die unierten Patriarchate und die protestantischen Kirchen bilden dort kleine Gemeinden, die, was ihre Größe angeht, mit den alten Kirchen in keiner Weise zu vergleichen sind. Heute, nach fünfzehn Jahrhunderten der dogmatischen Spaltung, schließen sich Chalkedonenser und Vorchalkedonenser zusammen und bekennen sich zu einem gemeinsamen orthodoxen Glauben. Beide Gruppen verurteilen von neuem «die nestorianische Häresie sowie den verkappten Nestorianismus des Theodoret von Cyrus» und erklären, «daß sie stets demselben wahren orthodox-christologischen Bekenntnis treu geblieben sind und die ungebrochene Kontinuität der apostolischen Tradition gewahrt haben, auch wenn sie die christologischen Begriffe möglicherweise auf unterschiedliche Weise gebraucht haben». Orthodoxe «Griechen» und orthodoxe Orientalen akzeptieren, «daß die Aufhebung der Bannflüche und Verurteilungen sich darauf stützen wird, daß die Konzilien und die Kirchenväter, die früher mit dem Bann belegt oder verurteilt wurden, nicht ketzerisch sind».[4]

Bilder der Ewigkeit

Die Kunst der orientalischen Christen verkörpert durch die Jahrhunderte hindurch auf ihre Weise diese so lange mißbilligte «Orthodoxie». Es gibt gemeinsame Wurzeln. Die Orientalisierung des Hellenismus bildet den Auftakt zur byzantinischen Synthese. Wie die künstlerischen Zeugnisse aus Palmyra und dem

Faijum zeigen, verändern die damals noch heidnischen Provinzen das griechisch-römische Vermächtnis und verleihen ihm einen eigenen Stil. Nach der Christianisierung erhält ihre Kunst einen ernsteren, sakralen Charakter. Jerusalem, Alexandria und Antiochia tragen maßgeblich zur Entwicklung einer christlichen Ästhetik bei. «Die Provinzen marschieren auf Rom» und legen den Grundstein für die künstlerische Tradition des gesamten christlichen Ostens. Was die historische Seite angeht, so führt der innerkirchliche Zwist im fünften Jahrhundert zur Spaltung der syrisch-ägyptischen Christenheit und zu ihrer Trennung vom byzantinischen Reich, einer Trennung, die durch die Ausbreitung des Islam im siebten Jahrhundert besiegelt wird. In der Kunst und Kultur markieren diese Daten keinen Bruch. Der orientalisierte Hellenismus bewahrt seine Vitalität und drückt der «frühmuslimischen» Kunst der Omaijaden ihren Stempel auf. Im Zuge des Bilderstreits kristallisiert sich eine verfeinerte Bildsprache heraus. Die Ikonodulen rükken die Orientalen in die Nähe der «Bilderstürmer». Doch das künstlerische Schaffen widerlegt diesen Vorwurf. Nestorianer und Monophysiten bleiben für die Kunst der «Griechen» durchaus empfänglich. Sie lehnen das Bild nicht grundsätzlich ab. Die Meinungsunterschiede betreffen allein die Verwendung und die liturgische Bedeutung des Bildes. Auch außerhalb des Reiches, in Ägypten, Syrien und Armenien, werden Werke byzantinischen Stils produziert. Gleichzeitig bereichern neue originelle Synthesen die Kunst in diesem riesigen christlichen Orient. Die islamische Welt erlebt ihr Goldenes Zeitalter, und die orientalischen Christen haben Anteil an ihrer Kunst und Kultur. Die gegenseitige Durchdringung des Stile ist total. Diese anachronistische intellektuelle und spirituelle Gemeinschaft der Künstler bleibt von dem internationalen Konflikt, der das Kalifat im Mittelalter spaltet, unberührt. Die islamische Kunst bewahrt ihre Einheit und Vitalität. Die durchaus vorhandenen Unterschiede bereichern diese Einheit durch Vielseitigkeit. Auch wenn die christliche Kunst geflissentlich darauf achtet, ihre Eigenarten zu bewahren, so koppelt sie sich doch nicht ab. Die Symbiose der beiden Traditionen erreicht ihren Höhepunkt. Die Vielfalt der künstlerischen Produktion, angefangen bei der Monumentalkunst bis hin zur Buchmalerei, verdankt sich der multikonfessionellen und multinationalen Mischkultur. Nach ihren Regeln und Konzepten wird die christliche Ikonographie modifiziert. Die Verzierungen der Moschee in Samarra finden ihr Pendant in einem syrischen Kloster in der ägyptischen Wüste Sketis, und die älteste erhaltene Handschrift der «Bagdader Schule» ist ein in Damiette angefertigtes koptisches Evangeliar. Die Erinnerungen an Byzanz verblassen. Eine «christlich-abbasidische» Kunst setzt sich durch. Sie wirkt über politische und historische Grenzen hinweg und behauptet sich bis ins fünfzehnte Jahrhundert.

Die frühchristliche Kunst befaßt sich schon in ihren Anfängen mit dem ornamentalen Schmuck. Weit davon entfernt, nur ein einfaches Randdekor zu bilden, nehmen die vegetabilen und zoomorphen Formen die erneuerte Welt des kommenden Himmelreichs vorweg. Die islamische Kunst greift dieses Ausdrucksmittel auf und führt es zu höchster Vollendung. Zwischen dem Schöpfer und seinen Geschöpfen wird ein mystisches Band geknüpft. «Wir sagen, daß alle Geschöpfe Gottes gut sind», heißt es im äthiopischen Glaubensbekenntnis, «daß es nichts Verwerfliches gibt und daß der Geist, das Leben des Körpers, in allem rein und heilig ist.»[5] Die geläuterten Wesen offenbaren göttliche Attribute. Stilisiert und geschmückt, verwandeln sich Blumen und Tiere in «untadelige, unverfälschte, unwandelbare, selige» platonische Erscheinungen. «Frische Grün ist unser Lager» (Hld 1,16): der Nußbaumgarten, in dem die Weinstöcke Knospen treiben und die Granatäpfelbäume blühen, ein herrliches Stück Land, das Gazellen, Hirschkälber und Tauben durchqueren. Statt sich von der Landschaft ihrer Heimat inspirieren zu lassen, schaffen die Künstler ein überirdisches Paradies, das abstrakte Figuren bevölkern. Wie der Ölbaum des Koran entsteht dieser paradiesische Garten «weder im Osten noch im Westen». Darstellungen des Menschen stehen im Gegensatz zum naturalistischen Porträt. Das Heilige ist ihr einziges Modell. Seine hieratische Erscheinung ist allgegenwärtig. Ein Mensch, ein Gesicht, ein Blick: Ganz in Kontemplation versunken, ist er «ganz Auge». Schweigend widmet er sich dem reinen Gebet und wird zum «irdischen Engel». Er nimmt vielerlei Gestalt an. Ob als Apostel, Mönche, Bischöfe oder Reiter, die Heiligen fügen sich dem Raum der Zeichen ein. «Ein Baum voller saftiger Früchte wächst in ihnen heran, und sie sind reich mit Früchten geschmückt»: «Das Heil zeigt sich, die Auferstehung des Herrn naht, die Zeit erfüllt sich, die kosmische Ordnung entsteht.»[6]

Mit der osmanischen Herrschaft bricht ein neues Zeitalter an. Das dem neuen muslimischen Reich einverleibte Byzanz entdeckt seinen orientalischen Osten wieder. Das griechische Reich verschwindet, doch seine Kirche bleibt lebendig. Ihre künstlerische Produktion prägt die der Ostchristen. Die syrische Ikone verkörpert auf ihre Weise die im Balkanraum verbreitete nachbyzantinische Tradition. Die syrischen Kirchen übernehmen sie, wahren aber ihre dogmatische Unabhängigkeit. Auch die Ägypter lassen sich von ihr inspirieren und schaffen ihre eigene Ikone. Die ornamentale Kunst bleibt der islamisch-christlichen Tradition des Mittelalters treu: In den Holztäfelungen und Buchillustrationen leben die antiken Modelle fort und werden durch neue Abwandlungen aufgefrischt. Im achtzehnten Jahrhundert ist diese Kunst am Ende. Ihre Kraft erlahmt, sie paßt sich dem westlichen Stil an. Die Kluft zwischen der Tradition und dem neuen Stil wächst. Im siebten Jahrhundert schuf das Christentum eine universelle Kunst, deren vielfältige Ausdrucksformen in Ost und West Verbreitung fanden. Erst in der Renaissance geben die Europäer diese religiöse Tradition auf. Die «griechische Manier» wird abgelehnt. Die Heiligen und die Engel bekommen menschlichere Züge. Das «individuelle» Bild setzt sich selbst in der religiösen Malerei durch. Die sakrale Kunst unterscheidet sich nur noch durch ihre Themen und ihre Funktion von der profanen Kunst. Zwischen dem fünfzehnten und achtzehnten Jahrhundert entfaltet sich die Malkunst zu voller Blüte. Menschlich, sehr menschlich erhebt der Heilige seinen Blick auf der Suche nach einem Zeichen des Himmels. Ein «tiefer und dunkler Spiegel» ersetzt den Goldgrund der Ikonen. Ein «Schluchzen, das sich durch die Zeiten wälzt», ersetzt das reine Gebet der Heiligen. Das Schreien, Weinen und Umhertasten der Seele ist wie «ein Hornsignal von Jägern, die in Waldestiefen sich verloren».[7] Auf geniale Weise dringt die «abendländische» Kunst in die Welt der Schatten ein, würdevoll und bohrend, schonungslos und anspruchsvoll. Noch drei Jahrhunderte nach der Renaissance verschließt sich die Kunst der Ostchristen diesem Experiment. Die Literatur hat ihren profanen und liberalen Zweig und eine Fülle «individueller» Schriftsteller. Die schönen Künste haben nichts dergleichen. Anonymität bleibt ihre wichtigste Regel. Die Maler verschmähen die dreidimensionale Darstellung des Raumes. Das Bild ist im wesentlichen religiös. Profane Themen, deren Behandluung derselben Ästhetik unterworfen ist, werden zutiefst spiritualisiert. Das Mittelalter klingt in der Moderne nach. In ihrem theoretischen Kern wie in ihren neuen Formen bleibt die Kunst ihren Grundlagen treu. Erst zu Beginn des neunzehnten Jahrhunderts setzen sich die Staffeleimalerei und der «individuelle» Ausdruck allmählich durch. Die orientalischen Maler übernehmen den Stil des «Trompe-l'œil» und stellen ihre Heimat, deren Landschaften und Menschen dar. Während die profane Malerei ihre ersten Gehversuche macht, erlebt die Sakralkunst ihren Niedergang. Die ikonographische Produktion dringt in ihrer rückständigsten Form in die Ostkirchen ein, wo sie sich bei den Gläubigen überaus großer Beliebtheit erfreut. Was die dogmatische Ebene angeht, so erkennen die Orthodoxen, «Griechen» wie Orientalen, die Bilderverehrung heute zwar an, doch der Bildschmuck ihrer Kirchen hat wenig gemein mit der einstigen Schönheit der Ikone. Von einer Rückkehr zur Tradition erhofft man sich eine Neubelebung der vernachlässigten nationalen Stile. Die Ikonographen versuchen, die Fackel der Vorfahren weiterzutragen, ohne jemals die Flamme zu finden, an der sie sie entzünden können. Eine gefühllose und verbrauchte «antikisierende» Malerei produziert einen Überfluß an dürftigen Bildern. Die Phantasie versiegt, und die Schönheit verläßt die Kirche.

Der erste Osten

Am Anfang «legte Gott, der Herr, in Eden, im Osten einen Garten an und setzte dorthin den Menschen, den er geformt hatte» (Gen 2, 8). Die Kirche, so erinnert ein syrischer Text, ist kein Gebäude mit Mauern und Zwischenwänden, sondern das Abbild der erlösten Welt: «Das Heiligtum, das mit seinem First nach Osten weist, ist das Abbild des Paradieses, in dem sich unser Stammvater Adam befand.»[8] Christus, der neue Adam, wird «Orient» genannt. Seine Himmelfahrt und seine Wiederkunft erfolgen im Osten. «Denn wie der Blitz bis zum Westen hin leuchtet, wenn er im Osten aufflammt, so wird es bei der Ankunft des Menschensohns sein» (Mt 24,27). Vom Mittelmeer bis zum Roten Meer wenden sich die Künste dem ersten Osten zu. Die Bilder von gestern, seien sie gemalt oder in Relief gearbeitet, feiern weiter sein «ewiges Andenken». Auf merkwürdige Weise modern, bewahren sie ihren ethnischen und kulturellen Charakter und offenbaren eine universelle Menschlichkeit. Einen exklusiven nationalen Charakter gibt es nicht. Austausch und Dialog gehen weiter. Die verfeinerten Formen werden von einer Tradition an die andere weitergereicht. Das Bild bewahrt seine anfänglichen Grundlagen und wird zum Ort der spirituellen, kulturellen und künstlerischen Transsubstantiation, zu einer Art Relikt der vergöttlichten Kreatur. Die Welten versammeln sich unter dem prüfenden Auge des Herrn. Der verklärte Berg bedeckt sie und taucht sie in seine Glut. «Er ist nicht weniger als das Haus Gottes und die Himmelspforte», sagt Anastasius vom Sinai, «jene Pforte, für die der Vater ein himmlisches Zeugnis ablegte und wo Christus erstrahlte, die Sonne der Gerechtigkeit.» «Seine rechte Hand hat ihn erschaffen, einen hügeligen, aber prächtigen Berg, und es Gott gefiel, sich dort zu erkennen zu geben und zu wohnen. Diesem Berg zu Ehren frohlocken die Berge und jubilieren die Hügel, durch ihn bedecken sich die Täler mit Wäldern und schmücken sich die Senken mit Blumen, ihn zieren die Wildwasser, ihn lassen die Bäche erklingen und ihn verehren die Seen, ihn lassen die Wolken vom Donner erdröhnen, ihn bringen die Vögel zum Singen. Dieser Berg ist die Zone der Mysterien, der Ort der unaussprechlichen Tatsachen, der Fels der verborgenen Geheimnisse und der höchste Himmel.»[9]

Der andere Osten nimmt Gestalt an. Immanuel bewohnt ihn und erhellt ihn mit seinen Strahlen. Dort herrscht das heilige Kreuz, «auf daß der Tod kein Reich mehr habe».[10] Die Lebewesen erhalten ihre Vollkommenheit. «Dort finden sich aufgehäuft neben Christus die Schätze der unvergänglichen Güter, die Erstlinge aller künftigen, unvergänglichen Güter, und ihr Bild zeigt sich dort wie in einem Spiegel.» Die offenen und erleuchteten Augen sehen dort «das göttliche Flimmern der künftigen Erneuerung, und auch die Reiche und Städte dort unten, die Schönheit und die endlosen Prozessionen, die Herrlichkeiten, die Orte der Ruhe und Erquickung, die Freude, die Klugheit, die Erleuchtung, die Heiterkeit, die künftigen und immerwährenden Gaben, die ewigen Freuden, die Trunkenheit ohne Wein, das unsterbliche Leben, das geistliche Wort, die mystischen Feste, die Lobgesänge auf die göttliche Vollkommenheit und die Freude am Tanz in den Herzen der Lebenden im Himmelreich.»[11]

Anmerkungen

1. Gesetzbuch, 1, 5, 12, 2. Zitiert nach E. Rabbath, *L'Orient Chrétien à la veille de l'Islam (Der christliche Orient am Vorabend des Islam),* Beirut o.J., S. 47.
2. Michael der Syrer (Michel le Syrien), *Chronique,* Bd. III, S. 154–155.
3. A. Ducellier, *Le miroir de l'Islam (Der Spiegel des Islam),* Paris 1971, S. 278–288.
4. *Episkopsis,* Nr. 446, Chambéry, Oktober 1990.
5. *Le Credo éthiopien (Das äthiopische Glaubensbekenntnis),* in: Stoffregen-Pedersen, *Les Éthiopiens (Die Äthiopier),* Turnhout 1990, S. 51.
6. *Épître à Diognète (Diognetbrief)* (XII, 1, 7), *Les écrits des Pères apostoliques (Die Schriften der apostolischen Väter),* Bd. III, Paris 1967, S. 74–75.
7. C. Baudelaire, *Die Blumen des Bösen,* in: *Sämtliche Werke,* Bd. 3, hrsg. von F. Kemp und C. Pichois, München 1975, S. 75: Les Phares, Die Leuchtfeuer.
8. *De la construction de l'église syrienne occidentale d'après Yahya Ibn Jarir (Über den abendländischen Kirchenbau in Syrien nach Yahya Ibn Jarir),* Le Muséon, Auszug aus Bd. LXXXII, 3–4, Louvain 1969, S. 359.
9. Anastasius vom Sinai (Anastase du Sinaï), *Homélie pour la fête de la sainte Transfiguration (Homilie zum Fest der heiligen Verklärung),* in: *Joie de la Transfiguration,* Spiritualité orientale Nr. 39, 1985, S. 153.
10. *Actes de Pilate (Pilatusakten),* in: *La Spiritualité des premiers siècles,* C.L.D., 1979, S. 76.
11. Anastasius vom Sinai, op. cit. S. 157–158.

Literaturverzeichnis

Byzanz und Islam

BECKWITH, J., *Early christian and byzantine art.* Harmondsworth 1970.
BERNUS-TAYLOR, M., *L'Art en terres d'islam.* Paris 1988.
BOHKARI, El-, *L'Authentique tradition musulmane.* Paris 1986.
BRÉHIER, L., *L'Art chrétien.* Paris 1986.
– *Vie et mort de Byzance.* Paris 1949.
– *La civilisation byzantine.* Paris 1949.
– *Les institutions de l'empire byzantin.* Paris 1949.
BRISSAUD, A., *Islam et Chrétienté.* Paris 1991.
BURCKHARDT, T., *L'art de l'Islam.* Paris 1985.
COCHE DE LA FERTE, E., *L'Art. de Byzance.* Paris 1981.
CORBIN, H., *Histoire de la philosophie islamique.* Paris 1986.
DELVOYE, C., *L'art byzantin.* Paris 1967.
DIEHL, C., *Manuel d'art chrétien.* Paris 1925.
DUCELLIER, A., *Le Drame de Byzance.* Paris 1976.
– *Le Miroir de l'Islam.* 1971.
– *Le Proche-orient médiéval.* Paris 1978.
ETTINGHAUSEN, R., *La peinture arabe.* Genf 1962.
GERKE, F., *La Fin de l'art antique et les débuts de l'art chrétien.* Paris 1970.
GRABAR, A., *Le Premier art chrétien.* Paris 1966.
– *L'Age d'or de Justinien.* Paris 1966.
– *La Peinture byzantine.* Genf 1966.
– *Byzance.* Paris 1967.
– *L'Iconoclasme byzantin.* Paris 1957.
– *La Formation de l'art islamique.* Paris 1987.
HAMMAN, A. J., *Livre d'Heures des premiers chrétiens.* 1982.
KÖVÈS, T., *La Formation de l'ancien art chrétien.* Paris 1927.
JEAN DAMASCÈNE (Johannes von Damaskus), *La foi orthodoxe suivie de Défense des icônes.* Paris. 1966.
JOHN OF DAMASCUS (Johannes von Damaskus), *On the Divine Image.* New York 1980.
MEYENDORFF, J., *Unité de l'empire et des divisions des chrétiens.* Paris 1993.
MIQUEL, A., *L'Islam et sa civilisation.* Paris 1977.
NICÉPHORE, (Nikephoros), *Discours contre les iconoclastes.* Paris 1989.
OTTO-DORN, K., *L'Art de l'Islam.* Paris 1967.
PAPADOPOULO, A., *L'Islam et l'art musulman.* Paris o.J.
PAPAIOANNOU, K., *La Peinture Byzantine et Russe.* Paris o.J.
RABBATH, E., *Les chrétiens dans l'Islam des premiers temps* (3 Bände). Beirut o.J.
SAUVAGET, J., *Introduction à l'histoire de l'Orient musulman.* Paris 1961.
SCHLUMBERGER, D., *L'Orient hellénisé.* Paris 1970.
SOURDEL, D., *La Civilisation de l'islam classique.* Paris o.J.
STÉTIÉ, S., *Lumière sur Lumière.* 1992.

Die Syrer

AGÉMIAN, S., «Yusuf al-Halabi, peintre melkite du XVIIe siècle», *Revue Roumaine d'Histoire de l'Art* 18, 1981.
– «Ne'meh al-Musawwir, peintre melkite», *Berytus,* Bd. 39, 1991, The American University of Beirut.
– «Introduction à l'étude des icônes melkites», in: *Icones Melkites,* Museum Sursock, Beirut 1969.
BAER, E., *Ayyubid metalwork with Christian images.* Leiden 1989.
GUYER, S., *Le rôle de l'art de la Syrie et de la Mésopotamie à l'époque byzantine.*
NAU, F., *Les Arabes chrétiens de Mésopotamie et de Syrie du VIIe au VIIIe siècle.* Paris 1933.
DILLEMAN, L., *Haute-Mésopotamie orientale et pays-adjacents.* Paris 1962.
DUSSAUD, R., *Les monuments syriens à l'exposition d'art syrien.* Syria 1931.
EPHREM DE NISIBE (Ephräm von Nisibis), *Hymnes sur le paradis.* Sources chrétiennes 137, Paris o.J.
FIEY, J.-M., *Assyrie chrétienne.* Beirut o.J.
– *Mossoul chrétienne.* Beirut o.J.
– *Jalons pour une histoire de l'Église en Irak.* Louvain, CSCO, Bd. 310.
– *Chrétiens Syriaques sous les Mongols.* CSCO, Louvain. 1975.
– *Chrétiens Syriaques sous les Abbasides.* CSCO, Louvain 1980.
– *Coptes et Syriaques, contacts et échanges.* Studia Orientalia Christiana Syriaca, Nr. 15, 1972.
– *Mar Behnam,* Bagdad 1969.
HAJJAR, J., *Zwischen Rom und Byzanz. Die unierten Christen des Nahen Ostens.* Mainz 1972.
Histoire du Patriarche Jabalaha III et du moine Rabban Cauma, Revue de l'Orient latin, Bd. I und II, Paris 1985.
LAMMENS, H., *La Syrie, précis historique.* 3. Aufl., Beirut 1994.
ISAAC LE SYRIEN (Isaak der Syrer), *Œuvres. spirituelles.* XXe discours ascétique, Paris 1981.
LASSUS, J., *Sanctuaires chrétiens de Syrie.* Paris 1947.

LEROY, J., «Mosaïques funéraires d'Edesse», *Syria* XXXIV, 1957.
– *Les manuscrits syriaques à peinture.* Paris 1964.
MICHEL LE SYRIEN (Michael der Syrer), *Chronique.* Franz. Übersetzung, Paris 1899.
NARSAI (Narses Syrus), *Cinq Homélies sur les Paraboles Évangéliques.* Paris 1984.
NASRALLAH, J., «Bas-reliefs chrétiens inconnus de Syrie», *Syria* XXXVIII, 1961.
SÉLIS, C., *Les Syriens orthodoxes et catholiques.* Turnhout 1988.
THEODORET VON CYRUS, *Mönchsgeschichte.* Bibliothek der Kirchenväter, Bd. 50, München 1926.

Die Armenier

AGÉMIAN, S., *Manuscrits arméniens enluminés du Catholicossat de Cilicie.* Antelias, Libanon, 1991.
GROUSSET, R., *Histoire de l'Armenie.* Paris 1947.
DER NERCESSIAN, S., *L'art arménien.* Paris 1989.
– *Manuscrits arméniens illustrés* de la Bibliothèque des Pères Meckhitaristes de Venise. Paris 1973.
– *Aght'amar, Church of the Holy Cross.* Cambridge, Massachusetts, 1975.
– *Miniatures arméniennes d'Isphahan.* Brüssel o.J.
– «La Peinture arménienne au VIIe siècle et les miniatures de l'Évangile d'Etchmiadzin», *Études byzantines et arméniennes.* Louvain 1973.
– «Western iconographic themes in armenian manuscripts, *Études byzantines et arméniennes.* Louvain 1973.
DOURNOVO, L., *Miniatures arméniennes.* Kunstgalerie der Armenischen Sozialistischen Sowjetrepublik, 1967.
– *Miniatures arméniennes.* Paris o.J.
GHÉVOND (Lewond), *Histoire des Invasions Arabes en Arménie.* Franz. Übersetzung, Paris 1956.
GRÉGOIRE DE NAREK (Gregor von Narek), *Le livre des prières.* Sources chrétiennes 78, Paris. o.J.
– *Prières.* Paris 1990.
GODEL, V., *La poésie arménienne.* Paris 1990.
GROUSSET, R., *Histoire de l'Arménie des origines à 1071.* Paris 1947.
Histoire d'Héraclius. Franz. Übersetzung, Paris 1904.
LAURENT, Y., *L'Arménie entre Byzance et l'Islam depuis la conquête arabe jusqu'à 886.* Paris 1919.
Mathieu d'Edesse. Franz. Übersetzung, Paris 1858.
MÉCÉRIAN, J., *Histoire et Institutions de l'Église Arménienne.* Beirut 1963.
MUTAFFIAN, C., *Le Royaume arménien de Cilicie.* CNRS, Paris 1993.
NERSES, SNORHALI (Nerses Schnorhali), *Jésus. Fils unique du Père.* Sources chrétiennes 203, Paris 1973.
ORMANIAN, M., *L'Église arménienne.* Antelias 1954.
THIERRY, J. M., *Les arts arméniens.* Paris 1987.
THOROSSIAN, H., *Grigor Magistros et ses rapports avec deux emir musulmans.* In: *Revue d' Études islamiques,* Paris 1946.

Ägypten

BADAWY, A., *Coptic art and archeology,* Cambridge, Massachusetts.
BERGER, J. E., *L'Œil and l'Éternité.* 1977.
BOURGUET, P. DU, *Die Kopten.* Baden-Baden 1967.
– *Les Coptes,* Paris 1988.
BUTLER, A. J., *The ancient coptic churches of Égypt.* 1970.
CANNUYER, C., *Les Coptes.* Belgien 1990.
CHAULEUR, S., *Histoire des Coptes d'Égypte.* Paris o.J.
DRAGUET, R., *Les Pères du desert.* Paris 1949.
DUHUIT, C., *La scuplture copte.* Paris 1931.
FENOYL, M. DE, *Le sanctoral copte.* Beirut 1960.
FESTUGIÈRE, A. J., *Les moines d'Égypte.* Paris 1964.
GUY, J. C., *Paroles des anciens.* Paris 1976.
HANATAUX, G., *Histoires de la nation égyptienne.* Paris 1937.
LEROY, J., *Les peintures des couvents du désert d'Esna.* Paris 1975.
– *Les peintures des couvents de Ouadi Natroun.* Paris 1982.
– *Les Manuscrits coptes et coptes-arabes illustrés.* Paris 1974.
– «Le Décor de l'Église du Couvent des Syriens», *Cahiers Archéologiques,* XXIII, Paris 1974.
PALLADIUS, *Histoire Lausiaque.* Paris 1981.
REGNAULT, L., *Les Pères du désert en Égypte au IV*e siècle. Paris 1990.
RONCAGLIA, M., *Histoire de l'Église copte.* Beirut 1966–1973.
ROQUET, G., *Les peintures coptes de Bagawat.* 1976.
RUTSCHOWSCAYA, M. H., *La peinture copte.* Paris 1992.
– *Catalogue des bois de l'Égypte copte.* Musée du Louvre, Paris 1986.
– *Tissus coptes.* Paris 1990.
SÉVÈRE D'ASMOUNEIN (Severus von Aschmunein), *History of the Patriarchs.* Hrsg. von T. A. EVETTS, Paris 1981.
STERN, H., «Les peintures du mausolée de l'Exode à el-Bagawat», *Cahiers Archéologiques* II, Paris 1960.
WESSEL K., *L'Art copte.* Brüssel 1964.

Äthiopien

D'ABBADIE, K., *Histoire d'Éthiopie, Nubie et Abyssinie.* Paris 1904.
ANNEQUIN, G., *Aux sources du Nil Bleu, Enluminures et peintures chrétiennes.* Genf 1990.
APPLEYARD, D., *Ethiopian manuscripts.* London 1993.
BASSET, R., *Études sur l'Histoire d'Éthiopie.* Paris 1882.
COULBEAUX, J. B., *Histoire politique et religieuse de l'Abyssinie depuis les temps les plus reculés jusqu'à l'avènement de Ménélik II.* 1929.
DORESSE, J., *L'Empire du prêtre Jean.* Paris 1957.
– *Histoire de l'Éthiopie.* Paris 1970.
Éthiopie millénaire. Petit-Palais, November 1974, Paris 1974.
GERSTER, G., *L'Art Éthiopien.* 1968.
Le livre d'Emmanuel. Bearbeitet von D. LIFCHITZ, Auszug aus *Journal Asiatique,* Paris 1948.
LEROY, J., *L'Éthiopie, archéologie et culture.* Paris 1973.
– *Ethiopian painting.* London 1967.
– *Éthiopie: Manuscrits à peinture.* Paris 1961.
MEDEIROS, F. DE, *L'occident et l'Afrique.* Paris 1985.
PANKHURST, S., *Ethiopia, a cultural history.* London 1955.
Règles de l'Église. Bearbeitet von M. GRIAULE,. Auszug aus *Journal Asiatique* Juli – September 1932, Paris.
Le roi Salomon et les maîtres du regard. Paris 1992.
Un poème éthiopien: le Christ, Sauveur du monde. Bearbeitet von D. COHEN, Auszug aus *Journal Asiatique,* Paris 1957.
STOFFREGEN-PEDERSEN, K., *Les Éthiopiens.* Turnhout 1988.

Danksagung

Für ihre Hilfe und Unterstützung möchten wir folgenden Personen danken:

Seiner Heiligkeit Schenuda III., Papst von Alexandria.
Seiner Seligkeit Ignatius IV., griechisch-orthodoxer Patriarch Antiochiens und des gesamten Orients.
Seiner Seligkeit Ignatius-Zakka I., syrisch-orthodoxer Patriarch Antiochiens und des gesamten Orients.
Seiner Heiligkeit Karekin II., Katholikos aller Armenier.
Seiner Eminenz Bischof Samuel.
Seiner Eminenz Bischof Serabion.
Seiner Eminenz Bischof Sebouh Sarkissian.
Dem ehrwürdigen Vater Paolo Del'Oglio vom Kloster des heiligen Mose des Äthiopiers.
Dem ehrwürdigen Vater Martyrios vom Kloster der Syrer.

Michele Cordaro vom Istituto Centrale del Restauro, Rom.
Marc Dury von der Galerie Sam Fogg, London.
Tarek Mitri vom Ökumenischen Rat der Kirchen, Genf.
Souad Slim vom Antiochenischen Zentrum für Studien und Forschungen.
Philippe Michel Thirriet von der Bibliothèque de Sers, Paris.
F. Wasmer vom Musée Arménien de France, Paris.
Elias Zayat von der Universität Damaskus.

Bildnachweis

Farbige Abbildungen

Alle abgebildeten Fotografien stammen von Isber Melhem mit Ausnahme der folgenden:

Biblioteca Vaticana, Rom: 6a, 6b, 7.
Georg Gerster, Zürich: 74, 75, 78, 79, 80a.
Sami Karkabi: 76, 80b.
Adriano Alpago Novello: 25a, 25b, 77.
Mauro Magliani: 81, 89a, 89b, 89c, 90a, 90b, 91a, 91b, 96a, 96b, 96c, 96d.

Schwarzweiße Abbildungen

Adriano Alpago Novello: 64, 65, 66, 67, 68, 70, 71, 72, 73, 74, 75, 76, 80, 83, 94, 95, 102, 103, 161.
Georg Gerster, Zürich: 153, 154, 155, 158, 159, 160, 162, 163, 164, 165, 166, 167, 168.
Sami Karkabi: 156, 157, 159, 160, 177.
Jules Leroy: 175, 176, 184.
Phillipe Maillard: 11, 12, 13.
Arpag Mekhitarian: 90, 91.
Isber Melhem: 9, 16, 16, 17, 18, 19, 20, 40, 41, 42, 45, 46, 47, 49, 50, 51, 56, 57, 58, 104, 105, 106, 111, 112, 113, 120, 121, 122, 123, 124, 125, 126, 127, 178, 129, 130, 131, 132, 133, 134, 141, 141, 142, 143, 144, 147, 148, 151, 152.
Nabil Selim Atalla: 114, 115, 117, 118, 135, 136, 145, 146, 149, 150.
Biblioteca Ambrosiana, Mailand: 14.
Biblioteca Mediceo-Laurenziana, Florenz: 72, 28, 53, 54.
Biblioteca Vaticana, Rom: 37, 38, 39.
Biblioteque Nationale, Paris: 15, 29, 30, 137, 138, 139, 140, 174.
British Museum, London: 52, 179, 187.
Amt für touristische und archäologische Publikationen, Bagdad: 43, 44.
Édition Citadelles/Dominique Genet, Paris: 8, 116.
Gabinetto Fotografico Nazionale, Rom: 1, 3, 4.
Galerie Sam Fogg, London: 169, 170, 171, 172, 183, 185, 186.
Museum Damaskus: 22.
Museum Sursock, Beirut: 55.
Museum für Islamische Kunst, Berlin: 33.

Fotos 77, 78, 79, 98, 101 nach *Treasures of the Armenian Patriarchate of Jerusalem,* Jerusalem 1969.
Fotos 59, 60, 81, 82, 87, 89 nach *L'Art décoratif de l'Arménie médiévale,* Leningrad 1971.
Fotos 84, 85 nach *Armenian Khatchkars,* Krebouni 1973.
Fotos 86, 88 nach *Kunst des Mittelalters in Armenien,* Union Verlag, Berlin 1981.
Foto 2 nach *La peinture byzantine,* Skira, Genf.
Fotos 5, 31, 32, 34, 35, 36 nach *La peinture arabe,* Skira, Genf 1962.
Fotos 21, 23, 24, 25, 26 nach *Syria* 1931, 1957, 1961.
Fotos 173, 174, 178, 179, 187, 188 nach *Ethiopian painting,* Merlin Press, London 1967.
Fotos 6, 61, 62, 63, 92, 93, 96, 97, 99 nach *Miniatures arméniennes,* Matenadaran.
Fotos 107, 108, 109, 110 nach *L'Art copte,* Albin-Michel, Paris 1968.

Privatsammlungen
Cyril Caraoglan: 82, 83, 84, 85, 86, 87, 88 (farbig).
Andrea Mitrano, Italien: 81, 89a, 89b, 89c, 90a, 91a, 91b, 96a, 96b, 96c, 96d, (farbig); 180, 182 (schwarzweiß).
Die Karten wurden von Cesare Sacconaghi, Gallarate, nach folgenden Quellen gezeichnet:
AA. VV., *Découverte de l'Éthiopie chrétienne,* Les Dossiers de l'archéologie, Nr. 8. 1981.
Brice, William C. (Hg.), *An Historical Atlas of Islam,* E. J. Brill, Leiden 1981.
Dedeyan, Gérard (Hg.), *Histoire des Arméniens,* Privat, Toulouse 1982.
Jedin, H., Latourette, K. S. und Martin, J., *Atlas zur Kirchengeschichte,* Herder, Freiburg 1970.
Littell, Franklin H., *The Macmillan Atlas History of Christianity,* Macmillan, New York/London 1976.
Mokhtar, G., *L'Africa antica,* Bd. II der *Storia generale dell'Africa Unesco,* Jaca Book, Mailand 1986.